Gertrud Schipke
Die Bohnenkönigin

emanobooks

Der Tagebuchroman handelt von Geschehnissen in der Zeit zwischen 1931 und 1950, die teils aus Tagebüchern ihres Bruders, die Erzählungen ihrer Mutter und ihres Vaters sowie die eigenen Erfahrungen und Erlebnisse lebendig wiedergegeben werden. Der Fokus ihrer, in Romanform gehaltenen Erzählung, liegt dabei auf den menschlichen Erfahrungen und Empfindungen der emotional durchlebten Kriegs- und Nachkriegszeit. Ein Tagebuchroman, der spannend, mitfühlend und bildlich die Erlebnisse nacherzählt, als hätte man dies selbst erlebt.

Gertrud Schipke

Die Bohnenkönigin

Tagebuchroman
Erinnerung von 1931 bis 1950

Roman

Copyright: © 2020,
Verlag Emanomedia GmbH, Zürich
Alle Rechte vorbehalten
Umschlagmotiv: Gertrud Schipke geb. Pfingstler
Umschlaggestaltung: Logo Werbeagentur Stuttgart
Druck und Bindung: Customized Business Services GmbH
i.A.d. KNV Zeitfracht GmbH
Printed in Germany
ISBN 978-3-03836-042-1
Originalausgabe
www.emanomedia.com

Erinnerungen sind das einzige
Paradies, aus dem wir nicht
vertrieben werden können.

- Jean Paul -

Inhalt

Vorwort

Am 2. April 2004 hat meine Schwester Maria ihren Lebensweg beendet. Sie ging den Weg, den wir alle einmal gehen müssen, über die Seufzerbrücke hinein in die Ewigkeit. Erinnerungen wurden wach. Erinnerungen an meine Eltern, an Maria, Helmut, Walter und Mary. Erinnerungen an unser gemeinsames Lachen und Weinen, an gute und schlechte Zeiten und an glückliche und bittere Stunden. Alle Worte und Begebenheiten von damals habe ich in meinem Herzen bewahrt und gebe nun diesen kostbaren Schatz an meine Nachfahren weiter. Auch meine Schwiegereltern sollen bei meinen Lebenserinnerungen nicht vergessen werden. Sie sind ein Teil des Wurzelstockes Pfingstler/Stöberl und Pfingstler/Schipke und trugen dazu bei, dass eben dieser Wurzelstock zu einem hochgewachsenen Familienstammbaum gedieh und neue Generationen entstehen konnten. Durch meine Erinnerungen sollen meine Kinder und Kindeskinder erfahren, wo die Wurzeln des Baumes liegen, dessen Teil sie sind, und welche Hindernisse diese Wurzeln umgehen mussten, um ins Licht wachsen zu können.

Gertruds Tagebuch Teil 1

Meine Kindheit

Meine ersten realistischen Kindheitserinnerungen sind die vom Giegelberg in Biberach. Hier lebte ich von ungefähr 1934 bis 1938. Unser Haus war für die damalige Zeit sehr modern, der Garten war riesig. Den Steingarten mit zahlreichen wunderschönen, bunten Blumen hat meine Mutter mit viel Liebe und Hingabe gepflegt. Um ihr dabei zu helfen, mussten meine Schwester Maria und ich immer Pferdeäpfel von der Straße holen und sie anschließend im Garten als Dünger verteilen. Giegelberg war mein Zuhause. Meine Eltern, mein Bruder, meine Schwester - sie alle waren ein Teil von mir, ich war ein glückliches Kind. Meine Erinnerungen an Neuravensburg sind bruchstückhaft, Puzzleteile, die sich nicht so recht zusammensetzen lassen. Wie ein Blitz sehe ich mich da auf einem Pferd sitzen, oder erinnere mich, wie mich ein fremder Mann herumträgt. Manchmal sehe ich mich auch auf einem Chaiselongue liegen. Meine Mutter half mir dabei aus diesen Puzzleteilen ein Bild zu formen: Das Pferd und der Mann gehörten zum Lager des Reichsarbeitsdienstes (RAD) in Neuravensburg, und das Chaiselongue stand in der Stube der Bäckersfrau Soehler in Wangen. Meine Mutter sagte, die gute Frau Soehler habe immer auf mich aufgepasst, damit sie arbeiten gehen konnte. Ein weiteres Bild setzt sich in meiner Welt der Erinnerungen zusammen: Ich bin ungefähr vier Jahre alt und gehe an der Hand meiner Schwester in den Kindergarten. Um zu unserem Kindergarten zu gelangen, mussten wir durch einen Hain marschieren, um danach viele steile Treppen hinunter zu steigen. Nonnen leiteten den Kindergarten. „Bitte-Danke!", lautete das Zauberwort, das jedem Kindergartenkind erlaubte, sein Vespertäschchen, das man bei Ankunft am Eingang einer Nonne aushändigen musste, wiederzubekommen. Ich sehe mich mit meinem vierjährigen Freund, dem Nachbarsjungen Rudi Stuhler, Dreiradfahren, und mit den anderen Nachbarsjungen, Walter und Rainer Haaser, um Sand streiten. Um mehr Sand im eigenen Sandkasten zu haben als die Haasenbuben in ihrem, aß ich aus ihrem Kasten Sand, bis Mutter dahinterkam und mir das Sandessen verbot. Mit meiner Schwester sehe ich mich spielen, schaukeln und auf Wiesen und Stoppelfeldern herumtollen. Häufig trug mich meine Schwester Huckepack nach Hause, weil ich nicht mehr laufen konnte - oder wollte. Maria schimpfte zwar immer, aber sie trug mich dann doch jedes Mal. Einmal fiel ich beim Spielen in die Riss und trieb unter lautem Geschrei auf Waschfrauen zu, die dort ihre Wäsche wuschen. Die Frauen fischten mich heraus, schrien dafür aber Maria an: „He, du da! Kannst du nicht auf deine Schwester aufpassen? Gleich kriegst du eine Kopfnuss, hast du gehört?" Als Maria wegen mir so ausgeschimpft wurde, weinte nicht nur sie, sondern auch ich. Auf dem Heimweg packte mich mein schlechtes Gewissen, also machte ich ihr ein Angebot. „Für das Ausschimpfen schenke ich dir ein paar Mohrenköpfle... Bist du dann wieder gut mit mir?" À propos Mohrenköpfle: Als Kleinkind hatte ich schwarzbraune Haare, dunkelbraune Augen und einen Pagenkopf, welchen mir meine Mutter schnitt. Deshalb nannten mich die Nachbarskinder oft „Mohrenköpfle". Zu Marias Geburtstag im September buk Mutter ihr immer einen ihrer Lieblingskuchen: Apfel- oder Pflaumenkuchen aus Hefeteig mit vielen knusprigen Streuseln darauf. Der Kuchen schmeckte uns allen sehr gut, besonders aber meinem Bruder Walter. Ihm schmeckte er so gut, dass er fast die Hälfte des Kuchens allein aufaß. Manchmal spielte Walter auch mit uns Verstecken, doch er versteckte die eine oder andere unter uns immer so gut, dass die Suchende die anderen fast nie fand. Unter lautem Geschrei musste uns Walter versprechen, leichtere Verstecke auszusuchen. Für Mutter blieb ihr Sohn immer „mein Walterle", für Vater „mein Walter". Und für Maria und mich war er das Nonplusultra. Wir, seine (Halb-) Schwestern, waren ganz vernarrt in ihn. „Walter, erzähle uns doch von Früher, deiner Kindheit, deiner Jugendzeit und von Frankenthal", baten wir ihn, als wir etwas älter waren. „Also gut, weil ihr mich so schön bittet, erzähle ich euch von damals. Von meinen Erinnerungen, so wie ich die Zeit damals erlebt habe."

Walters Tagebuch

Mein Vater

Geboren wurde ich am 18. März 1913 in Frankenthal. Meinen Vater Karl Adamer kannte ich kaum, denn er wurde gleich am Anfang des Krieges 1914 aus Versehen von den eigenen Leuten erschossen. Durch seinen Tod wurde ich schon sehr früh Halbwaise und Mutter eine junge Witwe. Je älter ich wurde, umso mehr sah ich meinem Vater ähnlich. Meine Mutter sagte sogar, ich sei sein Ebenbild. Gefallen sind dann auch noch in den Jahren 1916/1917 die Verlobten meiner Tanten Elsa und Magda. Ab dem Tag als Mutter die Nachricht vom Heldentod ihres Mannes, meines Vaters, erhielt, dem so genannten Schicksalstag, wurde Mutters Tagesablauf jahrelang nur noch durch ihre Arbeit bestimmt. Meine ersten Lebensjahre wuchs ich hauptsächlich bei meinen Großeltern Stöberl auf. Mutter war den ganzen Krieg über bei der Post als Dienstverpflichtete fürs Vaterland tätig. Darum konnte sie auch nur wenig Zeit mit mir verbringen, worüber ich oft sehr traurig war. Die meiste Zeit war ich allein und hielt mich auf der Straße auf. Einmal hörte ich wie jemand zu jemandem sagte: „Komm her und leck mich am Arsch!". Das war etwas Neues für mich. Solche Worte hatte ich vorher noch nie gehört und fand sie deshalb ganz toll. Schnell lief ich zu Großvaters Haus, riss die Türe auf und rief laut: „Großvater! Komm her und leck mich am Arsch!" Laut brüllend kam Großvater mit Onkel Jakob im Schlepptau daher und schrie wütend und entsetzt zugleich: „Was willst du? Ich soll dich am Arsch lecken?!" Ich erschrak sehr über Großvaters Geschrei und musste deshalb weinen. Daraufhin kam auch schon die Großmutter angerannt und nahm mich in die Arme, derweil Onkel Jakob den Großvater beruhigte. Später wurde mir erklärt, dass man solche Worte nicht sagen dürfe. Und schon gar nicht zu seinen Verwandten. Nach dem Krieg, als ich zur Schule ging und Mutter außer Hause bei jüdischen Familien Näharbeiten machte, fragte ich immer zuerst bei den Großeltern nach, was es zum Mittagessen geben würde und anschließend bei Mutter. Zum Essen ging ich dann dort hin, wo es mir am besten zu schmecken schien. Ihr dürft mir glauben, in dieser Zeit wünschte ich mir sehnlichst einen Vater, einen, mit dem ich auch einmal etwas unternehmen konnte. Es war öde, jeden Sonntag mit Mutter und den Großeltern auf den Friedhof zu gehen, um dort vor einem leeren Grab für meinen toten Vater zu beten. Von

Familienmitgliedern wusste ich, dass mein Vater im Krieg Sanitäter gewesen war und nach einem Schlachtgetümmel beim Bergen von Verletzten ausversehen von den eigenen Leuten totgeschossen wurde. Ein Heldentod... ausversehen... und was nützte der mir?

Herr Diemter und der dunkelhaarige Soldat

Die zweite Ehe von Mutter mit Herrn Franz Diemter war, denke ich rückblickend, eine Art Versorgungs-, beziehungsweise Vernunftsehe. Mutter hatte ihn wahrscheinlich bei einer der jüdischen Familien kennen gelernt, bei denen sie damals arbeitete. Die Ehe von Mutter mit Herrn Diemter dauerte nur ein paar Monate und endete mit einem riesigen Knall. Ja, im wahrsten Sinne des Wortes. Herr Diemter flog mit dem Werk Oppau in die Luft. Es sei, so hörte man die Leute sagen, ein Chemieunfall gewesen. Das traurige Ende von Herrn Diemter tat mir für Mutter sehr leid, war sie doch nun schon wieder Witwe. Ich wurde größer und älter, aber mein Wunsch nach einem Vater wurde immer stärker. Ich musste einen Vater finden, nachdem es ja auch Herrn Diemter nicht mehr gab. Ich schaute mir die männlichen Bekannten von Mutter genau an, aber es gefiel mir keiner von ihnen als Vater für mich. Eines Tages kamen meine Onkel Jakob und Philipp zu den Großeltern, um ihnen mitzuteilen, dass sie heiraten würden. Philipps Liebste hieß Odile und war eine Französin aus der lothringischen Stadt Metz. Sie war eine kleine, zierliche, dunkelhaarige und sehr schüchterne Frau. Ich dachte, diese zarte Frau passt doch gar nicht zu Philipp, dem poltrigen und lauten Proleten, aber es ging mich ja nichts an. Jakobs künftige Frau hieß Gretel. Philipp sagte zu seinen Eltern, er habe gehört, dass Gretel einer religiösen Sekte angehören solle. Die Eltern Stöberl forschten nach und fanden heraus, dass Gretel den Zeugen Jehovas angehörte. Den Eltern Stöberl passte dies überhaupt nicht, war doch die ganze Familie katholisch, aber was sollten sie tun? Mein Onkel Jakob war ein ganz lieber und friedfertiger Mensch und ordnete sich Gretel leider unter. Die Onkel heirateten, einer nach dem anderen, und die Eltern Stöberl gaben ihren Segen dazu. Politisch ging es in dieser Zeit drunter und drüber. Es gab häufig blutige Krawalle auf den Straßen, vermischt mit brutaler Gewalt. Alle Parteien waren miteinander zerstritten und das einfache Volk war machtlos und gefangen in Armut. Eines Abends kam Philipp zu Mutter und erzählte ihr, er habe gehört, dass hier in Frankenthal eine Versammlung des Freikorps abgehalten werden solle. Diese ehemaligen Soldaten würden mittellose Kriegsteilnehmer und deren Hinterbliebene beraten, und eventuell auch finanziell unterstützen. „Lina", sagte er zu Mutter „geh´ zu der Versammlung und höre, was sie zu sagen haben." Allein wollte Mutter aber nicht gehen, deshalb begleitete ich sie. Zunächst war es mir auf der Versammlung ziemlich langweilig, aber dann erweckte ein Redner meine Aufmerksamkeit. Er gefiel mir gut, sehr gut sogar. Nicht nur ich, sondern auch Mutter verlor das Herz an diesen Redner des Freikorps. „Den heiraten wir!", sagte ich anschließend zu Mutter. Ich drängte Mutter nach vorne zu gehen und sagte ihr: „Du musst bei dem Dunkelhaarigen mit dem kleinen Bärtchen die und die Fragen stellen. Keine Angst, Mutter. Ich gehe mit dir nach vorn." Ich ging also mit Mutter nach vorn und hörte dem Gespräch zu. Nach einiger Zeit mischte ich mich in das Gespräch ein und zu guter Letzt fragte ich den dunkelhaarigen Redner vom Freikorps, ob wir ihn mal zu einem Kaffee einladen dürften. Wir durften. Beim Kaffeetrinken wollte ich Näheres über ihn und seinen Familienstand wissen. Er war ledig. Als es nach einiger Zeit zu einem gemeinsamen Spaziergang kam und mir der Mann vom Freikorps aus einem Stück Holz eine Pfeife schnitzte, war ich mir sicher: dieser Mann wird mein neuer Vater. Als dann auch die Funken zwischen Mutter und dem ehemaligen Soldaten übersprangen und die Hochzeitsmodalitäten besprochen wurden, ging ich ans Grab meines toten Vaters und erzählte ihm alles, was mein Herz bewegte und versprach ihm, ihn nie zu vergessen. Auch den Großeltern und meinem beiden Tanten Elsa und Magda, den Schwestern meines Vaters, erzählte ich von meinem Herzenswunsch und dem Gang zum Grabe meines Vaters. Außerdem sagte ich ihnen, dass mein neuer Vater sich freuen würde, die Familie seines verstorbenen Kameraden kennen zu lernen. Mein neuer Vater hieß Anton Pfingstler. Er wurde mein Vater, einen besseren hätte ich mir nicht vorstellen können. Er gab mir Selbstvertrauen, eine richtige Familie und ließ mir auch eine gewisse Freiheit. Er besuchte die Familie und versprach ihnen, dass der Kontakt zu ihrem einzigen Enkel immer Bestand haben würde, bis ans Ende ihres Lebens. Dieses Versprechen hielten mein neuer Vater Anton und ich so gut wir konnten, und zwar bis meine über neunzigjährige Großmutter in den fünfziger Jahren starb. Am 27. April 1924 war meine erste heilige Kommunion in der Pfarrkirche zu Frankenthal. Von Onkel Jakob, meinem Taufpaten, bekam ich zu diesem Anlass meine erste lange Hose geschenkt. Zur Kommunion kamen, wie zu allen Feiern üblich, alle

Familienmitglieder zum Kaffeetrinken. Eines Tages kam Onkel Philipp mit Neuigkeiten. „Du, Lina", sagte er zu Mutter „ich bin jetzt Atheist und bin aus der Kirche aus- und in die kommunistische Partei eingetreten. Na, was sagst du?". „Oh Gott, oh Gott Philipp! Was sagt denn Odile dazu?", klagte Mutter. „Odile weint und geht jetzt jeden Morgen in die Messe, um für mich zu beten, ja so sieht es aus. Und nun zu dir Anton. Hier in Frankenthal findest du momentan keine Arbeit, wie wäre es also, wenn ihr zum Beispiel euer Glück im Ruhrgebiet versuchen würdet? Ich habe gehört, dort würde man noch Leute für Zechen suchen. Probier es mal, Anton, und erkundige dich." Vater bekam eine Zusage von der Zeche Castrop-Rauxel. Daraufhin begann ich meine Abschiedsbesuche zu machen. Die Großeltern Adamer, so wie meine Tanten Elsa und Magda waren sehr traurig, dass ihr Walterle ins Ruhrgebiet wegzog. Ich musste ihnen versprechen, sobald wie möglich wieder zurückzukommen. Bei Onkel Jakob und Tante Gretel verlief der Besuch etwas schweigsam. Erst als Onkel Jakob mir seine Neuanschaffung, die Brieftauben auf dem Dachboden, zeigte, taute der Onkel auf. Diese Tauben waren sein ganzer Stolz. Bei Tante Odile und Onkel Philipp gab es zum Abschied viele Umarmungen und Küsse, gute Wünsche und wieder Küsse und Umarmungen. Ja, und dann gab es noch eine Überraschung bei Onkel Philipp. Er zeigte mir einen süßen, schwarzen Welpen. Als alle Formalitäten erledigt waren, hieß es für uns: ab nach Castrop-Rauxel. Ich war aufgeregt und ganz hin- und hergerissen. Ein spannendes Abenteuer, so kam mir diese Reise vor.

Castrop

Vaters neue Arbeit in der Zeche muss hart gewesen sein, aber er beschwerte sich nicht. Auf seinen Wunsch hin durfte er noch auf der Zeche seinen Brandingenieur machen, dafür musste er aber an den Wochenenden die Löhne der Arbeiter ausbezahlen, was nicht ungefährlich war. Darum legte er sich eine Schutzhündin zu, die Bex hieß. Nach einiger Zeit wurde sie für uns jedoch ein richtiger Familienhund und wir liebten sie sehr. In Castrop-Rauxel erfuhr ich, dass Mutter ein Baby bekommen würde. Am 24. September 1929 war es dann so weit und unser all ersehntes Kind kam auf die Welt: ein gesundes Mädchen. Ein glücklicher Tag für uns alle. Unser Mädchen wurde auf den Namen Maria Theresia getauft, die Namen der Großmütter. Sie war ein liebes, zufriedenes und freundliches Baby, und später auch ein süßes blondes Kind mit großen und schönen blauen Augen. In den darauffolgenden Wochen und Monaten spielte ich so oft ich konnte mit Maria und mit unserer Bex. Zur Freude meines Vaters las ich in dieser Zeit sehr viel, vor allem auch politische Bücher. Auch die Schlagworte der Französischen Revolution, liberté (Freiheit), égalité (Gleichheit), fratenité (Brüderlichkeit) beschäftigten mich sehr und ich versuchte sie zu verstehen. Mein Traum für die Zukunft war einmal Fußballer zu werden. Die Liebe zum Sport hatte ich bereits damals in Frankenthal entdeckte, als Onkel Philipp mich zum Turn- und Sportverein angemeldet hatte, damit ich nicht mehr so allein war, wenn Mutter arbeiten musste. 1931 war ein rabenschwarzes Jahr für unsere Familie. Erst wurde Vater bei der Zeche gekündigt und anschließend auch noch ins Schwabenland abgeschoben. Als ich auch noch erfuhr, dass Bex verkauft werden musste, brach der Himmel über mir zusammen. Vor Trauer über Bex und all die Ungerechtigkeiten, die uns widerfuhren, stürzte ich mich in die Umzugsarbeiten nach Welzheim. Dieselbe Packerei erledigte ich dann später nochmals bei den Umzügen nach Fellbach und Waiblingen. Eine kurzweilige Freude war, als Bex, die an einen Amerikaner verkauft wurde, plötzlich wieder auftauchte. Sie wartete bei der Zeche auf Vater, so, als ob sie nie fort gewesen war. Wir haben nie erfahren, wie und von wo Bex ausgerissen ist, aber sie war wieder da. Wegen unserer schwierigen finanziellen Lage konnten wir sie trotzdem nicht behalten. Vater schenkte sie deshalb seinem besten Freund, der ihm auch immer beim Auszahlen der Löhne geholfen hatte. Bex kannte ihn, seine Frau und auch seine Kinder sehr gut und mochte sie gern. Die Familie versprach Vater, immer gut zu Bex zu sein.

Reise ins Schwabenland

Unsere Reise führte uns über Welzheim zunächst nach Fellbach, dann nach Waiblingen. Es war eine schlimme Zeit damals. Wir hatten nicht mal genug Geld für das tägliche Brot. Aus dieser Not heraus kundschaftete ich Bäckereien aus, bei denen ich nachts in die Backstube einsteigen und Brot klauen konnte. Solche Diebestouren machte ich etliche Male, bis Vater Anton sie mir verbot. Ich dachte mir, es liegt nun an mir etwas zu tun. Ich wollte deshalb gleich früh am nächsten Morgen nach Frankenthal laufen und Onkel Jakob und Onkel Philipp bitten, uns zu helfen. Ich sollte jedoch auf Mutter und

Maria aufpassen. Als Vater dann nach einigen Tagen zurückkam, brachte er einen Rucksack voller Lebensmittel und etwas Bargeld mit. Die kleine Menge an Lebensmitteln und das Geld waren bald aufgebraucht und unsere Situation war wieder dieselbe.

Am 14. Dezember wurde Trudl geboren, ein kleines Häuflein Mensch. Dank der Fürsorge von Mutter und der finanziellen Hilfe des Pfarrers gedieh sie schnell. Unser Vater lief sich die Füße wund, um Arbeit zu finden, aber er hatte dabei kein Glück. Er klagte nicht vor uns, aber ich, ich haderte mit Gott und der Welt. Vater dagegen ging in die Kirche, sie war für ihn zeitlebens ein Ort der Hoffnung, wo er sich Zuversicht und Kraft holen konnte. An diesem Ort der Hoffnung machte Vater eines Tages die Bekanntschaft des dortigen katholischen Pfarrers und erzählte ihm von all seinen Nöten. Daraufhin brachte uns dieser fromme Mann jeden Monat ein Esspaket und mir sogar einmal einen richtigen Fußball mit. Über den Ball war ich sehr glücklich, er war ein heller Sonnenstrahl in meinem tristen Dasein. Meine Suche nach einer Lehrstelle bei den verschiedensten Meistern der Stadt verlief erfolglos, weswegen ich sehr traurig war. Über meine Niedergeschlagenheit waren die Eltern sehr unglücklich und überlegten, womit Sie mir helfen konnten wieder Mut zu fassen. Eines Morgens sagte Vater zu mir: „Walter, du spielst doch so gerne Fußball, also frag doch mal bei den Kickers in Stuttgart nach, ob du bei ihnen mittrainieren darfst. Das wäre doch vielleicht das, was dir Freude machen würde." Ich fragte und ich durfte. So wurde ich zu einem eifrigen und guten Fußballer. Die Kameradschaft unter uns Spielern war gut. Fast alle waren arm wie ich, weshalb wir uns besonders bemühten vorwärts zu kommen. Es klappte. Wir wurden besser, sogar viel besser, und erhielten deshalb vom Verein ein kleines Taschengeld. Eigenes Geld, unglaublich! Als ich das Geld den Eltern zeigte, konnten sie es kaum glauben und freuten sich riesig für mich. Eines Tages nahm mich Vater beiseite und sagte zu mir: „Hör mal Walter. Wie wäre es, wenn du einmal nach deinem Training meinen Bruder Alfons in Esslingen, deinen neuen Onkel und seine Familie besuchen würdest? Sie würden sich sicher sehr freuen dich kennenzulernen. Vielleicht bekommst du bei ihnen auch etwas Gutes zu Essen und Trinken." Irgendwann, als ich wie üblich nach dem Fußballtraining von Waiblingen nach Stuttgart lief, ging ich voll freudiger Erwartung nach Esslingen, um meine neuen Verwandten kennenzulernen. Von Onkel Alfons, Tante Hedwig und den beiden erwachsenen Töchtern, Hilde und Hede, wurde ich freundlich aufgenommen. Danach quetschten sie mich über unsere Verhältnisse aus. Ihre Neugierde war mir bald unerträglich, weshalb ich sie fragte, wie es denn ihnen so ginge. Tante Hedwigs Kommentar dazu war: „Auch wir müssen sehr sparen, um über die Runden zu kommen. Es ist alles so teuer." Zum Essen bekam ich ein paar Pralinen und Wasser, Wasser so viel ich wollte. Während meines Erzählens hatte die Tante eine ganze Schachtel Pralinen leer gegessen und schämte sich nicht einmal. Soviel zum Sparen. Bald darauf verabschiedete ich mich mit den Worten: „Ich muss nun gehen, ich hab noch einen langen Heimweg vor mir." Die zwei Mädchen meinten: „Komm doch mal wieder vorbei!" Wiederkommen? Zunächst hatte ich von der neuen Verwandtschaft die Nase voll.

Ab 1932

Das Jahr 1932 ging zur Neige, und Vater und ich waren immer noch arbeitslos. Ich war zwischenzeitlich fast zwanzig Jahre alt. Zu Vater sagte ich: „Mein Fußballkumpel Walter Lechler, genannt Walle, der mit der Ziehharmonika, hat mir erzählt, im Büro der NSDAP liegen für den RAD Listen für Arbeitslose aus, die gegen geringes Entgelt plus Kost und Logis beim RAD Arbeit bekommen können. Was meinst du, Vater?". „Schreib' uns ein", meinte Vater. „Aber denk' daran: nur ohne Parteibuch, denn du weißt ja, die Politik ist eine Hure." Anfang 1933 schrieb ich uns in die Liste beim RAD ein und wir warteten auf das, was kommen würde. Am 30. Januar 1933 wurde Hitler durch den Reichspräsidenten von Hindenburg zum neuen Reichskanzler ernannt. Danach gab es durch die NSDAP-ler überall Gegröle auf den Straßen. Entsetzt sagte ich zu Vater: „Das ist ja furchtbar!". Darauf antwortete er nur: „Walter, wir müssen ja nicht mitgrölen." Onkel Philipp schrieb uns: „Ich werde euch zu Walters 20. Geburtstag mit dem Taxi abholen und natürlich auch wieder zurückfahren. Lina und die Kleinen können in unserem Ehebett schlafen, Anton bei Jakob und Walter bei der Adamers Familie übernachten. Odile wird solange auf dem Sofa schlafen und ich mache derweil Nachtfahrten. Ich kann ja dann tagsüber ein bisschen schlafen." Wir freuten uns sehr über Onkel Philipp Angebot und nahmen es dankend an. Diese Herzlichkeit ging uns unter die Haut und die paar Tage bei Onkel Walter waren einfach nur schön. Vom RAD hatten wir immer noch keine Nachricht erhalten, es hieß also: weiter warten. Irgendwann machte ich Vater zuliebe wieder einen Besuch bei den

Esslinger Verwandten. Die Tante und ihre Töchter erwarteten Besuch von den Herren Glaser und Wolf, den Verehrern von Hilde und Hede. Schnell begriff ich, dass ich nicht erwünscht war und verabschiedete mich dann so schnell ich konnte.

Neuravensburg

Im Herbst erhielten Vater und ich, sowie mein Freund vom RAD, die Mitteilung, uns in Neuravensburg vorzustellen. Die ganze Familie, mit Kind und Kegel und meinem Freund – so fuhren wir also zum Vorstellungsgespräch nach Neuravensburg. Und wurden angenommen. Mutter wurde ebenfalls eingestellt, als eine Art Köchin, und war deshalb für das Mittagessen zuständig. Um ihr Frühstück und Abendbrot mussten sich die Barackenschläfer selber kümmern. Unter uns Jung-Mannen herrschte damals richtige Aufbruchsstimmung. Man könnte sagen, es war ein großer Pioniergeist zu spüren und wir alle waren für das Kommende hochmotiviert. Mein Freund vom RAD lehrte mich die Ziehharmonika spielen und ich selbst brachte mir das Jonglieren mit kleinen Bällen bei. Aus einem Buch lernte ich noch kleine Zauberstückchen, sodass unsere Abende oft mit viel Gelächter und Heiterkeit endeten. Ab diesem Zeitpunkt war mein Spitzname im Lager der Zauber-Walle. Nach und nach wurden wir eingekleidet, und zwar von Kopf bis Fuß. Wir erhielten eine olivbraune Uniform mit einer Hakenkreuzbinde am Oberarm, einen Trainingsanzug, Unterwäsche und Stiefel. Das Hakenkreuz am Oberarm fanden wir blöd, aber Mutter meinte: „Seid froh, dass ihr etwas zum Anziehen bekommen habt, denn in euren jetzigen Klamotten seht ihr fast alle wie Zigeuner aus." Der Tag im Lager begann mit Frühsport, danach ging es zum Waschen und Rasieren. Anschließend hieß es ab in die Schulungsräume. Die Stunden der Schulungen und die des Lernens verteilten sich dann über den restlichen Tag. Nach einem Jahr RAD-Lager wurden wir von der Post als Praktikanten eingestellt. Ich kam in die Abteilung Post und Fernmeldewesen, mein Freund vom RAD zur Telegraphie-Abteilung nach Ulm. Als ich 1935 nach Biberach versetzt wurde, musste ich meine Uniform mit allem Drum und Dran abgeben und es begann für mich eine neue Ära. Die eines Zivilisten. Beim Fernmeldeamt wurde ich später fest angestellt, und erhielt endlich ein kleines Gehalt. Nach kurzer Zeit lernte ich Maria Aster kennen und verliebte mich sofort in sie. Maria, die Liebe meines Lebens. Wir heirateten und wurden glückliche Eltern eines Mädchens.

Gertruds Tagebuch Teil 2

Maria Aster

Maria, weißt du noch, wie wir damals eifersüchtig auf Maria Aster waren, als Walter sie uns vorgestellt hatte und wir uns gewünscht haben, sie möge wieder verschwinden?". „Ja, Trudl, das weiß ich noch genau", antwortete meine Schwester Maria. „Und Trudl, weißt du noch, wie es war als Inge auf die Welt kam?" „Oh ja, ich erinnere mich noch gut, wie Mutter mit Eimern voll heißem Wasser herumlief und Walter zu uns gesagt hat, dass wenn wir im Hause bleiben wollten, uns mucksmäuschenstill verhalten müssten, weil heute ein Kindlein geboren würde, wie damals an Weihnachten das Jesuskind." „Ja", sagte Maria, „und ich sehe uns auch noch, wie wir andächtig auf der untersten Treppe im Hauseingang saßen, um – in Gedanken war es das Jesuskind – die Geburt des Kindes nicht zu versäumen. Und Trudl, weißt du noch, wie die Hebamme kam und Walter zu einem gesunden Mädchen gratulierte, und er laut ‚Gott sei Dank' sagte und wir ‚Amen' riefen?" Ein besonderer Tag war Fronleichnam, denn da trug Vater mit anderen Männern den `Himmel` und wir Kinder durften in weißen Kleidchen Blumen streuen.

Peinliche Erlebnisse

Einmal wollte ich unbedingt im Bett meines Vaters schlafen, so wie ich es schon oft bei meiner Mutter getan hatte. Doch Vater sagte: „Nein, ich will das nicht." Trotzig und uneinsichtig setzte ich mich in meinem dünnen Nachthemdchen an das Kopfende meines Vaters und weigerte mich wegzugehen. Plötzlich, oh Schreck, pinkelte ich Vater an den Kopf. Da stand Vater auf, nahm mich von dem Kopfkissen weg und gab mir einen festen Klaps auf den nackten Po und sagte: „Jetzt ist es aber genug, merk' dir das. Du gehst nun sofort in dein Bett, verstanden?". Das war das erste und einzige Mal, dass ich von meinem Vater eine gescheuert bekam. Maria war inzwischen eingeschult worden und lernte eifrig und gerne. Ohne Maria war mir der Weg zum Kindergarten zu weit, also blieb ich zuhause und spielte mit den Nachbarskindern. An Weihnachten 1936 habe ich eine schöne und eine trübe Erinnerung. Zur Bescherung bekam ich meine erste Puppe. Sie sah wunderschön aus und hatte einen Porzellankopf. Über die Puppe war ich so selig, dass ich sie nicht mehr aus der Hand gab. Einige Zeit später, als ich mit der Puppe herumlief, schnappte ich mir die Likör- und Schnapsgläschen der Erwachsenen und trank sie leer. Hinterher wurde ich so übermütig, dass ich den Kopf meiner Puppe so lange auf den Tisch schlug, bis dieser zersprang.

Walter zieht nach Heilbronn

Walter wurde nach Heilbronn versetzt. Als ihm das Amt auch noch eine kleine Wohnung zuwies, zogen er und seine kleine Familie bei uns am Giegelberg aus. Als sie sich in Heilbronn eingelebt hatten, besuchten wir sie dort fast jedes Wochenende. Auf dem Sozius des Motorrades saß nun allerdings die Mutter Aster, weil sie unbedingt ihr Mariele, das Ingele und auch Walter sehen wollte. Im Beiwagen mussten deshalb Mutter, Maria und ich wie eingepfercht zusammensitzen. Über die Enge im Beiwagen maulten wir laut und wollten deshalb nicht mehr nach Heilbronn mitfahren. Vater versprach uns daraufhin Abhilfe zu schaffen. Eines Tages war das Motorrad samt Beiwagen verschwunden. Dafür kam Vater mit einem Auto zurück. Wanderer hieß das Auto und in ihm hatten wir alle genügend Platz. Nun war das Fahren nach Heilbronn eine helle Freude. Die Fahrten fanden jedoch ein jähes Ende, weil Vater nach Münsingen und Walter nach Ulm versetzt wurden. „Nein, nein, wir wollen aus Biberach nicht fortziehen!", rief n Maria und ich, als Vater uns diese Neuigkeit mitteilte. Aber Vater erklärte uns: „Wir müssen nach Münsingen ziehen, weil ich doch Geld verdienen muss, damit wir leben können."

Die Bauernleute Strohmann

Unser neues Domizil war in Auingen bei den Bauersleuten Strohmann. Im Dachgeschoss ihres Hauses nisteten wir uns auf unbestimmte Zeit ein. „Die Bleibe in Auingen ist ja nur vorübergehend, unser neues Zuhause ist im Alten Lager", sagte Vater. Die Bäuerin war eine ganz liebe Frau. Mit ihr durften Maria und ich in den Stall gehen und die Kälbchen streicheln, beim Melken der Kühe zu, die Rüben zerstückeln helfen und die Hühner füttern. Das Schönste für uns war jedoch, wenn wir abends bei Strohmanns am großen Wohnzimmertisch sitzen und mit ihnen mitessen durften. Frau Strohmann schüttete dann Pellkartoffeln auf den Tisch und pellte für uns einige davon auf unserem Teller. Dazu bekam jede von uns noch eine Tasse Milch und etwas Salz. Das Essen schmeckte uns wunderbar. Maria wurde umgeschult, das heißt, sie musste nun in die Auinger Volksschule gehen. In der Schule gefiel es Maria überhaupt nicht und manchmal kam sie sogar weinend nach Hause. Als Mutter nach dem Grund fragte, weinte sie noch mehr und erzählte unter Schluchzen, die Einheimischen würden sie manchmal schlagen, weil sie katholisch sei und auch weil sie keine Schürze im Unterricht tragen würde. Als Vater davon hörte, wollte er gleich zum Klassenlehrer gehen, um, wie er sagte, „den Rauch reinzulassen". Maria aber bat Vater noch nicht in die Schule zu gehen und lieber abzuwarten.

Unsere Wohnung im Alten Lager

An einem Sonntagnachmittag sagte Vater: „Kommt, jetzt schauen wir uns einmal die Wohnung im Alten Lager an, damit wir auch wissen, wie sie aussieht." Unsere neue Wohnung lag im ersten Stock in einem Mehrfamilienhaus und hatte mehrere Zimmer. Bei der Wohnungsbesichtigung rief Mutter: „Was für ein schönes Parkett in all den Zimmern!". Nach dem Eingangsbereich, gleich nach rechts gehend lag die Toilette, anschließend kamen die Wohn-Essdiele und die Küche. Gegenüber der Wohndiele war ein Empfangszimmer mit einem riesigen, dunkelgrünen Kachelofen. Daneben ein Wohnzimmer, ein Kinderzimmer und ein Elternschlafzimmer. Am Ende des Ganges gab es noch ein Kinderspielzimmer. Vom Eingang aus links gehend war ein geplättetes Badezimmer. Vor der Eingangstüre, fünf Stufen tiefer gab es noch eine Toilette, für das Personal. Zu der Wohnung gehörten außerdem zwei Dachkammern für Dienstmädchen, ein Holz- und Kohlekeller, sowie ein Gewölbekeller für die Vorratshaltung. Ein großer Blumen- und Gemüsegarten vor dem Haus gehörte ebenfalls zu der neuen Wohnung, sowie ein Garten hinterm Haus, ein Gartenhäuschen und viele Sträucher, wie Stachelbeeren und rote und schwarze Trauben. Am darauffolgenden Tag fuhren wir in die Donaustadt, um die noch fehlenden Möbel zu kaufen. In einem Zweiter-

Hand-Laden erstanden die Eltern, wie sie sagten, die Möbel sehr günstig. Für das Wohnzimmer kauften sie ein handgeschnitztes Jagdzimmer aus Buchenholz, für den Salon Möbel aus Nussbaumholz und für uns Kinder ein rosa- und hellblaufarbenes Schlafzimmer. Die Prozedur des Einkaufens fanden Maria und ich ziemlich öde und hatten von dem vielen Herumlaufen und Herumstehen die Nase voll. Bei Kälte und Schnee zogen wir Mitte Februar 1938 bei Familie Strohmann aus und in die Wohnung im Alten Lager ein. Die auf Abruf bestellten Möbel aus Biberach und Ulm kamen gleichzeitig mit uns an, sodass wir auch sofort mit dem Einräumen unserer Habseligkeiten beginnen konnten. Links neben unserem Haus wohnte im sogenannten "Schlössle" der Lagerkommandant des Truppenübungsplatzes Oberst Gröser mit seiner Frau. Auf der anderen Seite unseres Hauses lag das Forsthaus, daneben das Unteroffiziersgebäude. Und diesem gegenüber stand die Waschanstalt für die jeweilig übenden Truppen. In die 3-Zimmer-Parterrewohnung unseres Hauses zogen ein Angestellter der Heeresverwaltung, Herr Harter, mit Frau und zwei Kindern ein, in die gegenüberliegende 2-Zimmer-Wohnung ein lediger Leutnant von der Artillerie. Über uns im zweiten Stock bezog ein Verwaltungsfachmann mit Frau und zwei Kindern die Wohnung. Die darüber liegende Dachgeschosswohnung wurde von einem Angestellten der Heeresverwaltung, Herrn Simihanar, mit Frau und drei Kindern bezogen. Als alle Parteien vollständig eingezogen waren, begann die Schnupperphase unter den Mietern und Kindern.

Herr Breitmayer und die Auinger Prügelkerle

Kaum hatten wir uns in der neuen Wohnung häuslich eingerichtet, wurde Vater für ungefähr sechs Wochen nach Karlsruhe abkommandiert. In Knielingen, einem Vorort von Karlsruhe, fand Vater eine Bleibe für uns und meldete daraufhin Maria in der Schule ab. Maria war froh, für einige Zeit nicht in die Auinger Schule gehen zu müssen und hoffte auf nette Schüler in Knielingen. Mutter dagegen schimpfte, weil sie schon wieder die Koffer packen musste. Mir war das Umherziehen egal, da ich noch keine richtigen Freunde gefunden hatte. Solange Maria in der Schule war, streifte ich mit Mutter durch Knielingen oder fuhr mit ihr nach Karlsruhe, um uns die Stadt anzusehen. Am 1. April 1938 war mein erster Schultag. Meine Schultüte fiel allerdings nicht so üppig aus, wie die von Maria damals in Biberach. In Auingen wurde um die Einschulung der Kinder kein großes

Aufhebens gemacht. Da sagten die Eltern einzig zu ihren Kindern: „So jetzt bischt a Schuler", oder „jetzt bischt a Schulere." Meine neuen Klassenkameradinnen kamen meist aus Bauernfamilien. Zur Schule kamen die Mädchen mit Schürzen, und anstelle von Mänteln trugen sie Strickjacken. Um keine Außenseiterin zu sein, bat ich Mutter mir auch eine Schürze für die Schule zu nähen. Als Adamers an den Wochenenden meistens zu Marys Eltern fuhren, machte Vater mit uns Ausflüge über die Alb und in die nähere Umgebung. Manchmal hat Vater auch einen Zeichner vom Baubüro, Herr Breitler, und dessen Frau zu einem Ausflug eingeladen. Unter anderem nahmen wir sie mit ins Jordanbad bei Biberach, nach Konstanz an den Bodensee, auf das Schloss Lichtenstein, zur Nebelhöhle und an den Uracher Wasserfall. Nach Ende des Ausfluges sagten Breitlers jedes Mal zu Vater: "Ihre Großzügigkeit werden wir nie vergessen." An einem Sonntag im Hochsommer war unser Ausflugsziel das Goldene Dreieck in Innsbruck. Ein anderes Reiseziel war Kappsweiher, Mutters Geburtsort. Von Mutters ehemaligem Elternhaus war jedoch weit und breit nichts mehr zu sehen. Das und noch vieles mehr ist komplett niedergewalzt worden, „weil hier an der Grenze entlang eine Befestigungsanlage, der sogenannte Westwall gebaut wird", erzählte uns Mutters Jugendfreundin. In der Schule war es so, wie Maria es mir geschildert hatte. Herr Breitmayer, unser Lehrer, musste in einem Klassenzimmer die Klassen eins bis vier unterrichten und so kam es, dass Maria und ich im gleichen Raum saßen. Um die Schüler der verschiedenen Klassen im Griff zu haben, ließ Herr Breitmayer die Viertklässler oft Aufsätze schreiben. Die Drittklässler mussten das große und die Zweitklässler das kleine Einmaleins vor- und rückwärts auswendig lernen. Wenn die Schüler mit ihren verschiedenen Aufgaben beschäftigt waren, nahm er sich Zeit, den ABC-Schützen das Sütterlin-Alphabet beizubringen. Die Kleinen mussten nun einen vorgegebenen Buchstaben aus dem ABC mit einem Griffel auf die Schiefertafel schreiben, und zwar so lange, bis die Tafel voll geschrieben war. Als Herr Breitmayer die voll geschriebenen Schiefertafeln kontrollierte, sagte er manchmal zur einen oder anderen: „Lösch dein Gekritzel und schreib' alles noch einmal, aber bitte in Schönschrift." Meckerte einer über die Strafe, nahm Herr Breitmayer sein Stöckchen und gab dem Meckernden damit eine Tatze auf die Hand. Das Fach Singen und Musikpflege war für alle Klassen gleich und fand zur selben Zeit statt. Alle Schüler mussten denselben Text auswendig lernen, anschließend wurde dieser und die Melodie zusammen gesungen. Nach dem Einstudieren musste jeder Schüler einzeln das Lied vorsingen. Nach der Vorsingerei teilte uns Herr Breitmayer in Gruppen ein und die Lieder - meistens Wanderlieder - wurden ab dieser Zeit immer mehrstimmig gesungen. Im Fach Bildhaftes Gestalten mussten die älteren Schüler zeichnen und die jüngeren malen. Bei schönem Wetter verlegte Herr Breitmayer manchmal den Erd- und Heimatkundeunterricht auf die Wiese oder in den Wald. An Ort und Stelle erklärte er uns die verschiedenen Arten der Wiesenblumen, die heimischen Bäume, Sträucher und die Tiere. Unsere Mitschüler konnten wir oft nicht verstehen, denn sie sprachen, wie Vater sagte, einen Älbler-Dialekt. Auf dem Heimweg lauerten uns oft Mitschüler von Maria auf, die uns wegen nichts und wieder nichts schlugen. Einer ihrer Gründe war unter anderem, dass wir bei Regenwetter Gummistiefel trugen und sie keine hatten. Maria musste allerdings mehr Schläge einstecken als ich, weil sie die Klassenbeste war. Als wir Mutter baten uns zur Schule zu begleiten meinte sie nur: „Wehrt euch!". Aber was sollten wir tun und wie konnten wir uns wehren? Der Weg vom Vorlager in die Schule nach Auingen war weit und musste von uns jeden Tag, außer samstagnachmittags, bezwungen werden. Wie schon oft warteten wieder einmal ein paar Jungs am Auinger Rathauseck auf uns und schlugen auf Maria ein. Da packte mich die blinde Wut, und ohne nachzudenken stürzte ich mich auf einen der Buben und biss ihn in den Arm. Nun war das Durcheinander komplett. Einer schlug auf mich ein, ein anderer schrie oder heulte und ich schnappte mir, wen immer ich von den Kerlen erwischen konnte und biss immer wieder zu. Irgendwann war der Spuk vorbei und Maria und ich liefen weinend und blutend nachhause. Die gleiche Prozedur wiederholte sich noch ein paar Mal, dann hatten wir vor den Schlägern Ruhe. Ohne Vorwarnung begann für Maria ein neuer Leidensweg. Maria war zu diesem Zeitpunkt ein bisschen pummelig, deshalb riefen diese Dreckskerle ihr beim Verlassen des Schulhofes "Du dicke fette Sau!" zu. Erstarrt blieben wir stehen. Für Maria begann ein Spießrutenlauf. Das Gejohle und die Worte lösten in ihr ein Trauma und in mir Hass aus. Tags darauf rannte ich als Erste zum Schulhof hinaus und fing sofort bei jedem Jungen der herauskam mit meinen Beißattacken an. Das wiederholte ich jeden Tag, bis auch dieser Spuk vorüber war. Maria vergaß allerdings ihr ganzes Leben lang nie die verhöhnenden Worte ihrer Auinger Mitschüler, und wann auch immer sie über diese Schulzeit sprach, standen ihr die Tränen in den Augen. In dieser für Maria und

mich so unglücklichen Zeit war Vater wieder einmal bei einer Wehrübung, deshalb konnte uns auch nur Mutter trösten. Von der Übung
bei den Pionieren in Ulm kehrte Vater als Oberleutnant der Reserve
zurück. Als er von den Attacken und den Beschimpfungen gegen
Maria erfuhr, wurde er sehr wütend. Nach einer Weile sagte er:
„Kinder, so geht das nicht weiter, deshalb mache ich euch einen Vorschlag: Wenn ihr alt genug seid, melde ich euch in einem Mädcheninternat an, sodass ihr nicht mehr den Pöbeleien der Dorfjugend ausgesetzt seid. In einer solchen Schule lernt ihr sicher auch nette Mädchen kennen und bekommt einen besseren Schulunterricht. Einverstanden?". Bei den Einheimischen waren wir äußerst unbeliebt, vor
allem, weil wir in Wohnungen des Staates wohnten. Wie unbeliebt
die Bewohner des Vorlagers waren, erfuhr Frau Stäbler am eigenen
Leibe. Sie brachte jeden Tag ihre Tochter Johanna in die Schule, wobei sie beobachtete, wie in der Auinger Mitte etwas Größeres gebaut
wurde. Eines Tages, auf dem Rückweg von der Schule, fragte sie einen Arbeiter: „Was wird denn hier Schönes gebaut?" Darauf antwortete dieser im breitestem Schwäbisch: „Des wird a Hiele (Hüle =
WasserBreitleren), wo die Lagerschlambla ihre dreckige Ärsch dren
wäscha kennat." Kurz vor Weihnachten holte Vater die Adamers in
Ulm ab, damit wir mit ihnen Heiligabend feiern konnten. Maria und
ich bekamen endlich die versprochenen Puppen und Puppenwagen.
Marias Puppe hieß Helga und meine Bertha. Walter machte Witze
über die Puppen. Er nannte meine „die dicke Berta" und Marias
Puppe „das Flaggschiff Helga". Walters Spaß über die Puppen verstanden wir nicht, aber es sollte wohl etwas Besonderes sein.

Mutters kleines Malheur

Anfang 1939 erhielt Vater ein Versetzungsschreiben, er sei für Klagenfurt in Österreich als Leiter des dortigen Heeresbauamtes vorge-
sehen. „Oh Gott, Anton", sagte Mutter, „nein nicht schon wieder umziehen, tue was dagegen!". Vater erwiderte: „Lina lass' uns die Stadt
erst einmal anschauen und dann sehen wir weiter." Vater und wir
Kinder fanden die Stadt Klagenfurt sehr schön, aber Mutter blieb bei
ihrer Ansicht, dass sie nicht wieder umziehen will. Daraufhin ging
Vater zu seinem Vorgesetzten, Herrn Theo, und erklärte ihm seine
Situation. Herr Theo stellte Vater daraufhin eine Unabkömmlich-
keitsbescheinigung auf unbestimmte Zeit aus. Diese Bescheinigung
schickte Vater sogleich an die zuständige Behörde in Berlin. Die

Antwort aus Berlin kam postwendend. Vater wurde nach Berlin einbestellt und musste sich unverzüglich bei der Behörde melden. Vater sagte zu uns: „Auf nach Berlin! Wir fahren alle zusammen, denn das gibt mir Kraft." Dies taten wir auch und tatsächlich mussten wir auch nicht umziehen. In Berlin gingen wir zur Feier des Tages in ein Hotel Mittagessen. Vor Verlassen des Hotels ging Mutter noch einmal auf das WC. Als sie wieder den Speisesaal betrat, kam der Oberkellner auf sie zu und sagte etwas zu ihr, worauf Mutter sofort kehrt machte und verschwand. Gespannt warteten wir auf Mutters Erscheinen. Als sie an unseren Tisch zurückkam, fragte Vater besorgt: „Lina, was wollte der Kellner denn von dir?". Mit Tränen in den Augen antwortete Mutter: „Ach Anton... ich habe aus Versehen mein Kleid hinten zusammen mit dem Unterhemd in die Unterhose gesteckt und bin so unanständig angezogen ins Lokal zurückgekommen. Aus diesem Grund hat der Kellner leise zu mir gesagt: „Gnädige Frau, Ihnen ist ein Malheur passiert, Sie sollten nochmals die Toilette aufsuchen." Aus Scham über das Malheur kullerten Mutter nun immer mehr Tränen über das Gesicht. Mit leuchtroten Wangen sagte Vater halblaut: „Contenance Lina... Contenance."

‚Es riecht nach Krieg'

„Überraschung!" Mutter bekam eine Haushaltshilfe, „für das Grobe", wie Vater sagte. Sie hieß Anna und war eine Nichte von Frau Strohmann aus Auingen. Uns Kindern gefiel Anna ungemein, denn sie war immer freundlich und machte mit uns Kindern Scherze. Kaum waren wir aus Berlin zurück, wurde Vater wieder zu einer Wehrübung einberufen. Mit seiner Offizierskiste aus dem Ersten Weltkrieg fuhr Vater nach Ulm zu seiner Pioniereinheit in die Bleidon Kaserne. Da Adamers in der Nähe der Kaserne wohnten, besuchte Vater sie öfters in seiner freien Zeit. Von der Wehrübung in Ulm kehrte er als Hauptmann der Reserve zurück. Beim darauf folgenden Abendbrot erzählte Vater uns Neues von Adamers. Dann sagte er plötzlich: „Lina, es riecht nach Krieg, sogar gefährlich stark." Als Mutter das Wort Krieg hörte, fing sie an zu weinen und rief: „Oh Gott, oh Gott, Anton, nein, bloß kein Krieg mehr!". Danach saßen wir wie gelähmt am Tisch. Im Frühjahr 1939 bemerkten Maria und ich auf unserem täglichen Schulweg vermehrt Truppeneinheiten in Richtung Lager Gänsewag marschieren und Karawanen von Militärfahrzeugen an uns vorüberrollen. An den bald darauffolgenden lauten Schießlärm und an die dröhnenden Panzermotoren gewöhnte sich die Bevölkerung des Truppenübungsplatzes sehr bald. Im Tante Emma Laden Hellstern erfuhr man immer das Neueste. So auch, dass auf dem Truppenübungsplatz zahlreiche Militäreinheiten zusammengestellt und aufgestellt wurden. Der Truppenübungsplatz war zwar Sperrgebiet, doch arbeiteten dort auch Zivilisten aus den Orten Böttingen, Trailfingen, Magolsheim, Breithülen und anderen Anrainerorten, die ihre eigenen Versionen vom militärischen Aufgebot hatten und im Laden Hellstern zum Besten gaben. Unter anderem meinten sie, solche Aufmärsche sähen nach Krieg aus. Kein Gerücht war, dass im Zuge der Erweiterung des Truppenübungsplatzes, der Ort Gruon vollständig geräumt und die circa sechshundertfünfzig Einwohner umgesiedelt werden mussten. „Hopp, hopp, hopp, Kinder!", hieß es an den darauffolgenden Sonntagen, weil Vater die ganze Verwandtschaft abgrasen wollte. Bei den Besuchen der Tanten und Onkels spürte man einen Hauch von Angst und Beklemmung, aber über die politische Gegenwart wurde vor uns Kindern nicht gesprochen. Sie alle redeten nur über die Zukunft. Außer Onkel Philipp. Von ihm hörten wir peinliche Worte. Er schimpfte mit knallrotem Kopf laut über die Regierung und die Politiker, bis Tante Odile sagte: „Jetzt ist es aber genug, Philipp! Die Kinder ängstigen sich ja sonst vor dir." Danach gingen Mutter, Maria und ich mit Tante Odile die Adamers Familie besuchen. Auf dem Weg dorthin erzählte Tante Odile: „Philipp fährt manchmal nachts verarmte jüdische Familien ins Ausland, weil sie große Angst vor den Nazis haben. Er nimmt stets die Route über meine Heimatstadt Metz und fährt von dort aus über die Grenze. Einmal habe ich ihn gebeten die Fahrten zu unterlassen. Da meinte er nur: „Das ist mein Dank an Diemter, denn ohne seinen Tod hätte ich vielleicht heute noch kein Taxiunternehmen." „Ach Lina", sagte Tante Odile, „in den Nächten in denen Phillip unterwegs ist, sterbe ich fast vor Angst. Was soll aus mir nur werden, wenn er nicht mehr zurückkommt?". Auf dem Heimweg sagte Vater: „Wenn der Philipp so weitermacht, landet er noch im Knast." Einige Tage nach der Rückkehr von Frankenthal wollte Maria von Vater wissen: „Warum haben die Juden eigentlich so Angst vor den Deutschen? Haben sie etwas Böses getan?". „Nun, Maria", erwiderte Vater, „bist du etwa böse? Nein, das bist du nicht und trotzdem verhauen dich deine Mitschüler wegen nichts und wieder nichts. Siehst du, Maria, und so ist es auch bei den Erwachsenen. Jesus war Jude, er war ein guter Mensch und trotzdem haben ihn die Menschen ans Kreuz genagelt.

War das vielleicht gerecht?". Nun holte Vater einen wunderschönen Porzellanseidel vom obersten Teil des Buffets herunter und sagte lachend zu uns: „Wenn ihr den Deckel vom Seidel aufklappt, seht ihr einen Juden." Maria und ich probierten es immer wieder, aber nichts war zu sehen. Mit scharfer Stimme schimpfte Mutter: „Anton, lass den Unsinn!". Vorsichtig nahm sie den Porzellanseidel an sich und stellte ihn wieder an seinen Platz zurück. Danach erklärte sie uns: „Von Walter wisst ihr ja, dass ich nach dem Tod seines Vaters noch einmal geheiratet habe und dieser Mann war Jude. Ein guter Mensch. Durch einen tragischen Unglücksfall ist er ums Leben gekommen und der Seidel ist das einzige Erinnerungsstück, das mir geblieben ist. Meine Lebensgeschichte kennt Vater und diese werde ich nun auch euch erzählen."

Mutter Linas Tagebuch

Neuanfang im Frankenthal

In Kapsweyher, einem Dorf, das an der französischen Grenze zu Wissenbourg (Weißenburg) lag und zum Landkreis Bergzabern gehörte, erblickte ich am 18. Juni 1891 das Licht der Welt. Getauft wurde ich auf den Namen Karoline Margarete Stöberl. Mein Rufname war jedoch Lina oder Linl. Ich hatte zwei Brüder, Jakob und Philipp. Meine Eltern besaßen in Kapsweyher ein großes Haus mit integrierter Sattlerwerkstatt und einem großen Garten mit vielen Obstbäumen. Mein Vater arbeitete hauptsächlich für die Pferde der französischen Ulan Offiziere aus Weißenburg. Für die Reitpferde fertigte er wunderschöne Reitgerten und Sättel aus weichem Leder an. Finanziell ging es uns deshalb ganz gut, bis mein Vater für seinen jüdischen Freund Bürge stand. Dieser Freund setzte sich jedoch, als ihm das Wasser bis zum Halse stand, heimlich nach Amerika ab. Mein Vater musste deshalb für die gesamten hinterlassenen Schulden seines Freundes aufkommen. Meine Eltern verloren dadurch Haus und Hof, sowie das restliche Barvermögen. Wegen Vaters Gutmütigkeit saßen wir nun praktisch auf der Straße. Meine Eltern beschlossen daraufhin Kapsweiher zu verlassen und einen Neuanfang in

Frankenthal zu wagen. Die Stadt Frankenthal fassten meine Eltern deshalb ins Auge, weil mein Bruder Jakob dort eine Polsterlehre machte. Nach einiger Zeit ging es mit uns, auch Dank meiner Mutter, die einen kleinen Lebensmittelladen in Frankenthal übernommen hatte, wieder bergauf. Da sie den ganzen Tag im Laden arbeitete, musste ich zuhause bleiben und den gesamten Haushalt führen. Die ganze Wäscherei und Bügelei, das Kochen, das Flicken und Nähen, das Putzen und Einkochen, machten mich so müde, dass ich abends immer völlig geschafft ins Bett fiel.

Karl Adamer

Mit ungefähr 20 Jahren habe ich meinen späteren Mann, Karl Adamer, kennengelernt. Unendlich glücklich haben wir 1912 geheiratet. Mein Karl hatte wunderbare blaue Augen und schöne dunkle Haare. Er war, wie man so sagt, ein äußerst gutaussehender Mann. Unser kleines Glück war perfekt, als im März 1913 unser Wunschkind, das Walterle, auf die Welt kam. Nur ein Jahr später wurde mein Mann in den Krieg einberufen und musste als Sanitäter an die Front ziehen. Nach wenigen Monaten fiel er bei einem Fronteinsatz in Frankreich. Er wurde von den eigenen Leuten aus Versehen erschossen. In dem Telegramm des Kommandeurs hieß es: "Auf dem Felde der Ehre gefallen." Über den Tod meines Ehemannes und Vaters von Walter herrschte bei den Familien Adamer und Stöberl sehr große Trauer. Ab dem sogenannten Schicksalstag, der Nachricht vom Tode meines Mannes, musste ich nun nicht nur für Kaiser, Volk und Vaterland die Post verteilen und anschließend austragen, sondern auch mein Kind allein ernähren. Meine damalige Situation war sehr schwierig, denn meine Witwen- und Walters Halbwaisenrente reichte kaum für die Miete. Um den Dienst bei der Post antreten zu können, musste ich deshalb schon bei Morgengrauen mein Bübchen aus dem Schlaf reißen, um es anschließend bei meinen Eltern abzugeben. Das Abschiednehmen von meinem Kind und sein Weinen brach mir immer fast das Herz, aber was sollte ich tun? Nach der Postverteilung musste ich die Brief- und Paketpost austragen. Die langen und erschöpfenden Wege mit den schwer bepackten Taschen musste ich oft mit leerem Magen, schlechtem Schuhwerk und manchmal auch mit klammen Fingern erledigen. 1916 war ein schlimmes Hungerjahr, weshalb oft Bäckereien und Lebensmittelläden ausgeraubt wurden. Nach Ende des Krieges wurde ich aus dem Postdienst entlassen. Ich war nun eine von vielen Arbeitslosen in Frankenthal. Gott sei Dank fand ich bei einer reichen jüdischen Familie Arbeit. Stundenweise und gegen Bargeld nähte ich für die Tochter des Hauses die Aussteuer. Das Geld war ein wahrer Segen für meine Haushaltskasse. Auch Mutters Laden lief sehr schlecht, weil die Menschen immer nur anschreiben lassen wollten und hinterher nicht mehr bezahlen konnten. Mein Vater und meine Brüder hatten auch kaum Arbeit, sodass bei meinen Eltern ebenfalls der „Schmalhans Küchenmeister" war. Zu allem Elend kam 1923 auch noch die Inflation hinzu. Durch diese Geldentwertung wurden nun viele Menschen endgültig bettelarm. 1925 heiratete ich zum zweiten Mal. Mein neuer Mann war Jude und arbeitete als Chemiker bei der Anelin und Sodafabrik Fabrik AG in Oppau (Ludwigshafen), der heutigen BASF AG. Mein Mann Diemter hatte in dem Werk eine gute Position und verdiente dementsprechend. Er war ein guter Mann und hatte viele Pläne für Walter und mich, aber es kam alles ganz anders. Nur wenige Monate nach unserer Hochzeit flog das ganze Werk Oppau in die Luft. Nun war ich wieder eine weinende Witwe. Nach seinem Tod erfuhr ich, wie fürsorglich und vorausschauend er für mich und Walter gewesen war, denn er hatte zu meinen Gunsten eine hohe Lebensversicherung abgeschlossen, die ich nach seinem Tod in bar ausbezahlt bekam. Von diesem Geld kaufte ich meinem älteren Bruder Jakob eine Polsterwerkstatt und meinem jüngeren Bruder Philipp ein Taxiunternehmen. Nach Bezahlung der Lizenz durfte sich Philipp nun einen selbstständigen Unternehmer nennen. Für mich und Walter wollte ich ein Haus kaufen - wegen der Mieteinnahmen - aber die galoppierende Inflation machte uns diesen Wunsch zunichte. Mit Koffern voller Geld musste man nun einkaufen gehen, denn das Geld war nichts mehr wert. Ein Laib Brot kostet eine Billion Reichsmark. Aus diesen Gründen fing ich wieder an bei jüdischen Familien zu arbeiten. In den Jahren 1924/25 heirateten meine Brüder. Philips Braut hieß Odile und war eine Französin aus Metz. Jakobs Braut kam aus der Umgebung von Ludwigshafen und hieß Gretel. Über die Heirat ihrer Söhne waren meine Eltern sehr glücklich. Zu Odile hatten meine Eltern ein besonderes inniges Verhältnis. Sie war es auch, die meine Eltern später, als sie krank wurden, liebevoll pflegte. Gretel hingegen war das genaue Gegenteil von Odile. Sie war eine etwas spröde und schweigsame Frau und strahlte wenig Wärme aus. Wisst ihr Kinder, so sind die Menschen eben, jeder ist anders und jeder soll nach seiner Façon leben.

Anton Pfingstler

Um 1926 lernte ich euren Vater kennen. Er gefiel mir gut und ich
verliebte mich in ihn. Das Wichtigste war jedoch, dass er auch Walter gefiel. Als er ihn sah, sagte er zu mir: „Mama, den heiraten wir,
der ist der Richtige für uns." Nach einem gemeinsamen Spaziergang,
bei dem euer Vater Anton dem kleinen Walter eine Pfeife schnitzte,
luden wir ihn zu einem Kaffee ein. Hierbei erzählte uns euer Vater
seine Lebensgeschichte und von seinem Wunsch nach einer eigenen
Familie. Anton Pfingstler wurde somit den Familien Adamer und
Stöberl vorgestellt, und von ihnen als künftiger Ehemann für mich
und als künftiger Vater für Walter für geeignet befunden. Im selben
Jahr fand dann unsere Hochzeit statt. Die Feier war eher spartanisch.
Zur Trauung trug ich ein einfaches schwarzes Kleid. Euer Vater
musste sich für diesen besonderen Tag, den Tag seiner ersten Hochzeit, einen dunklen Anzug ausleihen, da er keinen besaß. Als Hoch-
zeitsgeschenk und als Erinnerungsstück an diesen denkwürdigen
Tag, überreichte mein Vater dem frischgebackenen Ehemann, eurem
Vater, seine geliebte, silberne Taschenuhr. Sein letzter Lehrmeister
in London hatte sie im damals zum Abschied geschenkt. Zeit seines
Lebens hielt euer Vater diese Uhr in Ehren. 1927 war ein sehr trauri-
ges Jahr für die Familien Pfingstler, Stöberl und Adamer. Mein Vater
starb an Magenkrebs und meine Mutter noch im gleichen Jahr, am
Silvestertag, an einem Herzschlag. Anfang des Jahres 1928, als ich
im neunten Monat schwanger war, hatte ich einen Fahrradunfall und
verlor dadurch mein Kind, ein Mädchen. Das Kind kam zwar noch
lebend auf die Welt, starb aber kurz danach. Verzweifelt wegen all
des Unglücks fragte ich euren Vater: „Anton, hört denn die Un-
glücksserie nie mehr auf?". „Ach Lina, vertrau‘ auf Gott. Er wird uns
auch wieder den Weg ins Licht zeigen." Aber es kam alles noch viel
schlimmer. Die Trauer und der Schmerz über den Tod meiner Eltern
und unseres Mädchens wurden mit der Angst vor der Arbeitslosigkeit noch schlimmer. Euer Vater gehörte seit kurzer Zeit auch zu
dem großen Heer der Arbeitslosen. Gerade zur rechten Zeit kam Philipp mit einer Neuigkeit herein. Er wusste, dass man im Ruhrgebiet
bei Thyssen Krupp Arbeitskräfte sucht. Vater bewarb sich und bekam kurz darauf einen Arbeitsvertrag von der Zechenleitung Castrop-Rauxel zugeschickt. „Auf ins Ruhrgebiet!", rief Vater. Voller
Wehmut verabschiedete ich mich von meinen Verwandten. Für

Walter war es das große Abenteuer. Und für Vater? Er fuhr mit großer Zuversicht ins Ungewisse.

Unsere liebe Bex

In unserem neuen Wohnsitz Castrop-Rauxel lebten wir uns sehr schnell ein. Hier in dieser Stadt wurde unsere Maria am 24. September 1929 geboren. Über die Geburt des Kindes waren wir alle überglücklich. Die kleine Maria entwickelte sich prächtig und wurde ein süßes Mädchen. Dann bekamen wir noch weiteren Nachwuchs: Bex! Auf diesen Namen hörte unsere Dobermannhündin, Vaters Beschützerin auf der Zeche und unser aller Liebling. 1931 brach über ganz Deutschland die große Arbeitslosigkeit, die so genannte Rezession, herein. Aufgrund der neuen Gesetze wurde Vater auf der Zeche gekündigt und aus Castrop-Rauxel abgeschoben. Aus diesen Gründen und auch wegen unserer desolaten finanziellen Lage, mussten wir unsere Bex verkaufen. Der Verlust von unserer treuen Bex brach uns schier das Herz und wir trauerten noch eine lange Zeit um sie. Am festgesetzten Stichtag hatte Vater im Raum Stuttgart gelebt, deshalb war auch die Stuttgarter Behörde für unsere Unterbringung zuständig. Die Gänge auf die Ämter waren für Vater jedes Mal ein Spießrutenlauf und für uns alle ein Trauma. Kein Zuhause, keine Arbeit, kein Geld und vier hungrige Mäuler, die zu stopfen waren. Hinzu kam, dass ich wieder schwanger war. Mit Trudl, unserem späteren Mohrenköpfle.

Der gute Hirte

Die Stuttgarter Behörden wiesen uns in Welzheim eine Wohnung zu. Diese war das reinste Loch. Von einem Amt in Welzheim erhielt Vater für uns alle ungefähr achtundvierzig Rentenmark Arbeitslosengeld im Monat. Mit dem Arbeitslosengeld, meiner Kriegerwitwen- und Walters Halbwaisenrente hatten wir ungefähr hundert Rentenmark Einkommen im Monat. Von diesem Geld musste Vater noch die Miete, die Heizungs-, Strom- und Wasserkosten bezahlen. Am Ende blieb uns kaum noch Geld, um Lebensmittel zu kaufen. Als Vater die Miete nicht mehr bezahlen konnte, wurde uns die Wohnung gekündigt und die Stadt Welzheim schob uns nach Fellbach ab. Die gleiche Prozedur wiederholte sich, und wiederum hieß es umziehen, dieses Mal nach Waiblingen. In Waiblingen nahte meine

Niederkunft und damit nahmen meine Sorgen und Ängste über unsere Zukunft von Tag zu Tag zu. Verzweifelt wegen unserer finanziellen Lage ging Vater in die nächste katholische Kirche, um zum heiligen Antonius, seinem Namenspatron und dem Heiligen der Armen, zu beten und ihn um Hilfe zu bitten. Beim Verlassen der Kirche sprach der Pfarrer der Kirche Vater an und fragte ihn nach seinen Sorgen. Daraufhin erzählte Vater ihm unsere ganze Misere. Nach dem Gespräch versprach der Pfarrer uns zu helfen. Der gute Hirte hielt sein Versprechen und brachte uns die nötigsten Grundnahrungsmittel und sogar einen Fußball für Walter mit. Für die Esspakete in den folgenden Monaten waren wir dem Gottesmann unendlich dankbar.

Hallo, Trudl!

Am 14. Dezember 1931 erblickt Trudl das Licht der Welt. Es war zur Mittagszeit, als ich dabei war, Dampfnudeln zu backen. Trudl, war ein so kleines Würmchen, dass Vater schnell den Pfarrer holte, um sie segnen zu lassen. Während der Segnung meinte der Pfarrer: „Ein wahres Gotteskind." Nach dem Segen legte sie die Hebamme in das vorbereitete Wäschekörbchen. Auf Walters Wunsch hin wurdest ich auf den Namen Gertrud und auf meinen Wunsch hin Ottilie getauft. Die kleine Trudl war ein großer Schreihals. Als der Pfarrer wieder einmal vorbeikam und das Kindergebrüll hörte, nahm er mich und das Baby kurzerhand zu einem ihm gut bekannten Arzt mit und sagte zu diesem: „Untersuchen Sie doch mal die beiden, ob sie gesund sind." Bei mir stellte der Doktor Eisenmangel und Unterernährung fest. Das Baby hingegen hatte eine Unverträglichkeit gegenüber der Muttermilch entwickelt und brauchte deshalb eine spezielle Babynahrung, um überleben zu können. Von nun an brachte der Gottesmann bei seinen Besuchen auch noch diese Babynahrung mit. „Antonius Brot", sagte der Vater dazu. Von Vaters Lieblingsbruder Eduard erhielten wir die Nachricht: „Bin fast heil wieder vom China Krieg zurück." Gleichzeitig avisierte er uns seine Heirat mit der Witwe Marie Pfingstler, verwitwete Hummel und Sohn Albert, an.

Ein Löffel Honig

An Heiligabend 1931 gingen Vater und Walter in die Christmette. Nach ihrem Kirchgang erzählten sie zu Hause, der Pfarrer hat von der Kanzel herab die Weihnachtsgeschichte verkündet und dazu noch seine eigenen Gedanken dazu geäußert. „Sie hatten kein Geld, keine Herberge, keine Windeln, nichts zu essen." Er sagte weiter: „Das betrifft auch heute viele unserer Mitmenschen, also seid nicht hartherzig, liebe Schwestern und Brüder, und bringt dem Christkind, in diesem Falle den Armen dieser Gemeinde, eure Gaben. Bringt Geschenke, wie Kleider, Wäsche, Lebensmittel, Geschirr und Schuhe zu meiner Haushälterin ins Pfarrhaus, damit hier die Sachen verteilt werden können. Die Almosen, steckt bitte in den Klingelbeutel." Über das, was mir Vater und Walter über die Weihnachtspredigt erzählten, war ich so gerührt, dass ich weinen musste. Die Predigt blieb nicht ohne Folgen, sodass der Pfarrer Walter bat, seiner Haushälterin bei der Verteilung der Weihnachtsgaben zu helfen. Walter trug daraufhin die Sachen an die ihm angegebenen Adressen aus. Auch wir erhielten etwas von der Weihnachtsammelaktion, unter anderem gebrauchte Kleidung. Dank der Babynahrung ging es mit Trudl langsam aufwärts. Walter hatte derweilen seine sportliche Aufgabe gefunden, er durfte bei den Stuttgarter Kickers in der Mannschaft spielen. Im Frühjahr 1932 sagte mir die Hebamme: „Frau Pfingstler, Sie sollten Kamillenbäder für ihren Unterleib machen und Frauenmanteltee trinken, damit Sie wieder zu Kräften kommen." Daraufhin bat ich Walter, mir die Pflanzen auf der nahegelegenen Wiese zu holen. Weiter bat ich ihn noch an Tannen die neuen hellgrünen Tannenspitzen abzuschneiden und nach Hause zu bringen. Aus diesen Spitzen könnte ich dann Honig herstellen, der im Tee ein gutes Hausmittel bei Husten ist und außerdem eine Süßkraft wie Zucker hat.

Eduards Teeservice

Vater war immer noch arbeitslos, es tat sich einfach nichts, es war zum Verzweifeln. Eduard schrieb uns, wir sollten ihn und seine Frau Marie mit Sohn besuchen kommen. Das gegenseitige Kennenlernen sei doch langsam an der Zeit. An einem Sonntagnachmittag gingen wir zum Kaffeetrinken nach Stuttgart. Eduards und Maries Haus lag auf dem Killesberg. Walter ging nicht mit. Er sagte, er habe keine Lust mehr neue Onkels und deren Familien kennen zu lernen, der Besuch bei Onkel Alfons habe ihm gereicht. Auf dem Heimweg nach Waiblingen, tauschten Vater und ich unsere Eindrücke über das junge Glück aus. Unter anderem sagte Vater: „Die Marie kann froh sein, dass ihr gefallener Mann ihr ein so schönes Haus in bester Lage

hinterlassen hat." „Weißt du was, Anton?", erwiderte ich, „die Marie hat nicht nur ein schönes Haus, sondern bei ihr ist auch alles so sauber, bei ihr könnte man glatt aus der Kloschüssel trinken. Apropos trinken: Anton, hast du Eduards echtes Porzellan Teeservice gesehen, dass er aus China mitgebracht hat? Das Service ist traumhaft schön, findest du nicht auch? Du Anton, das Albertchen ist schon ein armes Kerlchen. Ich denke, er darf sich nie Stuhlerig machen und muss vor seiner Mutter immer nur stramm stehen. Armer Kerl. Ich glaube auch, dass Marie geizig ist. Stell' dir nur vor, sie zählte die Kaffeebohnen in der Kaffeemühle ab. Deshalb konnte auch jeder von uns nur eine Tasse Kaffee bekommen. In diesem Falle wäre Zichorie Kaffee doch besser gewesen, da hätte jeder Kaffee trinken können, so viel wie er gewollt hätte." „Du hast sicherlich recht, Lina", erwiderte Vater, „denn Eduard hat mir in der Waschküche beim Rauchen erzählt, dass Marie den Wasserhahn von der Waschküche die ganze Nacht über in eine Wanne tropfen lässt, um Wassergeld zu sparen. Das Tropfenwasser verwendet sie am nächsten Tag als Spülwasser."
Im Sommer bekamen wir von Vaters Bruder Joseph und seiner Frau Emilie die frohe Botschaft: „Unser zweiter Sohn hat das Licht der Welt erblickt, ein Prachtkerl. Er wurde nach unserem Großvater väterlicherseits, Ullrich getauft." Weiter schrieb er: „Emilie ist nun fest angestellt in der Volksschule im Brackenheim, vielleicht wird sie dann auch bald Beamtin." Irgendwann 1931 hatte uns noch eine Karte von Seraphin und Kreszentia erreicht, in der uns ebenfalls die Geburt ihres zweiten Sohnes mitgeteilt wurde. Der neue Erdenbürger sei auf den Namen Joseph, genannt Seppl, getauft worden. Außerdem schrieben sie noch: „Anton, komm doch mal im Herbst zur Weinlese, dann könntest du ein paar Flaschen Wein und einen Korb mit Trauben für zuhause mitnehmen. Alfons hat uns mit seiner Frau und den Mädchen besucht", schrieb Seraphin weiter, „dabei hat die Hedwig ein Wagenrad als Hut getragen."

Kompott, Kuchen und Kaffee

Im Spätsommer sammelte ich die verschiedensten Heilkräuter. Unter anderem auch Thymian, um im Winter bei Erkältungskrankheiten Gesundheitstee im Hause zu haben. Einen Arzt konnten wir uns wegen Geldmangels nicht leisten. Während ich Kräuter sammelte, spielte Vater mit den anderen auf der Wiese mit Bällen. Der Herbst nahte, deshalb fragte Vater auf dem Rathaus nach, ob er aus dem

Wald Reisigbüschel holen dürfte. Der Angestellte dort erklärte Vater: „Wenn Sie zehn Büschel auf das Rathaus bringen, bekommen sie ein Reisigbüschel umsonst." Ab diesem Zeitpunkt wurde Vater ein emsiger Reisigbüschelarbeiter und brachte etliche Gratisbüschel nach Hause. Zu Walter sagte ich: „Wenn du nach dem Fußballtraining nach Hause läufst und an Zuckerrübenfeldern vorbeikommst, dann bringe mir doch immer eine Rübe mit." Von den Rüben konnte ich für uns Sirup kochen und wir hatten somit einen kostenlosen Zuckerersatz. Walter nahm daraufhin immer einen leeren Brikettsack zum Training mit, um Rüben zu klauen. Allerorts begann nun die Erntezeit. Ich spazierte deshalb oft mit den Kindern die Straßen entlang, an denen Obstbäume standen, um Birnen, Äpfel oder Pflaumen aufzulesen. Das Obst auf den Straßen durfte man auflesen, ohne bestraft zu werden. Von den nicht zerfledderten Äpfeln und Birnen schnitt ich zuhause Ringe und trocknete sie zusammen mit den Pflaumen. Das Dörrobst aßen wir im Winter als Obst. Von dem weniger ansehnlichen Obst kochte ich Mus, Kartoffelpuffer mit Kompott oder Pfälzer Dampfnudeln mit Dörrobst. Einige Male gab es auch Kartoffelsuppe mit Apfel- oder Pflaumenkuchen. Um Eier zu sparen verwendete ich meistens Safran. Glaubt mir, Kinder, obwohl die Mahlzeiten ärmlich waren, schmeckten sie uns wunderbar. Als die Hagebutten reif waren, pflückte ich von ihnen so viel ich nur konnte. Aus der Frucht machte ich Marmelade und von den übrig gebliebenen, getrockneten Kernen aromatischen Tee fürs Abendbrot. Als an den Holunderbüschen die Dolden prall voll mit schwarzen Beeren hingen, pflückte ich auch von diesen, um Sirup zu kochen. Ab Spätherbst musste dann jeder von uns einmal am Tag einen Suppenlöffel Sirup zu sich nehmen, damit er gegen eine eventuelle Influenza gefeit war. Als Vater wegen Geldmangels nicht nach Stockheim zur Weinlese fahren konnte, gaben Kreszentia und Seraphin dem anwesenden Alfons Wein und Trauben für uns mit. Alfons teilte uns die gute Nachricht per Postkarte mit und bat uns, die Sachen bei ihm abzuholen. Bei ihm in Esslingen tranken wir dann alle einen Bohnenkaffee. Während des Kaffeetrinkens erschienen die Töchter des Hauses, Hilde und Hede, mit ihren Verehrern. Nach dem gegenseitigen Vorstellen wurden wir überhaupt nicht mehr beachtet, so als wären wir Luft. Die Gespräche drehten sich nur noch um: „Herr Wolf, Sie wollen wirklich Chemie studieren?". Und auch: „Herr Glaser, was? Sie sind schon bald Diplom-Ingenieur." Vater sagte deshalb zu Alfons, die Kinder seien müde und wir müssten aufbrechen, unser

Heimweg sei noch weit. Auf dem Nachhauseweg erzählte mir Vater, was Alfons ihm anvertraut hatte: Hedwig könne nicht wirtschaften und auch nicht mit Geld umgehen, weil sie es nie gelernt hatte. In ihrem elterlichen Hause spielte Geld keine Rolle und für den Haushalt gab es Bedienstete. Alfons hatte auch noch gesagt: „Nach Absprache mit Hedwig zähle ich ihr deshalb jeden Morgen das nötige Haushaltsgeld auf dem Tisch ab, damit sie mein monatliches Salär nicht an einem Tag für Firlefanz, wie Pralinen, Hüte, Taschen oder ähnliches ausgibt. Anstelle von Geld ausgeben, legt Hedwig nun ein paarmal am Tag Patience." Alfons hatte seine Hedwig übrigens auf einem Fest kennengelernt, das die Schwester seines damaligen Studienfreundes gab und die zugleich die Freundin von Hedwig war. Alfons war damals Hedwigs Tischnachbar.

Kochen in Neuravensburg

Am 14. Dezember im Jahr 1932 wurde mein Trudelchen ein Jahr alt und hatte sich in dieser Zeit ganz schön gemausert. Seit kurzem brauchte sie nun kein Soxlet mehr, denn ich hatte sie auf feste Kost umgestellt, was sie ganz gut vertrug. 1933, nach Hitlers Machtergreifung, sagte ich zu Vater: „Lege deine Ämter beim Stahlhelm und der Zentrumspartei nieder, denn die können das Ruder auch nicht mehr herumreißen. Wir müssen uns wie gehabt, selbst durchbeißen." Im Herbst 1933 fuhren wir mit Kind und Kegel in die RAD-Verwaltung nach Neuravensburg, um uns dort als neue Kräfte vorzustellen. Die Stuttgarter RAD-Stelle hatte Vater und Walter gebeten, sich mit ihren Zeugnissen und diversen anderen Papieren bei der Arbeitsvergabestelle in Neuravensburg zu melden. „Oh, lieber Gott, hilf!", betete ich, „lass' es dieses Mal mit einer Anstellung klappen." Es klappte. Auch ich könne gebraucht werden, sagten die Leute vom RAD. So wurde ich dafür zuständig die jungen RADler täglich mit einem Mittagessen zu versorgen. Zusätzlich könnten wir noch gegen ein geringes Entgelt zwei möblierte Zimmerchen bei der Bäckerei Soehler in Wangen mieten. Wir alle stimmten den Angeboten zu und brachen, sozusagen, unsere Zelte in Waiblingen ab. Zuvor verabschiedeten wir uns jedoch noch von unserem guten Gemeindepfarrer, der uns anschließend seinen und Gottes Segen mit auf den Weg gab. Von Eduard wollten wir uns persönlich verabschieden, konnten ihn jedoch nicht antreffen. Marie sagte nur: „Wir leben zur Zeit in Trennung. Ich werde ihm aber eure neue Adresse mitteilen." Von allen anderen Verwandten verabschiedeten wir uns brieflich. Neuravensburg war eine schwere Zeit für mich. Die Kocherei für die RAD-ler und die Angst um die beiden Mädchen, kostete mich viel Kraft. Maria nahm ich ins RAD-Lager mit. Und auf Trudl passte die liebe Frau Soehler auf. Nach einigen Monaten kam Vater als Ingenieur auf das Bau- und Vermessungsamt in Ravensburg. Als Ingenieur verdiente er dort ganz gut, sodass wir etwas Geld auf die Seite legen konnten, um neue Anschaffungen machen zu können. Bei unserem Wegzug aus Waiblingen hatten wir den größten Teil unserer Habe dem Pfarrer hinterlassen, weil die Umzugskosten sonst zu hoch gewesen wären. Zeitgleich mit Walter wurde auch Vater nach Biberach versetzt. Er kam dort auf das Stadtbauamt als Baumeister. Bevor wir Neuravensburg verließen, mussten Vater und Walter noch ihre RAD-Klamotten abgeben. Gott sei Dank hatten wir zwischenzeitlich so viel Geld gespart, dass Vater und Walter neu eingekleidet werden konnten.

Mary

Unser neues Zuhause in Biberach war ein kleines Einfamilienhaus auf dem Giegelberg, zu dem ein schöner Steingarten gehörte. Vaters neue Kollegen auf dem Bauamt waren sehr nett zu ihm, was ihm sichtlich guttat. Als er mehrere Baustellen gleichzeitig zu betreuen hatte, kaufte er ein Motorrad mit Beiwagen, um etwas flexibler zu sein. Mit seinem neuen Gefährt kutschierte er uns jeden Sonntag zum Gottesdienst, was wir ganz toll fanden. In unserem neuen Heim hatten wir nur das Nötigste an Möbeln, aber wir waren glücklich wieder unter normalen Menschen leben zu können. Der Wunsch unser neues Zuhause segnen zu lassen, führte uns zum katholischen Pfarrer von Biberach. Wir stellten uns bei ihm als neue Gemeindemitglieder vor und baten ihn, uns unseren Wunsch zu erfüllen. 1935 bastelte Vater an einem Radio, einem so genannten Volksempfänger herum, welcher jedoch erst 1936 fertig wurde. Als wir aus dem Radio die ersten Nachrichten und die sportlichen Ereignisse der Olympischen Spiele hören konnten, waren wir ganz aus dem Häuschen. Noch im selben Jahr lernte Walter Maria Aster kennen und verliebte sich sofort in sie. Maria stammte aus einer kinderreichen, frommen, katholischen Familie. Von ihren Eltern und Geschwistern wurde sie „Mariele" gerufen und die ganze Familie war stolz auf die hübsche Tochter und Schwester. Marias Eltern besaßen ein eigenes Bau- und

Gipsergeschäft und waren angesehene Geschäftsleute. Die Aster Familie hatte nicht nur ein gutes Händchen für das Geschäftliche, sondern auch einen guten Draht zum Himmel. Ein Bruder von Maria studierte katholische Theologie und eine Schwester von ihr war Pfarrhaushälterin. Auch andere Personen des Aster Clans waren Pfarrhaushälterinnen oder Pfarronkel. Bei Walter und Maria blieb es nicht beim Kuss. Maria wurde schwanger. Als sie ihren Eltern die Schwangerschaft gebeichtet habe, sollen die Reaktionen, hauptsächlich die der Mutter, folgende gewesen sein, erzählte Walter: „Was, du bist schwanger? Also, wenn das so ist, dann bist du für uns und für die ganze Familie eine Schande. Merk' dir, wir wollen keinen Bastard in der Familie haben, deshalb wirst du sobald wie möglich als Dienstmädchen nach Stuttgart gehen und dort für deine Sünden büßen." Über die Aussage von Marias Eltern empörte sich Vater kolossal. Zu Walter sagte er: „Hör´ zu: die Maria wird überhaupt nicht weggeschickt, sondern ihr heiratet so schnell wie möglich und das Kind kommt bei uns auf die Welt. Alles andere wird sich zeigen, gemeinsam werden wir es schon schaffen." Maria zog also mit dem Allernötigsten bei uns ein. Bei der kirchlichen Trauung am 14. Juni 1936 waren außer den Brautleuten und uns, nur noch Walters Freund Walle dabei. Zur Hochzeit seines Sohnes hatte sich Vater beim besten Schubert von Biberach, beim Schubertmeister Maurer und Kugler, den ersten Anzug seines Lebens maßschneidern lassen. Walter und Maria waren ein schönes Brautpaar. Walter in seinem neuen dunklen Anzug und Maria in ihrem Kleid und dem feinen Blumensträußchen. Ein weißes Brautkleid durfte Maria nach den Gesetzen der katholischen Kirche nicht tragen, da sie bereits schwanger war. Das sogenannte Hochzeitsessen hatten Maria und ich schon im Häusle am Giegelberg vorbereitet, sodass das Essen nur noch warm gemacht werden musste. Vater und Walters Freund Walle waren auf dem Standesamt und auch in der Kirche die Trauzeugen. Trotz des harmonischen Verlaufs des Hochzeitstages war Maria zeitweise unglücklich. Sie hatte sich diesen besonderen Tag ganz anders vorgestellt. Sie, die Prinzessin im Hause Aster, die Harfe spielen und in Biberach das Gymnasium besuchen und am Schützentheater auftreten durfte, musste an diesem Tag, ohne ihre Familie feiern. Das tat ihr schon weh und ich verstand sie gut. Am Ende des Tages verkündete Maria: „Ab sofort will ich Mary genannt werden." Darauf sagte Vater: „Ja, Mary, so soll es sein. Ab heute fängt ein neuer Abschnitt eures Lebens an und dafür wünschen wir euch viel Glück und Segen.

Dankbar wollen wir auch sein, dass der heutige Tag, trotz vieler Widrigkeiten, noch einen guten Abschluss gefunden hat." Nach der Feier fuhr uns Vater mit Motorrad und Beiwagen nach Frankenthal. Vater als Fahrer, die Kinder und ich im Beiwagen, Walter auf dem Sozius. Mary blieb wegen des Ungeborenen zu Hause. Die Verwandten in Frankenthal waren hocherfreut, ihr Walterle als Ehemann und werdenden Vater zu sehen. Die Aussicht der Adamers Großeltern, bald Urgroßeltern zu werden, erschien ihnen unfassbar. Beim Abschied musste Walter allen Verwandten versprechen, sobald wie möglich mit Mary und dem Kindchen wiederzukommen. Dem Vater Pfingstler dankten die Großeltern von Adamers, dass er ein Wiedersehen mit ihrem Enkel ermöglicht hatte.

Herzlich Willkommen, kleines Engele

Das langersehnte Kindlein erblickte am 17. August des Jahres 1936 bei uns auf dem Giegelberg das Licht der Welt. Es war eine schwierige Geburt, eine Steißlage, und ich musste der Hebamme tüchtig zur Hand gehen. Walter und Vater schritten derweil ruhelos durch das Haus. Auf und ab und ab und auf, so ging es stundenlang. Endlich kam die Hebamme zu Walter, drückte ihm sein Baby in die Arme und sagte dabei: „Mutter und Kind sind gesund." „Gott sei Dank!", sagten die beiden Männer, und es klang wie ein Dankesgebet. Als es Mary wieder besser ging und das Kind ein süßer Knuddel war, bat ich Walter: „Geht doch mal mit dem Kind bei den Asters vorbei und zeigt ihnen ihr Enkelkind. So ein winziges Wesen hat schon so manches Wunder vollbracht." Das Kindlein wurde auf den Namen Ingeborg getauft, für uns aber war es das Engele. Als Marias Eltern das getaufte Kindlein vorgestellt wurde, freuten sie sich sehr über das Engele. Maria war über die Wiederaufnahme in ihre Familie sehr glücklich. Ab diesem Zeitpunkt war Mary wieder die Prinzessin der Familie Aster und alles andere war vergessen. Irgendwann sagte uns Walter, dass er nach Heilbronn versetzt worden sei und er mit seiner Familie bei uns ausziehen müsse. Beim Auszug von Walter und seiner Familie kullerten viele Tränen. Vater jedoch wusste sofort einen Ausweg aus der Misere und schlug Walter vor: „Wenn es euch recht ist, besuchen wir euch in Heilbronn mit dem Motorrad." Bei unseren nächsten Fahrten nach Heilbronn saß nun die Mutter Aster auf dem Sozius, weil sie unbedingt ihr Mariele und das Ingele sehen wollte. Auf ihrem Rücken hatte sie eine Art großen Brotbeutel festgeschnallt, in dem mehrere Portionen selbst geschabter Spätzle und ein großes Stück Allgäuer Käse für Mary eingepackt waren. Für Walter brachte ich, zusätzlich zu einem selbst gebackenen Hefezopf, ein paar Schachteln Zigaretten mit, da er neuerdings rauchte. Weil die Mutter Aster nun auf meinem Motorradsozius saß, mussten wir zu Dritt, das heißt, ich und meine beiden Mädels, im Beiwagen sitzen. Eines Tages, nach der Rückkehr von Heilbronn, haben die beiden heftig protestiert und gesagt: „Mutter, wir fahren nicht mehr mit nach Heilbronn. Im Beiwagen sitzen wir wie Heringe und in Heilbronn ist es uns zu langweilig." Mit meinem Einverständnis verkaufte Vater das Motorrad mit Beiwagen und kaufte dafür ein Auto bei der Auto Union. Zwischen den Angeboten Maybach, Horch, Wanderer und DKW, entschied sich Vater für einen dunkelgrünen Wanderer. Damit machte uns das Autofahren richtig Spaß. Zwar hatten wir immer noch kein richtiges Schlafzimmer, aber wir hatten ein Auto und mit ihm viel Freude. Zuvor hatte ich Vater noch gefragt: „Anton, können wir uns das Auto auch leisten?". „Ja, Lina", sagte er, „durch den vielen Außendienst bekomme ich eine ganz schöne Auslösung und die lege ich immer auf die Seite. Also keine Angst, ich mache keine Schulden." Unsere erste Fahrt mit dem Wanderer machten wir natürlich nach Heilbronn. Walter und Mary waren begeistert von dem schönen Fahrzeug. Die nächste Fahrt machten wir nach Esslingen zu Onkel Alfons und Tante Hedwig. Aufgrund des Autos fanden wir Gnade vor ihren Augen. Anschließend erzählten sie uns die neuesten Begebenheiten der Familien Pfingstler. „Unsere beiden Töchter sind inzwischen verheiratet und durch Hilde sind wir Eltern eines Enkels geworden. Und unsere Hede ist derzeit schwanger. Die Buben von Seraphin und Kreszentia sind stramme Kerle geworden und helfen schon feste auf dem Wengert mit. Ja, und der Eduard, der ist nun schon zum dritten Mal mit der Marie verheiratet, unglaublich!", sagte Alfons, „wenn das die Eltern wüssten. Das dritte Mal mussten sie heiraten, weil Marie schwanger geworden war. Sie schenkte einem Sohn das Leben, welcher Hans gerufen wird. Hans ist Eduards ganzer Stolz, sein Ein und Alles. Einmal sagte Eduard zu mir, mein Sohn sähe mir sehr ähnlich, er ist ein echter Pfingstler. Josef geht es gut, er ist immer noch auf dem gleichen Amt. Und Emilie ist auch zuhause die perfekte Lehrerin und weiß alles besser, aber Josef ist glücklich mit ihr." Auch Walter wurde versetzt, dieses Mal auf das Fernmeldeamt in Ulm. In Ulm fühlte sich Mary sofort wohl, auch weil die jetzige Wohnung, die Walter über das Amt günstig bekommen hatte, etwas größer war als die in Heilbronn. Die neue Wohnung lag in einer schönen Gegend von Ulm, in der Westerlinger Straße. Von hier aus konnte Mary mit ihrem Engele leicht in die Innenstadt gelangen, dort bummeln gehen und ihre Nase an den Schaufenstern platt drücken. Nachdem die Zugverbindungen zwischen Ulm und Biberach ausgebaut worden waren, besuchten die Adamers nun Marys Verwandte öfters in Biberach.

Unsere neue Heimat: Münsingen

In Biberach fühlten wir uns sehr wohl und hatten ganz liebe Nachbarn. Ende des Jahres 1936 kam, wie ein Blitz aus heiterem Himmel, ein erneutes Versetzungsschreiben für Vater. Dieses Mal lautete der neue Ort: ‚Münsingen, Truppenübungsplatz, altes Lager, Staatliches Bauamt'. Eine staatliche Wohnung würde uns zur Verfügung gestellt werden. Nach dem anfänglichen Schock war mein erster Gedanke: schon wieder umziehen. Mein nächster Gedanke: wie gut, dass wir kaum Möbel haben. Vater sagte: „Lina, jetzt bestellen wir ein Elternschlafzimmer, und das Biberacher Möbelhaus soll uns nach Absprache des Termins die Möbel gleich ins alte Lager liefern." Vater bestellte uns also ein poliertes Birkenholzschlafzimmer. Als er sein Versetzungsgesuch bei der Stadt Biberach vorlegte meinte sein Chef: „Herr Pfingstler, das Häuschen am Giegelberg könnten Sie von uns billig erwerben. Sprechen Sie mit Ihrer Frau darüber und geben Sie mir dann Bescheid." Wir entschieden uns gegen das Angebot. Vater sagte, er wisse nicht, wie oft und wohin er noch versetzt werde. Als wir die Sache mit der Versetzung und dem Häuschen den Asters erzählten, meinte Marys Bruder Emil, er und seine Frau Pia würden das Häuschen gerne erwerben und baten Vater sich zu erkundigen, ob dies denn möglich sei. Es war möglich und Emil machte mit der Stadt Biberach einen Vorvertrag. Bei unseren netten Nachbarn schlug Vaters Versetzung wie eine Bombe ein. Rudi Stuhler weinte um seine Dreiradfahrerin und die Haaserenbuben Walter und Rainer um ihre "'fang' mich doch"-Freundinnen. Ebenfalls traurig war das ältere Ehepaar Holzbock, das mit mir immer ein Schwätzchen hielt. Und Rita, unsere übernächste Nachbarstochter, die für uns so wunderschöne Sachen gestrickt hatte. Ja, und Maria. Sie weinte um ihre neuen Schulfreundinnen, denn sie war zwischenzeitlich eingeschult worden. Vaters Kollegen bedauerten seinen Weggang und ich, ich war traurig von den lieben Nachbarn Abschied nehmen zu müssen.

Als ich Vater fragte, wo liegt eigentlich der Truppenübungsplatz Münsingen, antwortete er: „So wie Neuravensburg, am ADW." Da wurde mir ganz bange ums Herz. Nach dem Wegzug von Biberach begann unsere nächste Odyssee. Anstelle in unserer neuen Wohnung im alten Lager, landeten wir zunächst in Auingen bei Münsingen. Nachdem unsere neue Wohnung im Alten Lager - von den Bauern auch „Vorlager" genannt - noch nicht fertig renoviert war, mussten wir, wie Vater sagte, „Gewehr bei Fuß stehen'" und wurden für unbestimmte Zeit im Dachgeschoss der Familie Strohmann in Auingen untergebracht. Frau Strohmann war eine reizende und gute Frau. Herr Strohmann war etwas mundfaul, aber auch gutherzig. Mit der Familie Strohmann verband uns auch noch viele Jahre später ein Band der Freundschaft.

Antons Tagebuch

„Wann´s wiederkimmst, kriegst a Wurstele!"

In den langen Winterabenden im Alten Lager erzählte uns Vater aus seinem Leben. Von den Jahren, die in Windeseile davongeflogen und von denen, die ihm wie ein Traum, mitunter auch wie ein Albtraum, vorgekommen sind. Am 7. Mai 1894 wurde ich in Stockheim, einem kleinen Dorf bei Heilbronn, geboren. Genannt wurde ich „d`r Done" oder „Toni". Wir waren eine sehr kinderreiche Familie. Fünf Buben starben teils im Wochenbett, teils an Kinderkrankheiten. Zwei Brüder und zwei Schwestern wanderten nach Amerika aus. Sie erhofften sich in der neuen Welt ein besseres Leben, da sie für sich in Stockheim keine berufliche Zukunft sahen. Von wenigen Familien im Ort abgesehen, waren fast alle Leute Weinküfer, Winzer oder Bauern. Ein Bruder und eine Schwester landeten in Baltimore, die anderen beiden in Chicago. Alle schrieben sie, dass sie beruflichen Erfolg hätten. Meine Schwestern fanden dort auch ihr Glück in der Liebe. Wir restlichen Kinder wuchsen in Stockheim auf. Seraphin war nun der Älteste unter uns. Danach kamen Alfons, Eduard, ich und Joseph. Amerika war auch schon der Traum zweier Onkel, den Brüdern meines Vaters, gewesen. Auch sie waren ausgewandert. Der eine fand sein Glück in Texas, der andere in Mexiko. Beide verloren, laut ihrer Sterbeurkunden, ihr Leben in Freiheitskämpfen. Ein Dritter, Onkel Karl, der gelernter Küfer war und anschließend Kellner in einem großen Hotel wurde, lernte in seiner Ausbildung vierzehn Sprachen. Aufgrund der Ausbildung und seiner Sprachkenntnisse bewarb er sich in einem exklusiven Hotel in Russland und erhielt dort eine Arbeitserlaubnis. Nach einiger Zeit lernte er in besagtem Hotel den Zaréwitsch, den Sohn des Zaren, kennen. Dieser gab ihm täglich einen Goldfuchs als Trinkgeld, was in etwa 20 Mark entsprach. Wegen des Kriegsausbruches 1914 musste er Russland jedoch verlassen. In Deutschland heiratete er und wurde Vater von zwei Kindern, namens Priska und Eitel. Vier Jahre später starb seine Frau Emma und die Kinder gab er daraufhin in ein Schweizer Internat, wo sie gut erzogen wurden. Die Kinder sind nach der Ausbildung bei der Schulbehörde gelandet. Durch die anschließende Inflation, sagte Onkel Karl, sei sein ganzes Vermögen verloren gegangen. Wir Pfingstler Buben waren von Onkel Karls Geschichten immer fasziniert. Einige Jahre später wurde er Empfangschef im Hotel Bellevue in Baden-Baden.

Mein Vater war in Stockheim ein angesehener Mann, denn er war der Bürgermeister des Ortes. Nebenbei war er noch als Winzer tätig und hatte mehrere Weinberge. Meine Mutter war eine ganz liebe und sanfte, kleinere Frau. Außer dem Kinderkriegen, musste sie noch eine kleine Landwirtschaft mit Ziegen bewältigen. Bares Geld war bei uns sehr rar, sodass wir Jungs vom Frühjahr an bis in den Herbst hinein immer barfuß laufen mussten. Auch unsere Bekleidung war deshalb katastrophal. Die Sachen vom Ältesten wurden immer an den nächsten und wieder an den Übernächsten weitergereicht. Ja, ja... das war eine harte Zeit für uns Kinder, aber auch für meine liebe, gute Mutter. Sie hatte immer viel zu tun mit all den Kindern, dem Haushalt und der Landwirtschaft. Ich habe sie stets arbeiten gesehen. Auch wenn sie auf dem Feld, der Wiese oder in den Weinbergen arbeitete, nahm sie immer die kleinsten Kinder mit. Um ihre Arbeit schnell erledigen zu können, knüllte sie Taschentücher zusammen, gab einen Spritzer Wein darauf und gab es den Kindern als Schnuller. Sie schliefen dann auf einer Decke liegend selig ein. In Stockheim gab es nur eine Metzgerei und dorthin schickten die Eltern uns Kinder zu besonderen Anlässen, um Wurst zu kaufen. Die Inhaberin der Metzgerei war auch gleichzeitig die Verkäuferin und sagte zu uns Kindern immer, wenn wir die Ware bezahlt hatten: „Wann´s wieder kimmst, kriegst a Wurstele!", was aber nie geschah. So liefen wir

Kinder beim nächsten Wurstkauf in die nächste Ortschaft, um zu sehen, ob die dortige Metzgereiverkäuferin uns ein Wurstele schenken würde. Und siehe da: wir bekamen unser Wurstele. Als die Stockheimer Metzgersfrau merkte, dass wir Pfingstlerbuben wegblieben, beklagte sie sich über uns bei unserem Vater. Der Bürgermeister-Vater stellte uns Söhne zur Rede und sagte: „Ihr dürft nur hier im Ort einkaufen, hier bin ich der Bürgermeister, merkt euch das!". So mussten wir Kinder wieder zur Stockheimer Metzgersfrau einkaufen gehen. Ohne Wurstele.

Eduard, der Lulatsch

Da mein Bruder Alfons der Klassenbeste in der Schule war, schickte ihn Vater in ein Priesterseminar. „Er soll mit diesem guten Zeugnis einmal Pfarrer werden", sagte er zu Mutter. Eduard war der Kleinste von uns Brüdern. Um seine Lehre im Schwarzwald beginnen zu können, musste er zu einem Lehrherrn ziehen. Nach ein paar Monaten erhielten wir seinen Hilferuf: „Bitte, Vater, kauf mir was zum Anziehen, mir passt nichts mehr!". Mein Vater reagierte auf diese Nachricht sehr ärgerlich und hat etwas von „Geld raus werfen" gesprochen. Zu meiner Mutter sagte er: „Da fahr' ich mal hin und schau nach dem Rechten. Ich will sehen, was der Bengel dort so treibt." Später erzählte er, auf dem Perron des Bahnhofs habe er sich nach seinem Kleinen umgesehen, doch es sei weit und breit kein Kleiner zu sehen gewesen. Plötzlich habe ihn ein langer Lulatsch auf die Schulter getippt und „Grüß dich, Vater!" gesagt. Ungläubiges Staunen habe er da empfunden, erzählte mein Vater zuhause, denn Eduard habe wie einer vom Jahrmarkt ausgesehen: Die Ärmel der Jacke gingen gerade noch bis zum Ellenbogen und die Hose nur noch bis zur Wade. Eduard war von nun an der Größte, wenn auch der Jüngste, von uns Allen. Nach Beendigung meiner Schulzeit begann ich eine Zimmermannslehre. 1909 starb mein Vater. Das Erbe verteilte sich so: Seraphin, nun als Ältester von uns Brüdern, bekam fast alle Weinberge, sowie einen Teil der Landwirtschaft. Das elterliche Häuschen, die Ziegen und der andere Teil der Landwirtschaft blieben meiner Mutter. Alfons erhielt einen kleinen Weinberg und durfte weiterhin das Priesterseminar besuchen. Eduard, Joseph und ich erhielten ebenfalls je einen kleinen Weinberg. Joseph führte den Haushalt weiter, denn meine Mutter hatte ihm als Jüngsten ihrer Buben kochen, stopfen und stricken beigebracht. Die ausgewanderten

Geschwister waren von diesem Erbe ausgeschlossen, denn sie hatten ihr Erbe schon zu Lebzeiten der Eltern in Bargeld bekommen. Die Wochen verliefen immer im gleichen Trott, bis wir eines Tages einen Brief von Alfons erhielten, in dem er uns mitteilte, dass er geheiratet und das Priesterseminar verlassen habe. Weiter schrieb er, seine Frau käme aus einem sehr gut situierten Haus, einem alt eingesessenen Café in Reutlingen. Er selbst arbeite nun als Obersteuerinspektor im Finanzamt Balingen. Über Alfons Neuigkeiten waren wir sehr überrascht. Für Eduard und mich war die Zeit nach der Lehre hart. Kein Lehrherr wollte uns fest anstellen, es gab immer nur Aushilfsarbeiten zu erledigen. Das Schlimmste für uns war, dass mein Vater tot war und uns nicht mehr beistehen konnte. Auf Seraphins Weinbergen konnten wir auch nicht das ganze Jahr über arbeiten, deshalb gingen Eduard und ich öfters in eine Beize zum Schwofen, denn das kostete nicht viel und wir waren unter jungen Leuten. Da hatten wir schnell den Ruf weg, Casanovas zu sein. Wir waren jung und voller Tatendrang, aber was sollten wir sonst tun? Joseph sagte uns, dass es er sich auf dem Rathaus in Stockheim als Schreiber beworben habe. „Vielleicht habe ich ja Glück und werde genommen", sagte er. Alfons schrieb uns, er und seine Frau seien Eltern eines gesunden Mädchens geworden. Sie tauften es auf den Namen Hildegard, riefen sie jedoch Hilde.

Stille Nacht, heilige Nacht

Eduard und ich meldeten uns im Jahr 1914 als Freiwillige in den Krieg. Eduard kam zur Marine nach Kiel und ich zu den Pionieren nach Lothringen. Es sollte für uns ein Abenteuer sein, aber für uns beide begann ein Höllentrip. Für alle Neulinge, die an die vorderste Front geschickt wurden, war ihr erster Trommelfeuereinsatz, oder der eines vorgeschobenen Postens zig Meter vom Schützengraben entfernt, ein Alptraum. Fast alle haben sich da in die Hosen gemacht, mich eingeschlossen. Der 24. Dezember, der Heilige Abend, war für uns Soldaten immer etwas ganz Besonderes, denn er war schaurig schön. Nachdem wir leise „Stille Nacht, heilige Nacht" gesungen hatten, lief es uns eiskalt den Rücken hinunter und die Tränen purzelten uns nur so aus den Augen, ob wir wollten oder nicht. Hinterher sprach fast keiner mehr, wir sinnierten nur noch vor uns hin. Ein besonderer Heiliger Abend war für mich damals, als meine Kameraden nach dem Lied noch den evangelischen Choral „Heilige Nacht, oh gieße du Himmelsfrieden in mein Herz" sangen. Das traf mich so tief ins Herz, dass ich weinen musste. Kinder, ich war damals bei dem grausigen Gemetzel in Sedan, dem Trommelfeuer von Verdun und bei der Schlacht am Hartmannsweilerkopf dabei. Es war grauenhaft. In einer dieser Schlachten wurde ich durch Granaten schwer verletzt und ins nächste Lazarett abtransportiert. Unter anderem habe ich durch Granatsplitter zwei Finger an der linken Hand verloren. Viele Splitter von damals wurden mir noch Jahre später aus dem Körper gepickt. Im Lazarett hat mir eine Rotkreuzschwester das Leben gerettet, indem sie meine Zunge festhielt, damit ich sie nicht verschlucken konnte. Die Ärzte und Krankenschwestern arbeiteten in dem Lazarett Tag und Nacht, denn es war übervoll mit Verletzten und Sterbenden. Die meisten der Verwundeten hatten Verletzungen durch Bajonettstiche und durch Chlorgasverätzungen. Als ich aus dem Lazarett entlassen wurde, wurde ich befördert. Bei meinem nächsten Einsatz, dem Stellungskrieg, Mann gegen Mann, erhielt ich das Eiserne Kreuz Erster Klasse. Ich hatte mich als Patrouillengänger über einen Friedhof an einen feindlichen Unterstand herangepirscht und die sich dort aufhaltenden französischen Soldaten allein überwältigt und gefangen genommen. Meine Waffe war ein bronzener Geschichtsschreiberengel vom Friedhof. Diese kleine Statue war fortan mein Talisman und Beschützer, mein ganzes Leben lang. Nach dem Waffenstillstand und Ende des Ersten Weltkriegs 1918 teilte ich meinen Brüdern mit, dass ich aus dem Krieg mit dem Leben davongekommen und als Leutnant aus der Armee entlassen worden war. Was sollte ich jetzt nur tun? Auf jeden Fall musste ich Geld verdienen, um leben zu können. Da bewarb ich mich bei einer großen Straßen- und Brückenbaufirmen in Stuttgart als Bauarbeiter und wurde eingestellt. Das war harte Knochenarbeit und nichts für Zartbesaitete. Auch der Ton unter den Bauleuten war rau, inbegriffen der des Capos, auch Polier genannt. Er war der Leiter der Baustelle.

„Wir Brückenbauer sind Künstler!"

Als sich die warmen Sommertage in Hitzetage verwandelten, schrie der Capo: „Los, Männer, los! Jetzt muss was laufen, jetzt ist richtiges Teerwetter!". Also wurde geschuftet, geteert, geschwitzt, geflucht und die Pause um zwölf Uhr gestrichen. Nach der Hochsommerhitze, als die Teerphase vorbei war, sagte mein Capo zu mir: „Done, ich schicke dich jetzt zu den Spezialisten vom Brückenbau, denn von denen kannst du noch viel lernen. Also, pass' gut auf und lass' dich mal wieder sehen!", Wir Brückenbauer sind Künstler!", sagte der neue Capo zu mir bei der Begrüßung. „Damit du verstehst was ich meine, leihe ich dir ein Buch über die berühmtesten Brücken der Welt und deren Konstruktion aus." Die nächsten Tage vergingen mit Lehrstunden über Statik, Nivelliergeräte und der Wasserwaagen. ‚Die Genauigkeit ist das Wichtigste in diesem Beruf', sagte der Capo. Irgendwann zeigte er mir auch, wie man Brückenmodelle maßgetreu anfertigen und herstellen kann. Ich fand alles interessant, was er mir zeigte und fühlte mich unter den Brückenbauern sehr wohl. Am Ende des Jahres gab mir der Capo den Rat, mich als Student für das Bauwesen in der Staatsbauschule in Stuttgart einschreiben zu lassen. Meine Eintrittskarte für das Studium war der Leutnant aus dem Krieg. Als ich die Prüfungen hinter mich gebracht hatte, konnte ich in der Staatsbauschule die Studienfächer „Allgemeines Bauwesen" und „Brückenbau" belegen. Um mein Studium finanzieren zu können, arbeitete ich in den Semesterferien weiterhin auf dem Bau.

Einer für alle, alle für einen

Die Staatsbauschule war ein riesiger Komplex, in dem ich mir anfangs wie eine Ameise vorkam. Als mich einige Studenten zu ihren studentischen Fechtabenden mitnahmen, war ich ihnen richtig dankbar. Sie erklärten mir dabei die Unterschiede zwischen Florett-, Degen- und Säbelfechten. Nachdem ich offiziell in ihrem Cercle aufgenommen war, entschied ich mich fürs Säbelfechten. Es gefiel mir ganz gut, nur Schmisse wollte ich keine in meinem Gesicht haben, weshalb ich bei der Fechterei äußerst vorsichtig war. Zu gut waren mir noch die Gesichtsverstümmlungen der Soldaten aus dem vergangenen Krieg im Gedächtnis, als dass ich mir freiwillig eine Gesichtsverletzung zufügen lassen wollte. An nationalen Gedenktagen trugen die Studenten ihre couleurfarbenen Verbindungsmützen und einige auch eine Schärpe. Wenn alle Studenten saßen und jeder seinen Humpen Wein vor sich stehen hatte, sprach der älteste Verbindungsmann die Einführungsworte. Anschließend gab er das Kommando „Aufstehen! (Strammstehen). Humpen aufnehmen! (Bis zur Brust). Humpen nach vorn! (In die Runde blicken und den Oberkörper leicht nach vorne neigen). Uuuund ex!". Dasselbe Spiel wiederholte sich anschließend immer wieder von Neuem. Dazwischen wurden

Corpslieder gesungen. Nach solchen Abenden war ich oft so besoffen, dass ich hinterher tagelang krank war. Irgendwann sagte ich meinen Corpsbrüdern, dass ich pleite sei und deshalb nun zusätzlich Geld verdienen müsse, um mein Studium weiterhin finanzieren zu können. Daraufhin sagten sie zu mir: „Du kennst unseren Corps-Leitspruch: Einer für alle, alle für Einen. Also, Toni, wir werden das Kind schon schaukeln." Danach durfte ich für einige von ihnen die Dissertationsarbeiten schreiben und wurde von ihnen anschließend standesgemäß entlohnt. Die Staatsbauschule verließ ich mit dem Diplom eines staatlich geprüften Baumeisters. Nachdem ich das Diplom in der Tasche hatte, schilderte ich Alfons meine Neuigkeiten in einem Brief und bat ihn gleichzeitig, mir Neues von ihm und meinen Brüdern mitzuteilen. Alfons schrieb Folgendes zurück: „Hedwig und ich sind noch vor dem Krieg ein zweites Mal Eltern geworden, wieder ein Mädchen. Die Kleine wurde auf den Namen Hedwig getauft und wird Hede genannt. Eduard ist am Leben. Er hat jedoch im Krieg einen Durchschuss an der rechten Hand abbekommen und lernt zur Zeit das Schreiben mit der linken Hand. Joseph arbeitet derzeit auf dem Rathaus in Brackenheim und soll eine Liaison mit einer Lehrerin haben. Seraphin will demnächst eine blutjunge Magd heiraten. Sie soll, wie im Dorf getuschelt wird, schwanger sein. Kreszentia, so heißt die Magd, sei sehr fleißig, aber eine ganz arme Kirchenmaus, so sagen die Stockheimer." Mein Hochzeitsgeschenk an Seraphin und Kreszentia, war mein kleiner geerbter Weinberg.

Das Rheinische Pumpernickel

Der verlorene Krieg mit allen seinen Auswirkungen war noch nicht verarbeitet, als 1923 die Inflation das Land erfasste. Durch die Geldentwertung blühte vor allem der Schwarzmarkt auf und wer nichts zu tauschen hatte, blieb auf der Strecke. Die Folge war, dass nun der Mob die Straßen beherrschte und die Macht des Stärkeren galt. Mit den Freicorps-Kameraden engagierte ich mich hauptsächlich für Hinterbliebene von gefallenen Kameraden. Für diese Menschen fühlte sich das kaputtgegangene Kaiserreich nicht mehr verantwortlich. Auf einer meiner Reisen für das Freicorps lernte ich meine Liebe Lina Diemter und ihren Sohn Walter kennen. Die standesamtliche Eheschließung und die kirchliche Trauung fanden am 23. Dezember 1922 statt. Als Hochzeitgeschenk überreichte mir Linas Vater Josef Stöberl feierlich seine silberne Taschenuhr. Diese war für ihn etwas ganz Besonderes, hatte er sie doch auf Wanderschaft durch England von seinem letzten Lehrmeister als Abschiedsgeschenk erhalten. Am 5. Oktober 1925 starb mein Schwiegervater Josef an Magenkrebs. Durch seinen Tod war eure Mutter, die damals hochschwanger war, so durcheinander, dass sie wenige Wochen später mit einem Fahrrad- fahrer zusammenstieß. Der Zusammenstoß war so heftig, dass Mutter ins Krankenhaus eingeliefert werden musste. Dort gebar sie ein Mäd- chen, das kurz nach der Entbindung starb. Tags darauf, am 31. Okto- ber 1925 beerdigten wir unser Mädchen auf dem Kinderfriedhof in Frankenthal. Meine Heirat mit Lina Diemter, verwitwete Adamer, geborene Stöberl, teilte ich meinen Brüdern brieflich mit. Auf der Glückwunschkarte von Eduard an uns informierte er mich noch, dass er sich wegen der schlechten Verhältnisse im Lande als Söldner für den China Krieg auf der Seite von Chiang Kai-shek, dem Staatspräsi- denten der Republik China, habe anwerben lassen. In den Glückwün- schen von Seraphin und Kreszentia stand unter anderem noch, sie seien Eltern eines Sohnes mit Namen Vitus geworden. Wegen mei- ner anhaltenden Arbeitslosigkeit in Frankenthal übersiedelten wir ins Ruhrgebiet, nach Castrop-Rauxel. Nach Zustimmung der Geschäfts- leitung durfte ich in der Zeche noch die Ausbildung zum Brandinge- nieur machen. Um die Erlaubnis dafür zu erhalten, musste ich aller- dings jedes Wochenende die Löhne der Kumpels in Bargeld ausbe- zahlen. Mord und Totschlag würde es da geben, sagten einige Kum- pels zu mir, worauf ich mir einen Schutzhund, eine Dobermannhün- din, zulegte. Die Hündin Bex wurde meine Beschützerin, meine beste Freundin und der Liebling der ganzen Familie. Als alle Forma- litäten in der Zeche erledigt waren, hieß es für mich: Glück auf. Die Einfahrt in den Stollen war mir anfangs suspekt, doch die Kumpels waren mir gegenüber gute Kameraden und halfen mir durch ihre gu- ten Ratschläge meine Beklemmung zu überwinden. Nach der Schicht, als uns der Förderkorb wieder ans Tageslicht befördert hatte, sprachen die Kumpels immer zuerst ein Dankesgebet. Diese Menschen waren alle sehr gläubig und Gott gegenüber dankbar, dass sie in de einzelnen Schichten von Unfällen verschont geblieben wa- ren. Alle hatten sie schon Kumpels durch schlagende Wetter, Gasex- plosionen, Schwefelbrände oder andere Unfälle in der Grube verlo- ren. Nachdem ich meinen Einstand - ein Pils, ein Korn, ein Pils, und so weiter - gegeben hatte, schlossen die Kumpels ihren neuen Schwaben in ihr Herz. Durch die Arbeit in der Zeche ging es uns fi- nanziell wieder besser. Mutters Lieblingsbrot wurde und war in

Castrop-Rauxel der Rheinische Pumpernickel. Am 24. September bekam Walter sein Geschwisterchen. Mutter und ich waren sehr glücklich über das gesunde und süße Mädchen. Die Kleine wurde auf die Namen Maria, nach Linas Mutter, und Theresia, nach meiner Mutter, getauft. Die schöne Zeit in Castrop-Rauxel fand ein jähes Ende, als die Auswirkungen des Kurssturzes an der New Yorker Börse im Jahr 1929 nun Deutschland erreichten. Die weltweite Wirtschaftskrise traf das Ruhrgebiet mit voller Härte, denn das Rheinisch-Westfälische Industriegebiet war von der Goldwährung und dem internationalen Kreditsystem abhängig. Als dieses System durch den Kurssturz an der New Yorker Börse zusammenbrach, kam es bei den großen Konzernen, Werken und Fabriken zu Massenentlassungen. Einer von diesen vielen Leidtragenden wurde bald darauf auch ich.

Bex, meine treue Begleiterin

Die Zechenleitung teilte mir mit, dass sie mich aufgrund der neuen Gesetze, Bestimmungen und Paragraphen kündigen und ins Schwabenland ausweisen müsste. Sie erklärten mir, dass das neue Gesetz vorschrieb, Personen, die am Tage X nicht im Ruhrgebiet gemeldet waren, an den Ort zurückzuschicken, an dem sie am Stichtag gelebt hatten. In meinem Fall war es der Raum Stuttgart. Aufgrund dieser Tatsache wurde ich mit meiner Familie aus Castrop-Rauxel abgeschoben. Nach dem Verlassen des Bürogebäudes wurde mir übel und meine Hände fingen an zu zittern. Vor dem Bürogebäude wartete geduldig meine treue Bex, die mich zu diesem bedeutungsvollen Gespräch begleitet hatte, und leckte mir die Hände. Sie spürte mein Unwohlsein und wollte mir durch das Lecken der Hände ihre Anteilnahme zeigen. Ein Mann, der ebenfalls aus dem Gebäude trat, fragte mich, ob er mir helfen könne. Da wurden meine Augen wässrig und stockend erzählte ich ihm das ganze Desaster. Spontan sagte der Fremde: „Falls Sie einverstanden sind, kaufe ich Ihnen Ihren Hund ab. Ihre Zu- oder Absage müssen Sie mir jedoch innerhalb der nächsten zwei Tage mitteilen, da mein Schiff nach Amerika nächste Woche in Hamburg auslaufen wird." Zu Hause erzählte ich die schlimmen Nachrichten, von der Kündigung, der Ausweisung und von der Sache mit Bex. Was sollten wir nur tun? Wir alle liebten unsere Bex sehr, aber wie ging es mit uns weiter? Wir entschlossen uns weinend dem Amerikaner unsere Bex zu verkaufen. Bex würde uns sehr fehlen, aber es half alles nichts, der Umzug musste vorbereitet werden. Die ganze Packerei blieb an Walter und Mutter hängen, da ich meinen Arbeitsvertrag einhalten musste, der besagte: arbeiten bis zum letzten Tag. Wisst ihr Kinder, damals musste man noch um die sechzig Stunden in der Woche arbeiten. Aus unerfindlichen Gründen tauchte plötzlich unsere Bex wieder bei uns auf, worüber wir sehr glücklich waren. Der Tag unserer Abreise rückte jedoch immer näher, weshalb ich Bex meinem damaligen besten Freund schenkte. Bei ihm und seiner Familie wusste ich Bex in den besten Händen, trotzdem bereitete mir der Abschied großen Herzschmerz. Die darauffolgenden Demütigungen, die ich später in Welzheim, Fellbach und Waiblingen erfuhr, waren die reinste Hölle. Damals im Krieg sah ich dem Feind und dem Tod in die Augen, aber was hier passierte... Ob meiner Hilflosigkeit schämte ich mich ganz furchtbar. Ein großes Glück für mich war, dass ich nach Bex wieder einen Freund fand. Es war der katholische Pfarrer der Gemeinde Waiblingen. Er gab mir in meiner schrecklichen Notlage nicht nur immer wieder Hoffnung, sondern half uns auch durch sein persönliches Engagement unsere Notlage durchzustehen. Aufgrund unserer Misere trat ich 1931 in den Bund der Frontsoldaten, genannt ‚der Stahlhelm‘, ein und bei den Freicorps-Kameraden aus. Ich hoffte auf Hilfe beim Bund des Stahlhelms und auf den Zusammenhalt von ehemaligen Soldaten, aber ich hatte mich geirrt. Es wurde nur geredet, geredet und nochmals geredet. 1933 trat ich auf Mutters Rat wieder beim Stahlhelm aus.

„Nie wieder Krieg!"

Am 14. Dezember 1931 wurde Trudl geboren. Ihr Gedeihen war zwar sehr langsam, aber stetig. Ihre Schwester liebte sie über alles und schwänzelte um sie herum. Walter ging seit einiger Zeit zu den Kickers nach Stuttgart, um Fußball zu spielen und ich war immer noch arbeitslos. In dieser so schwierigen Zeit dachte ich oft an meine verstorbenen Eltern und an meine Brüder. Ich erinnerte mich auch an meine jugendliche Begeisterung, als ich 1914 als Freiwilliger in den Krieg zog, an meine Fronteinsätze und an den völligen Zusammenbruch des Kaiserreiches 1918. Auch an den Dreckskerl von Kaiser, diesen eitlen Pfauen, musste ich denken, der sein Volk im Stich ließ, ins Exil nach Holland flüchtete und dem Volk nur seinen Scherbenhaufen zurückgelassen hat. Diese und andere Gedanken spukten mir immer wieder im Kopf herum, und da dankte ich Gott, dass ich ein

Nest voller Liebe hatte. Wisst ihr, Kinder, wer in schlimmen Zeiten keinen Hort hat, ist verloren. Was hätte ich ohne die Liebe eurer Mutter, Walters tiefe Zuneigung zu mir und ohne die unbeschwerte Liebe von den beiden Mädels getan? Sie sind damals meine Krücken zum Laufen gewesen. Zum Weiterlaufen halfen dann auch noch Philipp und Jakob. Mit ihrer Hilfe konnte der steinige Weg von den größten Steinbrocken freigeräumt werden und Dank Gottes Hilfe blieben wir alle gesund. Im Juli 1932 drehten sich bei den Stahlhelmern alle politischen Gespräche nur noch um die NSDAP, die nationalsozialistische Arbeiterpartei von Hitler. Sie soll zweihundertdreißig Sitze bei den Reichstagswahlen erhalten haben. Was war nur los? Konnte man diesem Unruhestifter, diesem Österreicher, diesem Gefreiten aus dem Weltkrieg trauen? Hitler soll in seinem Wahlkampf von dem ehemaligen Sieger von Tannenberg, Ostpreußen, dem General-feldmarschall von Hindenburg, unterstützt worden sein. War der Fünfundachtzigjährige von Hindenburg eventuell senil? Wir Stahlhelmer beschlossen abzuwarten. Unsere Devise lautete: Nie wieder Krieg!

Der RAD

Zu Walters zwanzigstem Geburtstag waren wir in Frankenthal. Ermöglicht hatte es Philipp, indem er uns mit dem Taxi abgeholt und wieder zurückgebracht hatte. Von den schönen Tagen in Frankenthal zehrten wir noch lange. Walter spielte noch immer gerne Fußball bei den Kickers, worüber ich sehr froh war. Im Herbst bekamen Walter und ich vom RAD die Nachricht uns Ende des Jahres 1933 im RAD Lager in Neuravensburg vorzustellen. Alle gemeinsam fuhren wir in das kleine Kaff im Allgäu. Walter und ich wurden sofort angenommen und auch für Mutter fand sich noch eine Stelle, die einer Küchenmamsell. Unsere neue Bleibe war nun bei dem Bäckermeister Soehler in Wangen im Allgäu. Walter bekam mit noch drei anderen jungen RAD-lern eine Schlafstelle im Barackenlager der RAD zugewiesen. Frau Soehler sagte zu Mutter: „Das Trudele darf auf dem Sofa neben der Backstube schlafen, bis das Mütterle wieder zurück ist." Mutter nahm Maria immer ins Lager mit, wo sich außer ihr auch andere junge RAD-ler um sie kümmerten. Nach einiger Zeit erzählte uns Walter, dass ihm sein Freund Walle das Ziehorgel-, und ein anderer Zimmergenosse das Mundharmonikaspielen beigebracht habe. Sich selbst brachte Walter das Jonglieren mit Bällen und das Zaubern anhand eines Zauberkastens bei. Aufgrund dieser Aktivitäten, herrschte bei ihnen in der Stube immer gute Laune und auch oft viel Gelächter. Mutter war durch die Hausarbeit, die Arbeit als Köchin und die Arbeit mit den Kindern manchmal sehr erschöpft, aber sie biss die Zähne zusammen und hielt durch. Das Lager in Neuravensburg war wirklich abseits jeglicher Kontaktmöglichkeit, eine Tatsache, die für Mutter nicht einfach war. Wir lebten von der Außenwelt wie abgeschnitten und kannten nur Arbeit, Arbeit und nochmals Arbeit. Irgendwann hörten wir im Lager plötzlich Musik und die Reden Hitlers durch ein Gerät, das „Volksempfänger" hieß. Das Rundfunkgerät ging mir nicht mehr aus dem Kopf und ich beschloss, ein solches Gerät für uns selbst zu basteln. Im Frühjahr 1935 fing ich damit an, konnte es aber erst im darauffolgenden Jahr fertigstellen, da ich zeitgleich mit Walter meine Versetzung nach Biberach erhielt. Walter kam auf das Fernmeldeamt und ich auf das Stadtbauamt. Als das Radiogerät 1936 endlich einwandfrei lief, war ich mächtig stolz auf mich.

Walter schwebt auf Wolke sieben

Auf dem Bauamt gefiel es mir, denn ich hatte lauter nette Kollegen und einen guten Vorgesetzten. Nach einiger Zeit sagte mir der Leiter vom Bauamt, seine übergeordnete Stelle habe ihn gebeten, mich für Brückenvermessungen bei den neuen Autobahnen freizustellen und fragte mich, ob ich dazu bereit sei. Mir war alles recht, hatte ich nur wieder Arbeit. Kurzentschlossen kaufte ich daraufhin ein Motorrad mit Beiwagen, um flexibel zu sein. Das Motorradfahren bereitete mir viel Spaß. Auf dem Fernmeldeamt fühlte sich Walter ebenfalls wohl, worüber wir uns für ihn sehr freuten. Wir lebten uns in Biberach schnell ein und waren glücklich in unserem hübschen Häuschen und zufrieden mit unseren netten Nachbarn. Mutter genoss es ungemein ein kleines Schwätzchen mit den Nachbarn zu halten und dann und wann einen Stadtbummel zu machen. Die Kinder gingen nun in den Kindergarten und spielten oft mit den Nachbarskindern. Walter schwebte seit kurzem auf Wolke sieben. Er hatte sich in das "Prinzesschen Maria von Biberach" verliebt. Maria Aster, so war ihr richtiger Name, trat im Laientheater vom Schützenverein als Schauspielerin auf. Nachdem das Schützenfest jedes Jahr die größte Attraktion Biberachs war, wurde Maria Aster mit der Zeit eine bekannte Persönlichkeit und gewann mit ihrer charmanten Art mehr und mehr an

Beliebtheit. Eines Tages stellte uns Walter seine Maria vor. Wir fanden sie nicht nur hübsch, sondern auch äußerst liebenswert. Da sie sehr gute Beziehungen zum Schützentheater hatte, schenkte sie Mutter und den beiden Mädels Karten für „Peterchens Mondfahrt". Mutter erzählte mir anschließend, dass das Theaterstück und das ganze Drumherum, die Kinder sehr begeistert hat. Maria wurde schnell schwanger. Die Schwangerschaft ihrer ledigen Tochter akzeptierten ihre Eltern nicht, ganz im Gegenteil, sie verstießen sie. Wir fanden das Benehmen der Asters Eltern skandalös und unchristlich. Walter sagte uns: „Ich liebe Maria und werde sie auf jeden Fall heiraten, aber wie geht es weiter?". „Walter, wir schaffen das schon", meinten Mutter und ich. „Also, da Maria volljährig ist, werdet ihr sofort aufs Rathaus gehen und das Aufgebot bestellen. Wenn euer Aufgebot öffentlich im Aushang hängt, darf Maria bei uns einziehen, ansonsten könnten wir wegen Kuppelei angezeigt werden. Anschließend soll Maria von zuhause weggehen, damit sie dort nicht den ständigen Querelen ausgesetzt ist. Hier bei uns wird unser Wohnzimmer erst einmal eure Bleibe und die des Kindes sein." So geschah es dann auch. Nach Walters Heirat fuhren wir mit dem Motorrad nach Frankenthal. Walter auf dem Sozius und Mutter mit euch Kindern im Beiwagen. Walters Großeltern und seine Tanten sollten ihn als frischgebackenen Ehemann sehen. Marie konnte aufgrund der Schwangerschaft nicht mit uns fahren. Die Freude über das Erscheinen von Walter, dem jungen Ehemann und baldigen Vater, war riesengroß. Nach dem Kaffeetrinken fuhren Mutter, ihr beiden Mädels und ich zu Philipps und Odiles Heim. Walter sollte den kurzen Besuch bei seinen Großeltern und Tanten allein mit ihnen verbringen und genießen. Er hatte ihnen ja so viel zu erzählen. Bei Philipp und Odile zuhause erzählten wir von unseren Erlebnissen der vergangenen Jahre. Daraufhin berichtete uns Odile von Neuigkeiten aus ihrer Heimatstadt Metz. Dort müssten die französischen Gebrauchswörter, wie „Trottoir" und „Portemonnaie", mit rein deutschen Wörtern ersetzt werden. Bei Zuwiderhandlung müssten die Menschen mit einer Geldstrafe rechnen. Meine Verwandten in Metz waren über diese Verbote sehr erzürnt und empört. Nun mischte sich Philipp ins Gespräch ein und sagte: „Als Taxifahrer verdiene ich zur Zeit sehr gut, denn ich fahre oft jüdische Kundschaft ins Ausland. Sie haben mir erzählt, um überhaupt auswandern zu können, hätten sie ihr ganzes Hab und Gut billigst verkaufen müssen. Hier wollten sie aber nicht mehr bleiben, denn in Deutschland fühlten sie sich nicht mehr sicher, weil die Braunen sie drangsalieren würden und vor den Schikanen der Gestapo hätten sie große Angst. Ja, Anton", sagte Philipp, „so sieht es hier aus." Zuhause sagte ich zu Mutter: „Meinst du nicht, dass Philipp zu dick aufgetragen hat?". Darauf erwiderte Mutter: „Wenn demnächst der Hitler im Radio spricht, hören wir ihn uns an und schalten diesmal nicht gleich aus."

Knickerbocker und Motorradbrillen

Ich engagierte mich sehr in der katholischen Kirche, deshalb durfte ich auch an Fronleichnam beim Himmel tragen dabei sein. Der Pfarrer von Biberach war ein gütiger Mann und ließ, da die Evangelischen keine eigene Kirche hatten, diese ihren Gottesdienst vor der katholischen Messfeier abhalten. Am 17. August 1936 kam unsere Enkelin Ingeborg auf die Welt. Wir waren alle überglücklich über das kleine Wesen und dankbar, dass Mutter und Kind die Geburt gesund überstanden hatten. Als nach einiger Zeit Mary und Walter den Eltern Aster ihr Enkelchen zeigten, gab es die große, langersehnte Versöhnung. Knickerbockerhosen waren derzeit die große Mode, deshalb kaufte Mutter auf Walters Wunsch für ihn und mich je eine solche. Sie standen uns prima und wir fanden uns darin sehr schick. Als Schutz für die Augen und Ohren kaufte ich für uns alle noch neumodische Motorradbrillen und -kappen. Im neuen Jahr wurde Walter auf das Fernmeldeamt in Heilbronn versetzt. Er verdiente dort besser und erhielt noch zusätzlich vom Fernmeldeamt eine kleine günstige Mietwohnung. Als die kleine Familie in Heilbronn sesshaft geworden war, fuhren wir fast jedes Wochenende mit dem Motorrad zu ihnen. Nachdem es euch Mädels im Beiwagen, zusammen mit Mutter, zu eng geworden war, verkaufte ich das Motorrad samt Beiwagen und kaufte dafür ein Auto. Das Automobil war ein dunkelgrüner Wanderer und war nun unser ganzer Stolz. Im hinteren Innenraum waren sogar noch für Kinder zusätzliche Notsitze und Vorhänge an den Fenstern angebracht. Unser Wanderer war ein tolles Auto. Unsere erste größere Fahrt ging nach Frankenthal. Die Großeltern und die restlichen Verwandten sollten nun ebenfalls Walters Frau und das Ingele kennen lernen. Vor allem die nun frischgebackenen Urgroßeltern waren überglücklich, als sie Mary und ihre Urenkelin Inge sahen. Auf dem Rückweg meinte Mary: „Die Adamers Familie ist ja lieb und nett, aber die Odile und der Philipp sind mir doch etwas zu schlampig und ihre Wohnung ist auch nicht die Sauberste."

Zuhause sagte Mutter nur: „Die Mary kann nur froh sein, dass sie wie eine Prinzessin aufgewachsen ist und kein so schweres Los hatte, wie Odile und Philipp." Am 1. Januar 1937 wurde ich in das Heeres-Bauamt Münsingen versetzt. Aufgrund des Versetzungsbescheides beschlossen Mutter und ich, uns nun eine neue Schlafzimmergarnitur zu kaufen. Unser erstes Elternschlafzimmer seit unserer Hochzeit, stellt euch das vor! Bei einem ansässigen Möbelschreiner bestellten wir ein Schlafzimmer aus Birkenholz unter der Bedingung, uns dieses bei Abruf nach Münsingen ins Alte Lager liefern zu lassen. Der Wegzug aus Biberach fiel uns sehr, sehr schwer. In diesem Städtchen hatten wir uns so gut eingelebt und wohl gefühlt, aber, aber...
Ab dem 1. Januar 1937 lautete unsere neue Adresse: Heeres-Bauamt, Truppenübungsplatz Münsingen-Auingen, Altes Lager. Walter wurde ebenfalls versetzt und zwar nach Ulm an der Donau. In der Münsterstadt fühlten sich die Adamers sofort heimisch. Unsere neue Wohnung im Alten Lager war zum 1. Januar noch nicht bezugsfertig renoviert worden, weshalb wir bei den Bauersleuten Strohmann in Auingen für ungefähr sechs Wochen logieren mussten. Nach unserem Auszug bei der Familie Strohmann begann für uns eine neue Zeitrechnung, die vom Alten Lager.

Gertruds Tagebuch Teil 3

„Es wird Krieg geben"

Im August 1939 war allgemeine Mobilmachung angesagt. Von einem Militärboten wurde Vater der Stellungsbefehl überbracht. In Erinnerung höre ich, wie tags darauf Mutter sehr früh in unser Schlafzimmer kam und sagte: „Kinder, aufstehen! Vater muss einrücken, es wird Krieg geben." Noch im Morgengrauen musste Vater sich auf den Weg zu seiner Truppe nach Ulm machen. Als er in seiner Uniformjacke mit dem Eisernen Kreuz Erster Klasse aus dem vergangenen Weltkrieg seine Offizierskiste ins Auto schob, musste Mutter heftig weinen. Maria und mich ergriff panische Angst, und mit einem Gefühl voller Hilflosigkeit standen wir stumm da. Krieg, bedeutete das nicht Tod? Musste Vater nun sterben? Bevor er abfuhr sagte er noch: „Das Auto wird in den nächsten Tagen von meinem Burschen zurückgebracht." „Was für einen Burschen hat Vater denn gemeint, als er sagte, er würde das Auto zurückbringen?", fragten wir Mutter. „Nun", sagte sie, „das sind Soldaten, die für Offiziere vom Dienst an der Waffe zurückgestellt werden, um den Offizieren ihre Uniformen und Mäntel auszubürsten, die Stiefel zu putzen oder bei anderen Sachen zu helfen." Der Bursche brachte einige Tage später das Auto zurück und übergab dabei Mutter noch einen Brief von Vater. Unter anderem schrieb er: „Lina, es ist sehr wichtig, dass du das Familienstammbuch, das wir 1938 zum Nachweis arischer Abstammung für das Reichssippenamt erstellen lassen mussten, sehr sorgfältig aufbewahrst. Für den Fall, dass ihr den Luftschutzraum aufsuchen müsst, nimmst du immer das Stammbuch im Gepäck mit." Nach einem Gesetz der NSDAP war jeder Familienvorstand dem Reichssippenamt gegenüber verpflichtet, Angaben zur Ahnenforschung zu machen. Das Amt forschte bis zum vierten Glied zurück. Bei Walter war das Forschen einfach: Vater, Mutter, Eltern und Urgroßeltern kamen alle aus der Pfalz, Kurpfalz und Oberpfalz. Bei Vater war es etwas schwieriger: seine Eltern kamen aus Stockheim, seine Großeltern auch, aber der Urgroßvater kam aus Ungarn. Das hatte das Reichssippenamt herausgefunden. Er war jedoch arischer Herkunft. Kurz nachdem Vater eingerückt war, wurde unser Wanderer beschlagnahmt. Ein paar Männer in Uniform kamen zu Mutter und zeigten ihr ein Schreiben in dem stand, dass bei Bedarf auch private Fahrzeuge eingezogen werden dürften. Schweren Herzens gab Mutter den Männern die Autopapiere und die Schlüssel unseres Autos. Nachdem die Uniformierten weg waren, fragten wir Mutter, warum die Männer unseren Wanderer mitgenommen hätten. Mutters antwortete: „Der Führer braucht ihn für den Krieg, deshalb kann man da auch nichts machen." Maria und ich waren sprachlos. Vom Pionierbataillon 5 in Ulm schrieb uns Vater: „Demnächst wird unser Bataillon in die Tschechoslowakei verlegt. Macht euch keine Sorgen, denn wir sind dort nur zur Friedenssicherung." Am 1. September 1939 hörten wir morgens die Radioübertragung der Hitlerrede aus der Kroll Oper: „... ich habe mich daher entschlossen..., seit 5 Uhr 45 wird jetzt zurückgeschossen..., bei Morgengrauen... in Polen einmarschiert...". Noch bevor das dreifache "Sieg Heil" von Berlin ins alte Lager dröhnte, fragten Maria und ich unsere Mutter: „Was hat der Führer eigentlich gemeint?". Mutters Antwort darauf war: „Ach Kinder, es ist Krieg und der Morgengrauen wird sich bald in ein Grauen verwandeln. Oh

Gott", sagte sie weiter, „ich bin nur froh, dass Vater in der Tschechoslowakei ist und nicht in Polen."

Heulende Sirenen

Große Freude herrschte bei uns, als Vater zu Weihnachten überraschend für ein paar Tage nachhause kam. Als Weihnachtsgeschenke
brachte er für Maria und mich je eine tschechische Trachtenpuppe
aus Brünn und für Mutter eine handgeklöppelte Tischdecke mit. Bevor Vater eingezogen worden war, hatte er noch vorsorglich für uns
Kinder zu Weihnachten einen Kaufladen mit einer echten Uhr gekauft. Mutter hatte ihn schon aufgestellt und mit Marzipankartoffeln
und Kleingebäck aufgefüllt und so konnten wir mit Vater Kaufladen
spielen. Zum Abschied sagte Vater: „In Bälde werde ich an einen anderen Frontabschnitt versetzt. Hört also jeden Tag die Nachrichten,
dann wisst ihr, wo ich bin." Nun saßen wir jeden Abend vor dem
Volksempfänger, um die neuesten Nachrichten zu hören. Das Neueste im Radio war der Einmarsch deutscher Truppen in Dänemark
und Norwegen. Nun wussten wir wo Vater war. Kurz vor Kriegsbeginn unterrichtete uns ein Blockwart, dass die Bevölkerung ab dem
1. September alle Wohnungen akribisch verdunkeln muss. Der
nächste Schritt war die Ausgabe von Lebensmittelkarten für Grundnahrungsmittel und Bezugsscheine für Textilien und Schuhwerk.
Plötzlich gab es auch noch einen Luftschutzwart, der im Saal der
Wirtschaft "Zum Grünen Kranz" der Bevölkerung Unterweisungen
über Luftschutz und Verhaltensweisen bei einem eventuellen Bombenangriff auf den Truppenübungsplatz gab. Wir lernten Begriffe,
wie „Spreng- und Phosphorbomben", Luftminen, die erst mit Verzögerung zündeten und „Wohnblockknacker", die aufgrund ihrer
Druckwelle eine zerstörerische Wirkung hatten, und andere Bomben-
arten. Unter großem Gelächter mussten wir auch Gasmasken anpro-
bieren. Anschließend sprach der Luftschutzwart noch über das Bun-
ker- und Luftschutzkellerprogramm. Letzteres traf auf unseren Gewölbekeller zu. Er wurde für unsere Hausgemeinschaft als Luftschutzkeller ausgesucht. Die Apfel- und Birnenhurden wurden zu
Schlafplätzen für die Kinder umfunktioniert. Laut dem Luftschutzwart mussten auch Schrubber mit Putzlappen und Eimer mit Wasser
und Sand neben den Kellereingang gestellt werden. Weiter sagte er,
alle gehfähigen Personen müssten sich bei Voralarm in sekunden-
schnelle anziehen und einen vorgepackten Koffer oder eine Tasche

mit den wichtigsten Papieren und Kleidung schnappen und in den Bunker oder Luftschutzkeller spurten. Danach erklärte er uns noch die Signale der Sirenen und seine Erkennungszeichen: Voralarm, Vollalarm, und Entwarnung hießen die Gefahrenlagen. Während der ersten Stufe, dem Voralarm, heulten drei gleichbleibende lange Töne. Die Menschen bereiteten sich währenddessen auf den Aufenthalt im Keller oder Bunker vor. Wenn die Sirenen heulende Signale geben, bedeutete das: Vollalarm. Die Flugzeuge waren dann nicht mehr weit vom gewarnten Ort entfernt. Den Vollalarm verbringt man in den Schutzräumen. Entwarnung ist, wenn ein gleichbleibender Sirenenton ertönt. Für die Eltern von schulpflichtigen Kindern war es wichtig, dass ihre Kinder bei Vollalarm vor Mitternacht zur normalen Zeit in die Schule gehen mussten, bei Vollalarm nach Mitternacht jedoch der Vormittag frei ist.

„Vor der Kaserne, vor dem großen Tor..."

Es begann die Zeit der Wehrmachtsberichte und der Sondermeldungen. Von Tag zu Tag änderten sich die Kriegsschauplätze, und innerhalb eines Jahres waren die Besetzungen Polens, Dänemarks, Norwegens, Hollands, Belgiens und im Eiltempo auch noch die Besetzung Frankreichs vollzogen. Die Sondermeldungen im Radio wurden akustisch durch Liszts „Les préludes" eingeleitet, danach kamen die Meldungen: „Vormarsch nach X, die Versenkung von X Bruttoregistertonnen, X Flugzeuge abgeschossen, unser Führer Adolf Hitler auf der Champs-Élysées, Bombenangriffe auf London, Rommel in el-Alamain", und so weiter. Danach wurde das Englandlied "...denn wir fahren gegen Engeeeeland" gespielt. Der Schluss endete immer mit: „Für unseren Führer Adolf Hitler, ein Sieg Heil!". Abends, vor dem Zubettgehen, hörten wir Kinder gemeinsam mit Mutter noch das Lilli-Marlen-Lied von Lale Andersen: „Vor der Kaserne, vor dem großen Tor...". Was wir nicht wussten, war, dass dieses kleine Lied nicht nur bei uns in Deutschland, sondern auch von den Soldaten in allen besetzten Gebieten, sowie bei Rommels Afrika Korps und den feindlichen Truppen auf dem ganzen Kontinent gehört und mitgesummt, mitgesungen oder mitgepfiffen wurde. Das Lilli-Marlen-Lied war ein großes Phänomen. 1940 wurde Maria ein Jungmädel. Ein Gesetz, das am 1. Juli 1936 erlassen worden war, besagte, dass die gesamte deutsche Jugend innerhalb des Reichsgebietes in der Hitlerjugend zusammengefasst werde. Wer mindestens zehn Jahre alt war, kam zum

Jungvolk. Ab 14 Jahren gehörte man zur Hitlerjugend. Die entsprechenden Organisationen der Mädchen waren der Jungmädelbund und der Bund Deutscher Mädel (BDM). Zuhause erzählte Maria von den Zusammenkünften und sagte: „Wir haben dort viel Spaß, treiben Sport und singen viele Wanderlieder." Weiter erzählte sie, des Führers Wunsch für die deutsche Jugend sei, dass sie flink wie die Windhunde, zäh wie Leder und hart wie Krupp Stahl sein sollten. Walter hatte großes Glück, er musste nicht einrücken. Der Führer hatte ein Gesetz erlassen, wonach der letzte männliche Spross einer Familie mit arischer Abstammung, dessen Vater im Weltkrieg gefallen war, vom Kriegsdienst zu befreien sei. Am Weißen Sonntag hatten Maria und ich gleichzeitig unsere erste Kommunion. Da wir im Vorlager nur fünf katholische Kinder waren, Lotte und Liesel Wahl, Erich Rauter, Maria und ich, wurden die Jahrgänge 1929, 1930 und 1931 zusammengefasst und gingen deshalb gemeinsam mit den Münsinger katholischen Kindern zur Kommunion. Nach der kirchlichen Feier ließen Maria und ich uns beim Fotografen Schmid in Münsingen ablichten, um ein Erinnerungsfoto für Vater zu machen. Große Geschenke bekamen wir nicht. Von Frau Theo, der Frau von Vaters ehemaligem Chef auf dem Heeresbauamt, der kurz nach Vater eingezogen worden war, erhielt Maria ein Jungmädchenbuch und ich die schönsten Sagen von Rhein, Mosel und Saar. Von Familie Annemaier - der Mann arbeitete als Zeichner auf dem Heeresbauamt - bekam Maria einen hellgrünen und ich einen rosaroten, ausziehbaren Nähkasten. Die weißen Kleider hatte Mutter für uns beide selbst genäht. Von Mutter bekam Maria, als die älteste Tochter, ihr einziges Schmuckstück, das sie besaß. Ihr goldenes Halskettchen mit einem Kreuz, das sie selbst von ihrer Mutter zu ihrer ersten Kommunion erhalten hatte. Von Walter und Mary bekam ich ein silbernes Halskettchen mit einem Kreuzanhänger und Maria ein silbernes Armkettchen.

Ein Eisbärenfell für Mutter

Im zweiten Stock unseres Hauses gab es eine Veränderung. Neue Mieter zogen ein: Oberstleutnant Grohe mit Frau und Hund Inta aus Berlin. Seit Kriegsbeginn musste ich in der Schule jeden Morgen den Wehrmachtsbericht vorlesen und gleichzeitig Fähnchen auf der mir gegenüberhängenden Landkarte an der Wand an die richtigen Stellen, dorthin, wo der neue Frontverlauf gemeldet worden war, stecken. Das Fähnchenspiel und die Vorleserei waren meine Aufgabe, da ich der Landkarte am nächsten saß. Onkel Eduard schrieb uns: „Bei mir heißt es nun: Leinen los, denn auch ich wurde in den ersten Kriegstagen wieder in die Marine eingezogen. Grüßt meinen Bruder und auf baldige gesunde Heimkehr." Ein Fräulein von der Vermittlungsstelle im Alten Lager rief Mutter an und sagte ihr, sie möge doch mit uns Kindern morgen um Mitternacht bei ihr auf der Zentrale anwesend sein, denn der Herr Hauptmann würde uns dort aus Nord-Norwegen anrufen. Am besagten Tag, kurz vor Mitternacht, schlüpfte Mutter mit uns Kindern durch ein Loch im Drahtzaun unseres Spielwäldchens hinter unserem Haus ins Militärgelände und wir liefen, so schnell wir konnten auf die Vermittlungsstelle zur Fräulein von der Vermittlungsstelle. Pünktlich um Mitternacht klingelte das Telefon und Vater war am Apparat. Es rauschte zwar etwas in der Leitung, trotzdem verstanden wir ihn gut. Er sagte uns, dass es ihm soweit gut ginge, nur hätte er mit seinen Zähnen Probleme. Der Zahnarzt habe bei ihm Skorbut, einen Vitamin-C-Mangel, festgestellt, sodass er vielleicht zu einer Behandlung in die Heimat verlegt werden müsse. Weiter erzählte er, sein oberster Chef Generaloberst Jodel sei ein prima Mensch. Noch zwei weitere Male schlichen wir uns auf das Militärgelände, um mit Vater zu sprechen. Beim letzten Gespräch mit ihm sagte er, er habe für Maria, mich und für das Fräulein von der Vermittlungsstelle Lappenschuhe und Mützen gekauft, das Päckchen sei schon unterwegs. Zu Mutter sagte er: „Ich habe ein Eisbärenfell gekauft, welches bald bei euch im Vorlager eintreffen wird." Falls sie das Fell nicht behalten möchte, solle sie sich an den Bruder seines Kameraden in Stuttgart wenden. Dieser würde ihr das Fell dann gerne abkaufen. Den Preis würde der Herr bereits kennen. Mutter wollte das Eisbärenfell nicht haben. „Das stinkt so scheußlich nach Tran!", sagte sie und rief den Herrn aus Stuttgart an, damit er es abholen konnte. Bei unseren mitternächtlichen Ausflügen zur Vermittlungsstelle kamen wir uns jedes Mal wie Diebe vor.

Zwei Eimer Heidelbeeren

In der Zeit, als der rosafarbene Phlox blühte, musste die Division Wiesel, die auf der Alb ausgebildet und aufgestellt worden war, in den Krieg ziehen. Wir Schulkinder bekamen für diesen Tag schulfrei, um den Soldaten, die vom Gänsewag in Richtung Münsinger Bahnhof marschierten, zuzuwinken und Blumen zuzuwerfen. Mutter hatte für diesen Tag ihr Phlox Blumenbeet geplündert, damit Maria und ich den vorbeiziehenden Soldaten Blumen zuwerfen konnten. Am Straßenrand standen für unsere Helden nicht nur wir Schüler, sondern auch viele andere Personen Spalier. Als Maria und ich nachhause kamen, saßen bei Mutter im Wohnzimmer zwei uns unbekannte Frauen. Mutter stellte uns die beiden Frauen als Angehörige von Soldaten der Division Wiesel vor und erzählte uns ihre Geschichte. Beide Damen seien aus Karlsruhe angereist, um sich, die eine von ihrem Sohn und die andere von ihrem neuvermählten Ehemann, zu verabschieden. Das Verabschieden habe geklappt, jedoch nicht die Rückreise. Der nächste Zug würde erst am nächsten Tag nach Karlsruhe fahren und eine Herberge in Auingen oder im Alten Lager hätten sie nicht gefunden. „Als ich die beiden weinenden Frauen auf ihren Koffern sitzen sah, sprach ich sie an und nachdem sie mir ihre Geschichte erzählt hatten, nahm ich sie zu uns nach Hause mit. „Kinder", sagte Mutter, „die Gäste schlafen heute Nacht in eurem Schlafzimmer und ihr beiden bei mir im Ehebett." Nach ungefähr zwei Wochen bekam Mutter von den beiden Frauen als Dank für das Nächtigen bei uns, zwei Metalleimer mit selbstgepflückten Heidelbeeren per Express zugeschickt. Monate später erreichte uns von den Karlsruher Frauen die Nachricht, dass beim Russlandfeldzug der Sohn der einen Frau gefallen ist und der Ehemann der anderen Frau vermisst wird. „Gott sei Dank konnten wir uns noch von unseren Liebsten persönlich verabschieden", schrieben sie weiter und bedankten sich nochmals bei Mutter für die liebevolle Betreuung, die sie ihnen hatte zukommen lassen. Aus Tromsó schrieb Vater: „Voraussichtlich werde ich im neuen Jahr zur Skorbutbehandlung in die Heimat versetzt werden." Schneller als erwartet war Vater da. „Ich komme direkt aus Narvik", sagte er, „das liegt ungefähr zweihundert Kilometer nördlich vom Polarkreis und nun bin ich hier, hier zuhause bei euch. Mein Gott, ich kann es noch gar nicht fassen!". Später sagte er, er werde ab sofort nach Schwäbisch Gmünd abkommandiert, um dort ein neues Pionierbataillonen zusammenzustellen. Nach der Aufstellung würde ihn sein Weg weiter nach Osten führen. In der Kaserne in Schwäbisch Gmünd bekam Vater für uns eine Zwei-Zimmer-Wohnung ohne Küche, aber mit einem Badezimmer und zwei elektrischen Kochplatten. Vater telefonierte, alles sei nun vorbereitet, wir könnten kommen. Im neuen Jahr, also 1941, fuhren Mutter, Maria und ich mit dem Zug nach Schwäbisch Gmünd. Es war eine sehr umständliche und langwierige Reise. Am Bahnhof holte uns Vater mit einer Pferdekutsche ab. In unserem neuen Zuhause erzählte Vater unter anderem, dass ihm als Fortbewegungsmittel für Besichtigungen kein Auto, sondern ein Pferd zugeteilt worden sei. „Das Pferd kann ich jederzeit aus dem auf dem Kasernengelände stehenden Reitstall abholen. Sie heißt Heideblume, ist ein schönes Pferd und hat einen guten Charakter. Vielleicht wollt ihr ja morgen die Pferde besuchen?". Ich nickte, aber Maria schüttelte den Kopf und sagte: „Lieber nicht." Nach einer Weile meinte ich: „Du, Vater, ich wusste bisher gar nicht, dass du reiten kannst." „Ach Kinder", antwortete er, „das kann ich seit dem Ersten Weltkrieg. Damals war ein Meldereiter gefallen, deshalb musste schnell ein neuer Meldereiter gefunden werden. Ein Offizier zeigte auf mich und sagte, ich müsse ab sofort den gefallenen Kameraden ersetzen. Ich musste nun die Meldungen von A nach B bringen. ‚Gebt ihm ein Pferd', sagte der Offizier, ‚und wenn er nicht reiten kann, muss er es eben lernen.' Ein erfahrener Reitersoldat lehrte mich in Nullkommanichts das Reiten und gab mir noch gute Ratschläge mit auf den Weg. Nach einer Verwundung wurde ich nicht mehr als Hilfsmelder eingesetzt. Geritten bin ich erst später wieder in Neuravensburg, denn da gab es auch Reitpferde und mit ihnen konnte ich auch schnell von einem Ort zum anderen kommen."

März, die arme Sau

Da wir auf dem Kasernengelände wohnten, kamen uns die gebrüllten Befehle und die knallenden Stiefel bald ganz normal vor. So normal, wie der Beruf eines Hufschmiedes. Ich ging also zum Reitstall, um die Pferde anzuschauen. Vater gab mir für die Tiere ein paar Karotten und Äpfel mit. Der Stallbursche dort war ein netter Soldat und holte für mich einen Apfelschimmel aus der Box. Auf dem Kasernengelände setzte er mich auf das Pferd und lief mit uns beiden ein paar Mal den Kasernenhof auf und ab. Als ich Vater von meinem Erlebnis erzählte sagte er: „Dieser lammfromme Schimmel hat zwei oder drei Male unseren Major abgeworfen und nun traut er sich nicht mehr, ihn zu reiten." Der Stallbursche erzählte mir auch, der Major habe das Tier gequält, indem er dem armen Tier die Sporen bis aufs Blut rein gehauen und es auch noch mit der Peitsche geschlagen habe. So eine Quälerei vergisst ein Pferd nie und so hat es sich eben am Herrn Major gerecht, indem er den Schinder ständig abgeworfen hat. Vater erzählte von seiner Arbeit. „Ich soll eine Brücke bauen, die schnell aufgebaut werden kann, die rostfrei sein und auch noch extrem kalten Temperaturen standhalten soll. Um eine geeignete Stelle für die Brücke zu finden, reite ich deshalb die Rems auf und ab. Die Brücke soll ein zweites Standbein zu den Pontos werden. Ein maßgetreues Modell der Brücke habe ich schon erarbeitet, mache derzeit aber noch verschiedene Versuche mit Holzdübeln, Holzschrauben so wie vorgefertigten und geleimten Holzteilen." Vaters neuer Bursche hieß März und war etwas beschränkt im Kopf. Mutter fragte: „Anton, warum hast du ausgerechnet März ausgesucht?". Vaters Antwort darauf war: „Weil er eine ganz arme Sau ist und das schon seit seiner Geburt. Auch hier wird er oft von seinen Kameraden gehänselt und da hat er mir einfach Leid getan." Als wir ihn das erste Mal mit Herr März ansprachen, erwiderte er: „Nur März, bitte." März verehrte Mutter sehr und Vater kam bei ihm gleich nach dem lieben Gott. Er putzte fast den ganzen Morgen Vaters Stiefel und zwar mit Spucke, was für uns Kinder etwas ganz Neues war. Mittags durfte er immer mit uns am Tisch sitzen und dabei lehrte ihn Mutter, wie man mit Messer und Gabel isst. Nach dem Essen half er Mutter beim Geschirr abtrocknen. Danach ging er, um sich bei seinem Unteroffizier zurückzumelden.

Die Nibelungen... oder so

„Kinder, macht's gut!", sagte Vater bevor er die Wohnung verließ. Gemeint war unser erster Schultag in der neuen Schule. Gemeinsam betraten Maria und ich das riesige Schulgebäude und meldeten uns bei der Schulsekretärin an. Das Fräulein war jedoch mit etwas anderem beschäftigt, sodass wir lange warten mussten. Als es endlich soweit war, zeigte sie uns unsere Klassenzimmer. Bangen Herzens klopfte ich an der Türe und betrat nach einem „Herein!" den Raum. Durch die Warterei bei dem Fräulein Sekretärin kam ich zu spät und der Unterricht hatte bereits begonnen. Mein Gott, wie war mir das peinlich! Ich stellte mich der Lehrerin als die Neue vor und wartete mit klopfendem Herzen auf ihre Antwort. Frau Hebermann, so war ihr Name, gab mir die Hand und stellte mich den Schülerinnen der Klasse vor. Nach ein paar freundlichen Worten zeigte sie mir meinen künftigen Platz. Meine Nebensitzerin hieß Felicitas. Mit Verwunderung sah ich, dass nur Mädchen in dem Klassenzimmer saßen. Nachdem mein Ranzen verstaut war, sagte Frau Hebermann: „Und nun wollen wir mit dem Unterricht fortfahren. In den vergangenen

Wochen haben wir die germanische Heldensage, die Nibelungen durchgenommen und heute sollt ihr nun Bilder von dieser Sage malen. Ihr dürft selbst entscheiden, ob ihr ein Bild über Siegfried mit dem Drachen, seine Werbung um Kriemhild, seine Vermählung mit ihr, seine Ermordung durch Hagen, oder etwas über Gunthers Gemahlin, der Königstochter Brunhilde, malen wollt." Ich saß stumm auf meinem Platz und rührte mich nicht. Ich wusste nicht recht was ich tun sollte, denn von der Sage hatte ich noch nie etwas gehört. Nach einiger Zeit schaute ich zu meiner Nebensitzerin, um zu sehen, was sie malte, aber auch die kämpfte damit, etwas auf das Papier zu bringen. Nun schweifte mein Blick zu dem Mädchen auf der vorderen Bank und sah unglaublich schöne Bilder auf dem Zeichenblock. Nach geraumer Zeit ging Frau Hebermann durch die Gänge und schaute, was die Mädchen so gemalt hatten. Bei mir blieb sie stehen und sah, dass sich außer einem Berg, den ich von einem der vorderen Mädchen abgemalt hatte, nichts zusehen war. „Na, Trudl, kennst du die Nibelungen nicht?". Ich stand auf und antwortete beschämt: „Nein, Frau Hebermann." Da sagte sie mit beruhigender Stimme: „Das ist nicht schlimm, das Buch sollen dir deine Eltern kaufen, dann kannst du alles nachlesen." Das Buch wurde nie gekauft, deshalb weiß ich bis heute nichts Genaues über die Nibelungen.

„Grüß´ Gott, Herr Pfarrer."

Die Religionsstunde unterrichtete bei uns eine Nonne, die sich nach der Stunde von uns mit den Worten ‚Also, bis Sonntag!' verabschiedete. Am darauffolgenden Sonntag gingen die Eltern mit uns zur heiligen Messe in die Münster Kirche. Im nächsten Religionsunterricht fragte mich die Nonne: „Trudl, warum bist du am Sonntag nicht in der Kirche gewesen?". „Aber Schwester", antwortete ich, „ich war im Münster und sogar mit meinen Eltern und meiner Schwester." „Oh je, Trudl", sagte sie, „da hat wohl jemand versäumt dir und deiner Schwester auszurichten, dass ihr nicht der Münster-, sondern der Sankt Franziskus Gemeinde zugeordnet wurdet. Da die Bismarck Kaserne im Bereich der Sankt Franziskus Gemeinde liegt, wurdet ihr automatisch bei dem für euch zuständigen Pfarramt angemeldet." Nach einer kurzen Pause sagte sie: „Noch etwas, Trudl. Wenn ihr am nächsten Sonntag in die Sankt Franziskus Kirche geht, solltet ihr zuerst in den Raum, der rechts von der Sakristei liegt, gehen, denn dort halten sich unsere Franziskanerinnen auf und die werden euch dann sagen, wie es weitergeht. Im Raum links neben der Sakristei, betreut unser Herr Vikar unsere Knaben." Am folgenden Sonntag ging die ganze Familie zur heiligen Messe in die Sankt Franziskus Kirche. Die Kirche lag in der Reichweite unserer Schule und neben dem Feldlazarett Loretto. Gemeinsam peilten Maria und ich den Weg zur Sakristei an. Fast gleichzeitig mit uns betrat ein Pfarrer das Zimmer der Nonnen. Da ich dem Pfarrer am nächsten stand, streckte er mir seine Hand entgegen. Ich ergriff sie, schüttelte sie und sagte dabei: „Grüß' Gott, Herr Pfarrer." Er sah mich an, lächelte und ging weiter. Dann segnete er alle Anwesenden und besprach mit den Nonnen die Gestaltung der Messe. Als der Pfarrer wieder verschwunden war sagte die Mutter Oberin zu mir: „Ja, Trudl, kennst du denn den Herrn Stadtpfarrer nicht? Das nächste Mal, wenn er dir die Hand reicht, schüttelst du sie nicht, sondern dann machst du eine Kniebeuge und auf die ausgestreckte Hand, da wo er seinen Ring trägt, neigst du deinen Kopf, so als wolltest du auf den Ring einen Kuss geben und sagst ‚Gelobt sei Jesus Christus'. Zunächst stand ich wie ein begossener Pudel da, doch dann antwortete ich laut: „Also, bei unserem Pfarrer Albinger in Auingen war das nicht so. Dem schütteln alle Leute nur die Hand." Daraufhin sagte die Mutter Oberin: „Wir wollen das hier nicht vertiefen, sondern uns nun aufstellen und zusammen in die Kirche gehen und unsere Plätze einnehmen." Die Messe hielt der Herr Stadtpfarrer in Latein und alle Nonnen, Mädchen und Knaben sangen ebenfalls lateinisch. Zuhause fragte ich Vater, warum es in Schwäbisch Gmünd zwei Kirchen und in Münsingen nur einen Betsaal gebe. „Ja, weißt du, Trudl, weil wir in einer Diaspora leben, das heißt, dass es in Münsingen mehr evangelische als katholische Menschen gibt und für die Handvoll Katholiken wäre eine Kirche viel zu teuer." Am Aschermittwochmorgen sollte uns ein Kutscher mit Kutsche und Pferden in die Kirche fahren. Es war ein eiskalter Morgen und überall lag noch Schnee. Aus unerfindlichen Gründen scheuten plötzlich die Pferde und brachen aus. Der Kutscher sprang vom Bock und Vater aus der Kutsche. Ersterer um Hilfe zu holen und Vater, um die Pferde am Zaumzeug festzuhalten. Vater kam nur bis zu den Vorderrädern, dann rutschte er aus, fiel hin und kam unter die Räder. Nun kippte die Kutsche um und Maria fiel in einen Schneehaufen, Mutter auf die Straße und ich auf einen Eisblock. Als die Kutsche auf dem Kopf stand, rannten die Pferde los, als hätten sie Feuer unter dem Hintern. Wir lagen oder saßen wie erstarrt da, bis Vater unsere Namen rief und fragte: „Könnt ihr aufstehen?". Wir konnten. Als wir zitternd auf unseren Beinen standen, sagte er, wir sollten nun ins Loretto gehen und uns dort von einem Arzt untersuchen lassen. Maria und ich hatten ein paar Schürfwunden, Mutter einen Bluterguss am linken Arm und Vater hatte sich ein paar Rippen gebrochen. Nachdem Vater verarztet und ihm ein Verband angelegt worden war, sagte er: „So, und nun gehen wir in die Kirche und danken Gott, dass alles so glimpflich abgelaufen ist und holen uns noch das Aschenkreuz ab."

Kuchen mit Schlagsahne

In der Schule gefiel es uns beiden gut. Maria sogar sehr gut, denn es gab niemanden, der sie drangsalierte oder beschimpfte. Sie blühte auf und wurde ein hübsches fröhliches und charmantes Mädchen. Im Handumdrehen wurde sie auch eine der Besten in ihrer Klasse und durch ihre liebenswerte Art fand sie auch gleich Freundinnen. Als die Eltern die positive Entwicklung ihrer Tochter sahen, fragte Vater sie: „Maria, soll ich dich für das kommende Schuljahr an einem Mädcheninternat anmelden?". Ohne zu zögern sagte sie ja. Ich hatte auch nette Mitschülerinnen, aber sie hatten schon ihre Freundinnen, sodass ich außer Felicitas keine weiteren Freundschaften knüpfte. Sie wohnte in der Altstadt und lud mich zwei oder drei Mal zu sich nachhause ein. Ihr Vater war Buchhändler und besaß einen eigenen Laden. Sein Geschäft lag gegenüber einem ehemaligen Wachtturm, in dem Felicitas Großeltern wohnten. Eine Mutter und andere Geschwister hatte Felicitas nicht, weshalb sie die meiste Zeit bei ihren Großeltern verbrachte. Zusammen mit Felicitas durfte ich sie besuchen und wurde von ihnen herzlich aufgenommen. Die vielen Treppen hinauf zum Turm und die Aussicht von oben über die ganze Stadt beeindruckten mich sehr. Gegenüber eines Sägewerkes fand Vater eine geeignete Stelle für seine geplante Brücke. Mit den Soldaten war er nun von morgens bis abends auf dem Baustellengelände an der Rems anzutreffen. Zu Mutters fünfzigstem Geburtstag nahm sich Vater einen Tag frei und ging mit ihr einkaufen. Nach dem Essen zeigte uns Mutter ihre Schätze: ein wunderschöner, kastanienbrauner Grimmer Mantel, ein dazu passendes Hütchen, das mit einem kleinen Schleier umrandet war, und ein Ring mit grünen Steinen. Wir fanden alles umwerfend schön. „Apropos Ring", sagte Vater, „den hat sich eure Mutter schon lange verdient, denn damals in Frankenthal, als ich arbeitslos geworden bin, hat sie nicht nur ihre

Aussteuer, sondern auch ihren Schmuck ins Leihhaus getragen, damit wir überleben konnten." Nachmittags gingen wir zum Geburtstagskaffee in ein Café am Marktplatz. Dort aß ich zum ersten Mal in meinem Leben Kuchen mit Schlagsahne. Zuhause sagte Mutter: „Oh Gott, was für ein schöner Geburtstag!", und dabei hatte sie Tränen in den Augen. Kurz danach wurde mir so schlecht, dass ich den Kuchen samt Schlagsahne erbrechen musste. Ab diesem Tag aß ich jahrzehntelang keine Schlagsahne mehr. Der Brückenbau neigte sich dem Ende entgegen, als die Frau des Sägewerkbesitzers Vater fragte: „Kann es sein, dass sich unser Haus am Hang langsam absenkt?". Vater schaute sich das Haus und die dazugehörigen Pläne an und kam dabei zu dem Resultat: „Ja, es rutscht langsam aber sicher nach unten." Vaters Vorschlag war folgender: „Lassen Sie das Haus durch einen Wünschelrutengänger auf Wasseradern untersuchen. Er kann dann feststellen, ob ihr Haus auf einer solchen Ader steht. Falls ja, kann er ihnen die nötigen Maßnahmen zur Verhinderung des weiteren Abrutschens des Hauses vorschlagen." Für die Sägewerksbesitzer begann ein Geduldsspiel, denn fast alle Männer im kriegstauglichen Alter waren an irgendeinem Kriegsschauplatz. Endlich machten sie einen alten Mann ausfindig, der auch bereit war, sich ihrer anzunehmen. Der Wünschelrutengänger wurde fündig und mit seiner Hilfe konnte das Haus gerettet werden. Eines Tages sagte Vater: „Übermorgen ist ein großer Tag für die Soldaten der Bismarckkaserne. Der ranghöchste General, der für die Pioniere im süddeutschen Raum zuständig ist, kommt zur Besichtigung unserer Brücke." In meiner Erinnerung erzählte uns Vater abends den Ablauf des Tages folgendermaßen: „Der Morgen begann mit einem Aufmarsch aller Soldaten. Die Kompanieführer ritten hoch zu Ross vorneweg, um dem General über ihre Kompanie Meldung zu machen. Die übrigen Offiziere eskortierten den General zu einer aufgebauten Tribüne. In seiner Ansprache sagte der General einiges über den deutschen Osten und über die Germanisierung des Ostraumes. Außerdem sprach er davon, dass wir in einer Zeit größter geschichtlicher Umwälzungen, wie sie vielleicht nur jedes halbe Jahrtausend über ein Volk hereinbrechen, leben. Aus diesen Gründen könnten wir uns glücklich schätzen, Mitgestalter und Mitträger dieses gewaltigen geschichtlichen Geschehens zu sein. Danach brachte der General einen Toast auf den Führer und auf dessen siegreiches Unternehmen aus. Mit der Besichtigung der Brücke beendete der General seine Visite am Nachmittag." Ungefähr eine Woche später war dann das offizielle Richtfest auf der Brücke.

Der lange Hess

„Es wird einen neuen Kriegsschauplatz geben", sagte Vater. Der Führer hat den Nichtangriffspakt mit dem russischen Marschall Jossif Stalin, den er 1939 mit ihm ausgehandelt hatte, aufgekündigt. Unter anderem sagte Hitler, es gehe um die Erweiterung des Lebensraumes im Osten und um die Sicherstellung der Ernährung des deutschen Volkes. Die Quintessenz daraus für uns war, dass unser Pionier- Bataillon, nach der Übergabe der Brücke an die Stadt, an die Ostfront verlegt werden müsse. „Ja, Kinder", sagte Vater, „unser Gastspiel hier ist bald zu Ende. Informiert eure Lehrer über unsere Lage und bittet sie auch um ein Zwischenzeugnis für Herrn Breitmayer in Auingen. Und noch etwas, Kinder: vergesst nie, wie herzlich ihr hier in der Schule aufgenommen worden seid. Sagt deshalb auch allen Lehrern und Mitschülerinnen Danke." Für den kurzen, aber glücklichen Lebensabschnitt, den wir hier in Schwäbisch Gmünd, dem traditionsreichen Gold- und Silberstädtchen, der ältesten Stauferstadt mit ihren vielen Stilepochen und Denkmälern, wie dem Heilig-Kreuz-Münster, verbringen durften, wollten wir dankbar sein.

Tags darauf erhielt Vater ein Schreiben von der Parteizentrale, in dem er aufgefordert wurde, in die Partei einzutreten und in Zukunft am Fronleichnamstag keinen Himmel mehr zu tragen. Einige Tage später, am 22. Juni 1941, begann das Unternehmen „Barbarossa", der Angriff auf die Sowjetunion. Mutters zornige Antwort auf den Russland Krieg war: „Da geht es Hitler wie NapoTheon." „Mutter", fragten Maria und ich, „wie erging es NapoTheon?". Wir mussten ihr erst vor Gott schwören, es nie jemandem zu sagen, dann rückte sie mit dem Sprichwort heraus: „Mit Mann und Ross und Wagen, hat sie der Herr geschlagen." Nachdem die Brücke an die Stadt übergeben worden war, ritt Vater öfters in den späten Nachmittagen mit seinem Kameraden und Freund, Oberleutnant Hess, aus. „Zur Lagebesprechung", wie Vater sagte. Eines Mittags, als Maria und ich von der Schule heimkamen, hörten wir, wie die Eltern hinter der Schlafzimmertüre tuschelten. Wir lauschten, konnten aber aus den Wortfetzen nicht schlau werden. Mehrfach fielen Worte, wie „Hess", „schreckliche Dinge", „nicht zurückkehren", „Frau und Sohn versorgt"... Was bedeuteten diese Worte? Tags darauf sagten wir zu Mutter, dass wir am Vortag an der Schlafzimmertüre gelauscht hätten, mit dem Gehörten aber nichts anzufangen wussten. „Bitte, Mutter, sag' uns, was hat der lange Hess denn Vater anvertraut?". Wieder mussten wir vor

Gott schwören, nie mit jemandem über das, was wir erlauscht hatten, zu sprechen. Danach erzählte uns Mutter folgendes: „Oberleutnant Hess war vor langer Zeit einmal Offizier bei der Waffen-SS gewesen. In jungen Jahren war er arbeitslos geworden, konnte sich aber aufgrund seiner Körperlänge bei der Waffen-SS einschreiben lassen. Mit dem Geld, das er dort verdiente, konnte er heiraten. Bald darauf sei er Vater eines Sohnes geworden und war nun mit seinem Leben rundum zufrieden. Einige Jahre später sah er jedoch Sachen, die von der SS ausgeführt worden waren und die ihm so sehr zu schaffen gemacht haben, dass er nicht mehr schlafen konnte und einen psychischen Zusammenbruch erlitt. Zusätzlich hatte er plötzlich auch noch asthmatische Anfälle bekommen, sodass er vom Arzt krankgeschrieben worden war. Zeitgleich bekam sein Sohn einen undefinierbaren Hautausschlag und musste dem Kindergarten fernbleiben. Aufgrund seiner Krankheit wurde der Offizier von der Waffen-SS ausgeschlossen und zu den Pionieren versetzt. Die Begründung seines Ausschlusses aus der SS war: ein SS-Mann hat gesund zu sein und seine Familie ebenfalls. Nach der Versetzung zu den Pionieren wurden seine Asthmaanfälle und die Allergien seines Sohnes plötzlich besser und beide waren nun wieder gesund. Die Bilder von damals würden ihn aber immer noch verfolgen, weshalb er nach reiflicher Überlegung beschlossen hatte aus dem Russland Krieg nicht mehr zurückzukommen und den Heldentod zu sterben. Seine Familie wäre dann versorgt und sein Sohn könnte mit Stolz an ihn denken." Nachdem Mutter fertig erzählt hatte, fragten wir sie: „Was hat denn der lange Hess so Schreckliches gesehen, dass er sterben wollte?" Mutter antwortete: „Ich weiß es nicht." Daraufhin war das Thema Hess für uns erledigt. Einen Tag später sagte Vater zu uns: „Ende Juni wird unser Pionier-Bataillon an die Ostfront verlegt, deshalb ist euer letzter Schultag der 26. Juni. Dem Schuldirektor und der Schwester Oberin teile ich diesen Termin telefonisch mit, und euren Lehrern und Mitschülerinnen sagt ihr es selbst. Am 27. bringe ich euch morgens zum Bahnhof und danach muss ich mich um meine Soldaten kümmern. Bis zum Abzug des Bataillons habe ich dann kaum noch eine Verschnaufpause und kann mich nicht mehr um euch kümmern."

Mein Schutzengel

Die Nachricht, dass Vaters Einheit nun so schnell an die Front verlegt wird und wir deshalb Schwäbisch Gmünd verlassen müssen, traf uns alle tief ins Herz. In der darauffolgenden Nacht hatte ich einen Albtraum. Ich träumte, ich hätte mich verlaufen. Ich lief und lief und lief, und keine Menschen waren weit und breit zu sehen, die ich nach dem Weg zur Kaserne fragen konnte. Meine Füße wurden immer schwerer, aber wie sollte ich nur nachhause finden? Plötzlich hörte ich eine leise Stimme die zu mir sagte: „Schau' nach rechts, dort steht ein Wegweiser auf dem ‚Richtung Hornberg und Segelflugplatz' steht. An diesem Schild biegst du dann links ab. Vor dir siehst du nun einen Steg und an diesem ist ein weiterer Wegweiser mit der Aufschrift ‚Bismarck-Kaserne' angebracht." Als ich das Wort Bismarck-Kaserne sah, wachte ich schweiß- überströmt auf. Zur Erinnerung an Schwäbisch Gmünd hatte Mutter für Vater eine goldene Armbanduhr gekauft. Vaters Freude über die Uhr war groß. Sofort nahm er seine Taschenuhr aus seiner Westentasche heraus und reichte sie Mutter mit den Worten „Lina, pass' gut auf sie auf, denn sie ist das einzige Stück, das wir noch von deinem Vater besitzen." Einige Tage vor unserem letzten Schultag bat uns Vater mit März doch noch ein paar Mal sein Lieblingskartenspiel, Sechsundsechzig, zu spielen und ihn gewinnen zu lassen. „Wisst ihr, Kinder, der März ist so ein armer Kerl, der hat keine eigene Familie, keine Freunde und Geld hat er auch keines. Wenn er nun an die Front kommt, soll er wenigstens auf ein paar schöne Momente zurückblicken können." Wir versprachen Vater, mit März Karten zu spielen und ihn auch gewinnen zu lassen. Normalerweise gingen Maria und ich gemeinsam nachhause, aber am Morgen des 26. Juni war alles anders. Nach Ende des Unterrichts wollte sich Maria noch von ihren Freundinnen verabschieden, denn mit ihnen hatte sie ihre erste Zigarette geraucht und ihren ersten Nagellack und Lippenstift gekauft und ausprobiert. Obwohl, wie der Führer gesagt haben soll, sich ein deutsches Mädchen nicht schminkt und auch nicht raucht, liefen Maria und ihre Freundinnen mit roten Lippen und rosaroten Fingernägeln herum. Zu Marias Anmalerei sagten die Eltern nichts, im Gegenteil. Sie waren so glücklich, dass ihre Maria sich in Schwäbisch Gmünd zu einem Schwänchen entwickelt hatte. Nachdem ich meiner Lehrerin, Felicitas und meinen Mitschülerinnen Lebewohl gesagt hatte, ging ich ins Lazarett Loretto, um mich auch von den Nonnen, die als Krankenschwestern für kriegsverletzte Soldaten tätig waren, zu verabschieden. Es war mir ein Bedürfnis mich für alles, was sie mir mit viel Geduld beigebracht hatten, zu bedanken. Inzwischen konnte ich schon die lateinische Liturgie, angefangen mit dem „Kyrie Eleison", dem „Gloria in Excelsis", bis hin zu den lateinischen Kirchenliedern „Lauda Sion Salvatorem" und „Lauda ducem et pastorem in hymnis et canticis" auswendig singen. Die gemeinsamen Singstunden mit den Nonnen und den anderen Kindern hatten mir viel Freude gemacht. Auch die Freude über die tägliche, kleine Flasche Kakao, die wir immer morgens in der Pause beim Hausmeister gegen ein geringes Entgelt abholen durften, wird es nun nicht mehr geben, alles aus und vorbei. Meine Gedanken schwirrten nur so durcheinander. Traurig ging ich nachhause. Irgendwann bemerkte ich, dass ich mich verlaufen hatte. Das Seltsame dabei war, dass mir die Gegend vertraut und fremd zugleich erschien. Da keine Menschenseele zu sehen war, die ich nach dem Weg zur Kaserne fragen konnte, lief ich einfach weiter. Nach einer Weile stieg Panik in mir auf, sodass ich kaum noch atmen konnte. Da fiel mir plötzlich der Traum von vor ein paar Nächten ein. Ich schaute nach oben und erblickte tatsächlich auch den Wegweiser, den ich in meinem Traum gesehen hatte. Da verflog meine Panik. Ich war auf dem richtigen Weg, um nachhause zu kommen. Als ich danach den Eltern meinen Traum erzählte, meinte Vater: „Im Volksmund sagt man dazu Déjà-Vu-Erlebnis." Mutter meinte jedoch: „Das war dein Schutzengel, der dir im Traum den richtigen Weg gezeigt hat, weil er schon im Voraus gesehen hat, dass du dich verlaufen würdest." Am Morgen des 27. brachte uns Vater zum Bahnhof, suchte ein Abteil für uns und verstaute alle Koffer. Danach sagte er mit belegter Stimme: „Kein Theater, Kinder!", und zu Mutter: „Kopf hoch, Lina, es ist kein Abschied für immer. Wir sehen uns alle wieder." Das war der Moment des Auseinandergerissenwerdens. Ein letzter schmerzhafter Blick vom Fenster des Abteils auf Vater, der in seinem langen, dunkel-olivgrünen Ledermantel auf dem Perron stand und mit seiner Militärmütze herumwedelte, bis der Bahnhofsvorsteher den Zug abpfiff. Danach wurde Vater immer kleiner und kleiner, und dann war er verschwunden und wir durften weinen.

Die Glasbrenner Kinder

In den paar Monaten unserer Abwesenheit hatte sich in unserem ehemaligen Umfeld einiges verändert. Wir wohnten nun nicht mehr im Alten Lager oder Vorlager, sondern im Gutsbezirk. Herr Grohe vom zweiten Stock im Haus war zum Oberkommando Ost abkommandiert worden. Als Oberst und Kommandeur des Flammenwerfer

Regiments war er nun, ebenfalls wie Vater, in Richtung Russland unterwegs. Herr Simihanar, der mit seiner Familie im Dachgeschoss wohnte, galt als vermisst. Der junge Leutnant vom Erdgeschoss war mit seinem Motorrad zwischen dem Gutsbezirk und Böttingen tödlich verunglückt. Bei Hellsterns in der Kommissbrotfabrik arbeitete nun ein junger französischer Kriegsgefangener als Bäcker. Er hieß André und war der Liebling aller Kinder. Nachdem Walter von Mutter telefonisch von unserer Rückkehr und Vaters Abmarsch nach Russland erfuhr, kam er uns besuchen. Er erzählte, dass sein Gesuch auf Freistellung vom Kriegsdienst erfolgreich war. Das Gesetz des Führers habe bei ihm gegriffen. Die Nachforschungen der Gestapo hatten ergeben, dass sein Vater tatsächlich im Ersten Weltkrieg gefallen war und er auch der letzte männliche Spross der Familie Adamer ist. Mutter sagte darauf: „So hat der Tod deines Vaters wenigstens für dich noch etwas Gutes." Im Auinger Schulunterricht war es für mich fast wie vorher, nur dass nun eine andere Mitschülerin die Wehrmachtsberichte vorlas und den Frontabschnitt absteckte. Bei Maria war es anders. Plötzlich war sie bei den Jungs in der Schule beliebt und das nur, weil sie schlanker, größer und, in ihren Augen, hübscher geworden war. Mein neuer Platz im Klassenzimmer war nun in der mittleren Reihe. Vor mir saßen zwei jüngere Buben. Einer von ihnen hieß Emil Glasbrenner und war ein schmächtiges Bürschchen. Der Junge hatte im Klassenzimmer noch zwei ältere Geschwister, die jedoch in verschiedene Klassen gingen. Diese drei Kinder wurden von ihren Mitschülern öfters mal verdroschen und das nur, weil ihre Mutter bettelarm war. An dem Tag, als ich wieder zurück in die Klasse kam, war Emil der Sündenbock von Herrn Breitmeyer. Er meinte wohl auch, dass die unehelichen Kinder von Fräulein Glasbrenner eine Schande für das ganze Dorf seien und dafür bestraft werden müssten. Herr Breitmeyer kam schnellen Schrittes mit seinem Rohrstock daher, um Emil einen Denkzettel zu verpassen. „Du Tunichtgut, du hast schon wieder den Unterricht gestört!", und schlug mit seinem Stock dem Jungen auf den Rücken. Da stand ich auf und sagte: „Herr Breitmeyer, das stimmt nicht, der Emil hat überhaupt nichts getan." Daraufhin wurde es mucksmäuschenstill in der Klasse. „So, so", sagte Herr Breitmeyer nur, wandte sich wieder der Klasse zu und fuhr mit dem Unterricht fort. Von diesem Tag an bekamen die Glasbrenner Kinder den Rohrstock nicht mehr so oft zu spüren. Irgendwann wartete ich vor dem Backhäusle, um die Mutter der Glasbrenner Kinder, die von Männern Kinder bekam und nicht vom Storch, zu sehen. Was ich da sah, war unglaublich. Eine so fette Frau hatte ich noch nie gesehen und war richtig erschrocken über ihr Aussehen. Als ich aber sah, wie herzlich sie ihre Kinder begrüßte, fand ich sie überaus sympathisch. Auf dem Schulhof erzählten mir einige Mitschülerinnen, sie hätten gehört, dass von der Heil- und Pflegeanstalt Grafeneck plötzlich geistig- und körperbehinderte Menschen mit Bussen abtransportiert worden wären. Die Angehörigen wären verzweifelt, weil sie nun ihre Familienmitglieder nicht mehr besuchen könnten. Andere Leute von Grafeneck behaupteten, die abtransportierten Kranken kämen irgendwo aus einem Schornstein als Rauch wieder heraus. „So ein Unsinn", sagte Mutter, als ich ihr von den Geschichten meiner Mitschülerinnen erzählte. „Menschen können sich nicht in Rauch auflösen und wenn die Behinderten abtransportiert worden sind, ist einfach die Anstalt für die vielen Kranken zu klein geworden."

Der große Waschtag

Maria hatte seit kurzem einen Freund. Jeden Morgen klingelte er nun an der Haustüre, um Maria zur Schule abzuholen. Ich dürfe auch mitgehen, meinten sie, aber neben den beiden Turteltauben herzulaufen fand ich ziemlich blöde. Klaus Asthermann, so hieß der Freund, hatte noch einen Bruder namens Götze, doch der war ein sehr frecher Bengel. Bei Schnee schmiss er oft mit eisigen Schneebällen nach mir oder rieb mich mit Schnee ein. Während unserer Abwesenheit waren die Asthermanns mit ihren drei Kindern ins Unteroffiziersgebäude eingezogen. Das dritte Kind war noch ein Säugling, ein Mädchen. Da der Unterricht von Herrn Breitmeyer Klaus fremd war, half Maria ihm bei den Hausaufgaben. Als Gegenleistung durfte Maria mit ihm zusammen sein Schwesterlein im Kinderwagen spazieren fahren. Einmal wollte auch ich den Wagen mit dem Baby schieben, doch anstelle zu schieben, rannte ich mit dem Kinderwagen auf und davon. Beim Rennen stolperte ich und stieß versehentlich den Wagen um, wobei zu meinem großen Schreck das Kindlein herausfiel. Schreiend kamen Maria und Klaus angerannt, hoben das kleine Mädchen hoch und legten es wieder in den aufgestellten Kinderwagen zurück. „Du blöde Kuh!", schimpfte Klaus, „mein Schwesterchen darfst du nie wieder ausfahren, merk dir das!". Einige Zeit später hieß es, das Mädchen von Asthermanns sei krank, sie sei mongoloid. Als ich von der Krankheit des Mädchens hörte, packten mich Schuldgefühle, denn ich dachte, durch meine Schuld sei das Kind mongoloid geworden. Diese Schuldgefühle trug ich einige Jahre mit mir herum, bis ich eines Tages per Zufall erfuhr, dass Kinder diese körperliche Missbildungen schon von Geburt an haben und nicht erst Monate später bekommen können. Frau Asthermann war eine sehr kapriziöse Frau. Sie lief fast nur in Leder-Klamotten, hohen Stiefeln und mit einer Motorradkappe herum, oder aber man sah sie im Motorrad mit Beiwagen vorbei flitzen. Maria fand, sie sei eine sehr nette Frau. Andere hielten sie für eine Spinnerin, und ich war ihr nur dankbar, dass sie mir nie Vorwürfe gemacht hat wegen meines Rennens mit dem Kinderwagen. Nach ihrer Heirat präsentierte uns unsere Haushaltshilfe Anna als Nachfolgerin ihr Bäsle Emma aus Böttingen. Das Bäsle entpuppte sich als lustiges Mädchen. Wenn wir zuhause waren und Emma mit dem Spänen und Wachsen des Parketts fertig war, durften Maria und ich, je abwechselnd, auf dem Blocker sitzen. Mit dem Lied „Wiedele wedele hinterm Städtele" polierte sie mit dem Blocker und uns darauf das ganze Wohnzimmer. Nach einigen Monaten verließ uns Emma leider wieder. Anstatt Mutter weiter im Haushalt zu helfen, wurde sie mit einem Kraftfahrzeug in die Munitionsfabrik gebracht, um dort fürs Vaterland Patronenhülsen zu drehen. Bevor sie ging, stellte sie Mutter noch als Ersatz für sich ihr Bäsle Rosa vor. Einige Zeit später wurde auch Rosa dienstverpflichtet und verabschiedete sich von uns. Danach hatte Mutter keine Haushaltshilfe mehr. Von nun an mussten Maria und ich mithelfen. In unserer freien Zeit hieß es dann: „Heute müssen die Treppen im Treppenhaus gespänt, gewachst und gebohnert werden", oder „Heute bist du an der Reihe alle Türklinken mit Sidol zu putzen und das Geschirr abzuspülen und abzutrocknen." Der große Waschtag war sehr anstrengend und Mutter konnte ihn nur mit unserer Hilfe in den Ferien bewältigen. Ein solcher Tag fing in aller Herrgottsfrühe an. Mutter machte in der Waschküche zuerst Feuer unter dem Waschkessel, danach füllte sie ihn mit Wasser und rührte das Waschpulver hinein. Anschließend legte sie die Wäsche hinein und nun musste alles zusammen zum Kochen gebracht werden. Dazwischen musste die Kochwäsche immer wieder mit einem riesigen Holzprügel gewendet und der Ofen mit Holz gefüttert werden. Damit kein Leergang entstand, stellte Mutter das Holz bereits am Vorabend neben den Ofen. Sobald die Wäsche gekocht war, wurde sie mit dem Holzprügel aus dem Kessel herausgehoben und zum Auskühlen in einen Holzzuber gelegt. Wäschestücke, die noch Flecken hatten wurden danach auf einen großen Holztisch gelegt und mit Schmierseife gebürstet. Hinterher wurden diese Stücke nochmals im heißen Wasser geschwenkt und anschließend mit der Hand ausgewunden. Das heiße Wasser aus dem Kessel wurde nun mit Eimern herausgeschöpft und in Bütten gegeben. In diese Bütten kam nun die farbige Wäsche. Die wusch Mutter mit der Hand heraus. Im Sommer trugen wir die Kochwäsche zum Bleichen auf die Wiese hinter unserem Haus. Die Wäschestücke auf der Bleiche mussten bei Sonnenschein öfters mit Wasser begossen werden, damit sie blütenweiß wurden. Im Winter trocknete man die Wäsche auf der Bühne. Der kleine Waschtag war auch anstrengend, doch hier fiel das Bleichen der Kochwäsche aus. Weil das Waschen in der scharfen Lauge oft einige aufgeriebene Finger mit sich brachte, mussten diese mit Leinenläppchen fest umwickelt werden, sodass keine Blutflecken auf der Wäsche landeten. Samstagnachmittags war Badetag. Damit alle genügend heißes Wasser zum Baden in der großen Badewanne hatten, heizte Mutter schon morgens den hohen, schmalen und runden Badezimmerofen mit Holz und Eierkohlen an. Zum täglichen Waschen benutzten wir die allgemeine Waschschüssel. Vom Mädcheninternat in Markgröningen erhielt Mutter die Bestätigung, dass Maria zum neuen Schuljahr 1942 aufgenommen worden ist. Vater hatte Maria noch von Schwäbisch Gmünd aus dort angemeldet. Als Mutter in der beigefügten Liste die Details las, die Maria mitzubringen hatte, sagte sie: „Na sowas, das ist ja eine halbe Aussteuer, die da verlangt wird." Unter anderem wurde eine dreiteilige Matratze, einem Deckbett mit Kopfkissen, Bettwäsche und Handtücher verlangt. Laut der Internatsliste müssten diese Besorgungen einen Monat vor Schulbeginn im Internat eingetroffen sein.

Kehrwoch'

Wir hatten eine große Menge Johannisbeerenstauden in unserem Garten hinter dem Haus. Als nun wieder die Zeit der Träublesernte nahte, fing Maria an zu schimpfen. „Ach Mutter, dieses stundenlange Beerenpflücken hängt mir einfach zum Hals heraus!". Ich pflichtete ihr bei. Da bot Mutter den Familien im Haus an, von den roten, weißen und schwarzen Träuble soviel zu pflücken, wie sie wollten. Nun war das Beerenpflücken lustig, denn nicht nur die Erwachsenen pflückten eifrig mit, sondern auch die kleinen Kinder von Familie Harter und der kleine Sohn von Frau Simihanar. Unser Schulleiter wurde an die Front versetzt, deshalb musste nun Herr Brendle, der für die Schüler ab der Klasse fünf zuständig war, dessen Aufgaben mitübernehmen. Unser Lehrer Breitmayer übernahm für Herrn Brendle ein paar Unterrichtsstunden, sodass wir Schüler von der ersten bis zur vierten Klasse nicht mehr jeden Nachmittag Schulunterricht hatten. Die freien Nachmittage waren für uns Kinder einfach toll. Die Kehrwoche damals, das war auch so eine Geschichte. Im Eingangsbereich neben der Kellertür hing die Hausordnung. In dieser waren nicht nur die Waschtage, sondern auch die Pflichten eines jeden Mieters während der Kehrwoche aufgeführt. In meiner Erinnerung stand da zum Beispiel, dass die Mieter in ihrer Kehrwoche die Kellertreppen bis hin zu den verschiedenen Kellerabteilen, den Dachboden und um das Haus herum zu kehren haben. Bei Schneefall muss der Mieter, der in dieser Zeit Kehrwoche hat, den Schnee vom Gehweg bis hin zum Hauseingang wegräumen. In unserem Haushalt waren Maria und ich fürs Kehren zuständig. Bei Schneefall räumte fast immer Mutter den Schnee, außer an den Spätnachmittagen, da mussten dann wir Kinder ran. In den Herbstferien bekamen alle Mieter von Staatswohnungen ihre Jahreszuteilung Holz geliefert, so auch wir. Ein Bauer vom Forstamt des Gutsbezirks brachte die Raummeter Holz und ließ sie an einem Platz, den ihm die Mieter zugewiesen hatten, hinunterpurzeln. Zuerst brachte er die Buchen-, danach die Tannenstämme. In den darauffolgenden Tagen kam ein Mann mit einer fahrbaren Sägemaschine daher, um die Stämme zu zersägen. Da alle Männer, außer Herrn Harter, an der Front waren, trugen die Frauen zusammen mit den älteren Kindern die Stämme zur Sägemaschine. Die Frauen hielten die Stämme auf der Säge, sodass der Säger sie zu Rugeln absägen konnte. Wir Kinder mussten die Rugeln immer schnell wegtragen, damit kein Leerlauf entstand. Nach getaner Arbeit zuckelte der Mann mit seiner Sägemaschine wieder davon und hinterließ viel Sägemehl. Das Sägemehl wurde anschließend in Bütten und in Eimer geschaufelt, sodass die Mieter im Winter die Wege damit streuen konnten. Das Sägemehl war im Gegensatz zu der Ofenasche ein sauberes Streumittel. In den darauffolgenden Tagen war Holzspalten angesagt. Für Maria und mich hatte der Holzsäger noch kleinere Holzböcke zugesägt, sodass auch wir mit dem Spalten loslegen konnten. Für Frau Grohe spaltete Gerhard, der große Bruder von Erika Simihanar, das Holz, weil Frau Grohe große Angst vor dem Beil und der Axt hatte. Als erstes mussten Maria und ich Spächtele aus den Tannenrugeln machen, denn die brauchte Mutter zum Anzünden der Öfen. Die Rugeln ließen sich meistens recht einfach spalten. Für die Buchenrugeln hingegen brauchte man oft die Axt. Vor ihr hatten Maria und ich zuerst etwas Angst, doch Gerhard zeigte uns, wie wir mit ihr umzugehen hatten, damit kein Unfall passierte. Sobald wir eine kleine Pause einlegten, begann Mutter sofort damit, die Holzscheite in Reihen zu stapeln. Die Scheite mussten nämlich noch im Freien austrocknen, bevor man sie für den Winter in den Holz- und Kohlenkeller bringen konnte. Im Spätherbst brachte ein Kohlenhändler die Kohlenzuteilung. Der Mann trug uns die Säcke in den Keller und schüttete den Koks in die eine, die Briketts in die andere und die Eierkohlen wiederum in die nächste Ecke. Nachdem der Kohlenhändler wieder abgefahren war, wurde sofort mit dem Stapeln der Briketts begonnen. Als diese Arbeit getan war, sahen wir ebenso schwarz aus, wie die Kaminfeger. Einige Tage danach sagte Mutter: „Kinder, nun müssen wir nur noch die ausgetrockneten Holzscheite in den Keller bringen, dann kann der Winter kommen." Also halfen wir Mutter die Holzscheite in den Keller zu bringen und stapelten sie dort erneut.

Schokolade

Weihnachten 1941 feierten wir mit einem Bäumchen, das uns unser Nachbar, Förster Schubert, aus dem Wald mitgebracht hatte. Zum Heiligen Abend luden wir Frau Grohe ein, da sie alleinstehend war. Ihre Verwandten und guten Bekannten lebten vorwiegend in und um Berlin herum. Als Dank für die Einladung schenkte Frau Grohe Mutter ein Päckchen Bohnenkaffee. Nachmittags kochte Mutter deshalb auch gleich für die Erwachsenen Kaffee aus richtigen Bohnen. Für uns Kinder gab es Malzkaffee und wir alle aßen selbstgemachte Plätzchen und Springerle. Zur Bescherung bekamen wir von Mutter etwas Selbstgenähtes zum Anziehen und selbsthergestellte Karamellkugeln. Frau Grohe schenkte uns etwas ganz Besonderes: Schokolade. Die hatte sie von ihrem Mann als Weihnachtsgeschenk bekommen und schenkte sie nun, wie sie sagte, von Herzen an uns weiter. Die Schokolade war, wie Herr Grohe unter anderem seiner Frau geschrieben hatte, aus seiner eisernen Ration. Die Schokoladeplätzchen lagen in einer runden, braun-weißen Blechdose und hießen im Volksmund "Fliegerschokolade". Wir Kinder fanden den Inhalt der Dose köstlich. Frau Grohe bekam von Mutter eine Bonboniere mit Ausstecherle und Haselnussmakronen. Nachdem die üblichen Weihnachtslieder gesungen waren, wurde über Vater, Herrn Grohe und den

Krieg im Allgemeinen gesprochen. Hinterher hörten wir aus dem Radio das Weihnachtswunschkonzert. Hier konnten Familien-angehörige von Soldaten Grüße über den Äther an ihre Lieben in alle Frontabschnitte senden. Nach diesem Heiligen Abend wurden Mutter und Frau Grohe so etwas wie Freundinnen. Anfang des neuen Jahres erhielten wir Vaters verspätete Weihnachtpost. Jeder von uns bekam einen schönen und heiteren Brief. Mutters Kommentar zu den Briefen war: „Die sind doch nur geschönt, denn Vater weiß ja nie, ob sie nicht zensiert werden. Ach Kinder", sagte Mutter weiter, „der Krieg hat seine eigene Wahrheit und die ist immer nur zwischen den Zeilen zu lesen." Maria meinte darauf: „Die Erwachsenenwelt ist schon ganz schön komisch." Zu Beginn des neuen Schuljahres brachte Mutter Maria ins Internat nach Markgröningen. Der Abschied von meiner Schwester viel mir sehr schwer. Maria war für mich nicht nur meine geliebte Schwester, sondern auch meine beste Freundin und Spielgefährtin. Die Frage nach einem Spielkameraden entfiel zunächst, da ich eine Mitteilung von der Führerin des BDM erhielt, die mir mitteilte, dass ich in den Kreis der Jungmädels aufgenommen worden sei. Nun ging ich einmal in der Woche zum Dienst ins neue Rathaus nach Münsingen. Hier lernten wir nicht nur das Deutschland- und Horst Wessel-Lied, sondern auch, dass man anstelle von Weihnachten, das germanische Jul-Fest feiern konnte. Auch legte man uns nahe, das Lied „Stille Nacht" durch das „Hohe Nacht der klaren Sterne", an Weihnachten zu ersetzen. Als ich Mutter davon erzählte, sagte sie: „So ein Blödsinn, dieser neue modische Brauch wird bei uns nicht eingeführt. Wir feiern weiterhin Weihnachten und singen dabei ‚Stille Nacht' und sonst nichts." Zu meinem Bedauern erhielten nur die BDM-Mädchen und die Jungens der Hitler Jugend eine rehbraune Kletterweste, einen schwarzen Knoten - eine Art Krawatte - und je nach Geschlecht, einen schwarzen Rock oder eine schwarze kurze Hose. Bei allen öffentlichen Auftritten, wie zum Beispiel der Vereidigung aller Zehnjähriger zu Führers Geburtstag am 20. April, standen die BDM-Mädels und die Jungen von der Hitler Jugend in ihrer Uniform im Halbkreis vor dem beflaggten neuen Rathaus in Münsingen. Dort hielt zuerst, meiner Erinnerung zufolge, an meiner Vereidigung ein PG-Funktionär eine Ansprache, danach wurden die Neulinge von ihm namentlich zum Eid auf den Führer aufgerufen. Nach der Vereidigung zündete die Hitler-Jugend Fackeln an. Während dieser Handlung schloss sich der Halbkreis zwischen den BDM-Mädchen, den Jungmädels, dem Jungvolk und der Hitler-

Jugend langsam zu einem ganzen Kreis. Als dieser Vorgang beendet war, wurden gemeinsam das Deutschland- und das Horst-Wessel-Lied gesungen. Alles in Allem war das Gelöbnis für uns Pimpfe ein bewegendes Erlebnis.

Christbäume am Himmel

„Trudl, aufstehen! Fliegeralarm!" Diese Worte hörte ich nun immer öfter von Mutter. Wenn ich aus dem Schlaf gerissen wurde, versuchte ich zu funktionieren wie ein Uhrwerk. Mit Vorliebe kündigte sich nämlich der Alarm nachts mit dem markdurchdringenden Jaulen der Sirenen an. Dieses schreckliche Geräusch gebot, sofort aus dem Bett zu springen und sich im Nu anzuziehen. Ein Koffer für Mutter und ein Köfferchen für mich standen immer griffbereit an der Wohnungstür. Bevor Mutter rief „Licht aus!", schnappten wir uns beide noch einen warmen Wintermantel von der Garderobe, warfen ihn über den Arm und griffen nach den Koffern. Danach rannten wir mit all den anderen Hausbewohnern, so schnell wir konnten, die Treppen hinunter in den Luftschutzkeller. Erschöpft suchten alle Schutz, wo sonst Kartoffeln, Karotten, Kohlköpfe, Äpfel und Birnen gelagert wurden. Hier harrten wir zwei Stockwerke unter der Erde aus und warteten auf das Entwarnungssignal der Sirenen. Mutter betete meistens mit ihrem Rosenkranz, danach sagte sie: „Oh, lieber Gott, lass' alles gut vorbeigehen." Nach der Entwarnung murmelte sie Dankesworte himmelwärts. In meiner Erinnerung befanden sich in dem griffbereiten Koffer von Mutter außer den wichtigsten Unterlagen, wie zum Beispiel unser arisches Familienstammbuch, alle Geburtsurkunden und das Sparbuch, auch Großvater Stöberls Hochzeitgeschenk an Vater, seine silberne Taschenuhr, ein Anzug und ein Paar Schuhe für Vater und für sich selbst, eine Strickjacke, Unterwäsche und etwas zum Anziehen. Als ich damals Mutter gefragt hatte „Was soll ich denn in mein Köfferchen legen?", hatte sie gesagt: „Du musst zwei Dinge beachten, Trudl. Erstens: um mit dem Koffer in der Hand in den Luftschutzkeller rennen zu können, kannst du nur dass Allernötigste einpacken. Zweitens: sollten wir ausgebombt werden, was Gott verhüten möge, brauchst du Sachen zum Anziehen. Da auf der Alb die Winter immer lang sind, fängst du am besten mit einer Mütze, einem Schal und Handschuhen an und hörst bei den Füßen auf. Falls noch ein Plätzchen im Koffer frei ist, lege das hinein, was dir besonders am Herzen liegt." Anstelle von Schuhen, die ich sowieso anziehen musste, verstaute ich mein Poesiealbum aus Schwäbisch Gmünd und die Lappenhausschuhe von Vater aus Nord-Norwegen. Mein Kommunionskreuzchen trug ich ab diesem Tag immer als Kette um den Hals. Vaters Talisman, den Gerichtsschreiber-Engel aus dem vergangenen Weltkrieg, versteckte Mutter noch am gleichen Tag in einem leeren Sauerkrautfass im Keller. Manchmal, wenn bei Voralarm der Luftschutzwart die Verdunklung des Hauses und den Notausstieg aus dem Keller ins Freie - der Fluchtweg musste immer frei sein - akribisch beäugt und beendet hatte, rannte Gerhard in die Wohnung zurück und schaltete den Volksempfänger an, um zu hören, in welche Richtung die feindlichen Bomberverbände flogen. Danach schaute er zu den Bühnenfenstern hinaus, um zu sehen, ob Christbäume am Himmel waren. Christbäume, so nannte man Leuchtmarkierungen, mit denen vorausfliegende Pfadfindermaschinen für die nachfolgenden Bomberpiloten Zielareale für den Bombenabwurf markierten. Obwohl Gerhard genau wusste, wie streng verboten sein Tun war, erzählte er danach den Verharrenden im Keller von dem gespenstischen Treiben am Horizont. Anfang des Krieges konnte er nicht viel berichten, etliche Monate später schon. Da erzählte er uns von schwenkenden und kreisenden sogenannten ‚Lichtfingern‘, die Suchscheinwerfer. Diese suchten nach den Bombern am Himmel. Die Richtschützen der Flackabwehr konnten somit die Bomber erfassen. Es war faszinierend dem zuzuschauen, doch wie tödlich es für die Menschen in den Flugzeugen gewesen war, wenn man sie abschoss. Die Menschen im Keller schwiegen betroffen. Aus unserem Umfeld waren nun die ersten Gefallenen zu beklagen. Als erstes hörten wir, dass der einzige Sohn und Hoferbe unserer lieben Bauersleuten Strohmann aus Auingen in Russland gefallen war. Unser Beileidsbesuch bei ihnen viel uns sehr schwer. Was sollte Mutter auch sagen? Sie nahm deshalb Herrn und Frau Strohmann einfach in die Arme. Der nächste schwierige Gang war der zu unseren nettesten Nachbarn, der Familie Rauter. Gegenüber von uns betrieben sie eine kleine Limonadenfabrik. Sie produzierten die besten Limonaden weit und breit und nun dies: Auch ihr einziger Sohn, der einmal der Nachfolger seines Vaters werden und die Fabrik übernehmen sollte, war in Russland gefallen. Als Mutter und ich den Eltern das Beileid aussprechen wollten, herrschte bei ihnen das reinste Chaos. Die Familie Rauter hatte außer dem gefallenen Sohn noch zwei verheiratete Töchter. Die eine lebte im Raum Stuttgart mit einem, die andere Tochter mit zwei Kindern in Ulm. Nun standen beide bei ihren Eltern im Wohnzimmer und baten um Unterkunft, beziehungsweise Zuflucht. Unseren Nachbarn stand das pure Entsetzen im Gesicht. Eigentlich wollten sie um ihren Sohn trauern und nun zerstörten ihre Töchter mit ihren Problemen ihre Trauer. Die Tochter aus der Nähe Stuttgarts erzählte: „Mein Mann wird seit Neuestem in Russland vermisst. Sein Kompaniechef hat mir das, kurz bevor ich ausgebombt wurde, mitgeteilt. Durch den Bombenangriff habe ich mein ganzes Hab und Gut verloren und stehe nun völlig mittellos vor euch." Nun fiel ihr ihre Schwester ins Wort und sagte: „Ich kam hierher, um den Eltern mitzuteilen, dass mein Mann in Russland gefallen ist und nun erfahre ich, dass er und mein Bruder fast gleichzeitig den Tod gefunden haben und mein Schwager dort auch noch als vermisst gilt. Ach Gott, was für eine Tragödie. Nicht genug damit, ist meine Schwester nun obdachlos und ich eine Witwe." Danach bat sie ihre Eltern bei ihnen bleiben zu dürfen, da sie wegen der immer häufigeren Bombenangriffe um das Leben ihrer Kinder Angst habe. Die Tochter aus der Nähe Stuttgarts und ihre Tochter Edeltraut lebten bis zum Kriegsende bei ihren Eltern im Vorlager. Danach kehrten sie nach Stuttgart zurück, um einen Neuanfang zu wagen. Frau Nollte, die andere Schwester, fand für sich und ihren beiden Kindern eine winzige Wohnung über einem Lebensmittelladen, für den sie arbeitete. Von nun an arbeitete sie den ganzen Tag im Laden und verkaufte Waren gegen Lebensmittelkarten.

Wollsocken für die Soldaten

Frau Harter bekam Besuch von ihrer hochschwangeren Schwester Maja, die, wie sie sagte, eine Herberge für sich und das noch Ungeborene suche. Durch Brandbomben sei ihre Wohnung in Karlsruhe völlig zerstört worden, erzählte sie uns. Auch Frau Harter war hochschwanger und so gebaren beide Frauen fast zeitgleich jeweils ein Mädchen. Majas Mann hat sein Kind nie gesehen, denn bald nach der Geburt wurde er in Russland als vermisst gemeldet. Wir bekamen überraschend Besuch von Frau Kiel und ihren süßen drei und vier Jahre alten Mädchen. Sie erzählte, dass ihr Mann, der vor dem Krieg Vaters Bauzeichner im Baubüro war, kurz nach seiner Ankunft in Russland gefallen und sie wieder schwanger sei. Aus diesen Gründen habe sie beschlossen, zusammen mit ihren Mädchen zu ihren Eltern nach Erfurt zurückzukehren. Im Vorlager habe sie außer Mutter keine Bekannten. Ihre Eltern könnten ihr, während der

Schwangerschaft und auch nach der Geburt des Kindes, beistehen. Weiter erzählte sie, dass Herr Theo, der ehemalige Chef des Heeresbauamtes in Russland vermisst sein soll. Frau Theos Schwester sei deshalb aus Kiel angereist, um ihr zur Seite zu stehen. Im Internat gefiel es Maria weiterhin sehr gut. Zum Wohlgefühl beigetragen habe auch ihre nette Bettnachbarin Edith Schultes aus Bayreuth, berichtete sie. Maria war eine gute Schülerin. Sie war wissbegierig und begriff schnell, auch wenn sie Angst vor Prüfungen hatte. Sie, die Landpomeranze, gewann durch ihre Leistung in der Schule an Selbstwertgefühl. Das Internat war für sie ein Ort befreiender Erfahrungen. Hier traf ein buntes Sammelsurium an Schülerinnen aufeinander. Maria war nun nicht mehr „die Reig'schmeckte" und auch nicht mehr „die Katholische". Mutters Brief an Maria endete mit dem Satz: „Lerne, so viel du kannst, denn das kann dir niemand mehr wegnehmen." Marias Antwort darauf erhielten wir umgehend: „Als Fremdsprache lerne ich nun Englisch, und in Musik bekomme ich neuerdings Klavierunterricht. Beide Fächer bereiten mir enorm viel Freude." Auf meinem neuen Stundenplan stand dieses Jahr „Stricken". Fräulein Wartz, unsere Handarbeitslehrerin, führte uns in die Geheimnisse des Strickens ein. Wir lernten rechte Maschen, linke Maschen, zweimal rechte und zweimal linke Maschen stricken. Als wir besser wurden, mussten wir für unsere Soldaten an der Front Socken stricken. Die Wolle dafür bekamen wir von den Frauen der NS-Frauenschaft geschenkt. Aus den Wollresten strickten wir Ohr-, Puls- und Kniewärmer. Zu Weihnachten schrieb Vater: „Im neuen Jahr werde ich nach Kehl am Rhein versetzt, um dort wieder ein neues Bataillon zusammenzustellen. Damit wir wieder beisammen sein können, besorge ich in Kehl für uns eine Unterkunft." Wieder Weihnachten und noch immer war Vater im Krieg. Ein Lichtblick für mich war Marias Anreise aus Markgröningen. Sie erzählte uns viel von ihrem Alltag und von lustigen Begebenheiten aus dem Internat. Unter anderem berichtete sie: „Wir lernen Gedichte, große deutsche Klassiker, die wir anschließend auswendig vor der Klasse aufsagen müssen. Unsere Lehrerin meinte, nur das Aufsagen der Gedichte vor der Klasse würde uns später helfen, frei reden zu können. Einen sehr großen Wert auf eine einwandfreie Aussprache legt unsere Englischlehrerin. Sie lässt uns deshalb immer wieder das englische ‚th' und das ‚r' üben. Lustig geht es zu, wenn meine Freundinnen und ich mit Sammelbüchsen unterwegs sind, um für die Volkswohlfahrt oder die

Winterhilfe zu sammeln. An die Spender verteilen wir anschließend Abzeichen von Kornblumen und Margeriten."
Ein Anekdötchen aus Marias Erzählungen gefiel uns besonders gut, das von der Direktorin Kerstler. „Für viele Schülerinnen ist sie einfach nur ‚die Kä'", sagte Maria. Unsere Kä ist Parteigenossin und große Bewunderin des Führers. Aus diesen Gründen ließ sie auf den Gängen, die zu den Zimmern der Schülerinnen führen, Büsten von Adolf Hitler aufstellen. Wir Mädchen sollen, wann immer wir an dem Sockel mit der Büste vorbeigehen, diese mit erhobenem Arm grüßen. Eines Morgens erzählte uns eine Klassenkameradin von ihrer Begegnung mit der Kä am vergangenen Abend. Sie sei in ihrem Schlafanzug vom WC gekommen und auf dem Gang mit der Kä zusammengetroffen, die zur gleichen Zeit dabei gewesen sei, ihre Kontrollrunden zu drehen. Als sie wohl sah, dass das Mädchen an der Büste des Führers vorbeigegangen war, ohne sie zu grüßen, habe sie gefragt: ‚Mein Kind, warum begrüßt du den Führer nicht?'. ‚Oh, Entschuldigung Frau Direktor!', habe das Mädchen geantwortet, ‚aber in meinem Schlafanzug kann ich den Führer nicht grüßen, sonst falle ich vor Scham in Ohnmacht.' Daraufhin habe die Kä das Mädchen mit großen Augen angesehen, mit dem Kopf genickt und sei wortlos weitergegangen. Über die Geschichte haben wir noch oft gelacht!".
Bevor Maria wieder nach Markgröningen zurückfuhr, bekam sie noch schnell über meinen Schuhbezugsschein ein paar Halbschuhe im Schuhhaus Pötner in Münsingen. Da ihre Füße seit der Abreise ins Internat schon wieder gewachsen und meine Füße gleich groß geblieben waren, entschied Mutter, dass Maria dringender neue Schuhe nötig hatte, als ich. Etwas neidvoll schaute ich schon auf Marias neue Schuhe, aber sie konnte eben nichts gegen das Wachsen ihrer Füße tun.

Mutters Aufklärung

Bereits im Januar rief Vater uns von Kehl aus an. Unter anderem erzählte er Mutter von seinen bisherigen Erlebnissen und auch, dass er in Kehl, in einem Haus in der Nähe des Rheinufers, zwei Zimmer für uns gefunden habe. Meinen Schulkram möge Mutter bitte mit Herrn Breitmayer klären. Am Morgen unserer Abreise nach Kehl bekam ich so heftige Bauchschmerzen, dass ich dachte, mein letztes Stündlein habe geschlagen. Als ich es Mutter erzählte, meinte sie nur: „Stell' dich nicht so an, sondern beiß lieber deine Zähne zusammen, damit wir den Zug nicht versäumen.‟ In meiner Erinnerung fuhren für Privatpersonen damals von und nach Reutlingen nur zwei Züge am Tag, morgens gegen sechs Uhr nach Reutlingen und abends gegen achtzehn Uhr wieder von Reutlingen nach Münsingen zurück. Die Züge wurden fast ausschließlich von Berufspendlern und Schülern der verschiedenen Gymnasien benutzt. Am besagten Abreisetag eilten Mutter und ich am frühen Morgen bei eiskalter Luft und eisglatter Straße zu dem etwa fünf Kilometer entfernten Münsinger Bahnhof. Die Zugfahrt von Münsingen nach Kehl war eine abenteuerliche Tagesfahrt. Unser Zug fuhr in Münsingen planmäßig ab, doch schon in Lichtenstein gab es einen längeren Aufenthalt. Wegen des Albaufstiegs wurde unsere normale Lokomotive gegen eine Zahnradlok ausgetauscht und in Honau nach dem Albabstieg wieder abgekoppelt. Mit einer normalen Lokomotive ging die Fahrt weiter. Am Hauptbahnhof in Reutlingen mussten wir dann in den Personenzug nach Stuttgart umsteigen. Im Zug erklärte eine nette Schaffnerin Mutter nochmals, auf welchen Bahnsteig wir im Stuttgarter Hauptbahnhof zu eilen hätten, um rechtzeitig den Zug nach Mühlacker zu erreichen. Im Wartesaal von Mühlacker warteten wir auf den Schnellzug Kehl-Straßburg. Während des Aufenthaltes gab es Alarm wegen Tieffliegern, weshalb wir noch für kurze Zeit den Bahnhofsbunker aufsuchen mussten. Trotz des Aufenthaltes im Bunker erreichten wir den Zug pünktlich. Auf dem Bahnsteig in Kehl hielt Vater bereits Ausschau nach uns. Wegen des verdunkelten Bahnhofes waren Personen nämlich nicht leicht zu erkennen. Trotz unserer körperlichen Erschöpfung fiel die Begrüßung sehr herzlich und sehr rührselig aus. Am nächsten Morgen hatte ich immer noch starke Bauchschmerzen, weshalb Vater herumtelefonierte, um einen Arzt zu finden. Endlich kam ein Medizinmann und untersuchte mich. Danach sprach er mit den Eltern. Nachdem mir Mutter in der Nacht und auch schon am frühen Morgen eine Schmerztablette verabreicht hatte, konnte ich mit meinem Nebel im Hirn nur Wortfetzen verstehen. „Frühreif... in Schwäbisch Gmünd auf eine harte Eisscholle gefallen...‟. Der Doktor schrieb mir für die Schule eine Krankmeldung aus und empfahl mir Bettruhe. Als es mir gesundheitlich wieder besser ging, fragte ich Mutter: „Was hatte ich eigentlich für eine Krankheit?‟. Ihre Antwort war: „Das Bauchweh wirst du ab jetzt öfters bekommen, denn du wächst nun zu einer Frau heran.‟ Soviel zu Mutters Sexualaufklärung.

Zwergnase

Das Schulgebäude war ein riesiger Komplex, in dem die Volks- und die Oberschule untergebracht waren. Faszinierend fand ich, dass die Schüler für den Sportunterricht eine eigene Sporthalle besaßen. Während des Trainings trugen die Mädchen und die Jungs in der Halle kurze schwarze Sporthosen und weiße Leibchen. Neu für mich war auch, dass der Religionsunterricht für katholische und evangelische Schüler zur gleichen Stunde stattfand, wenn auch in verschiedenen Klassenzimmern. Zankereien wegen der Konfessionen blieben deshalb bei den Kindern aus. Erster Schultag, laut Stundenplan: Religionsunterricht. Nach dem Betreten des Gebäudes fragte ich ein Mädchen: „Wo findet denn der Religionsunterricht statt?". Ihre Antwort: „Parterre, Zimmer 12." Nachdem sich in dem Klassenzimmer noch niemand befand, setzte ich mich auf die letzte Schulbank und harrte der Dinge. Mitten im Unterricht sagte die Lehrkraft plötzlich: „Ja, wen haben wir denn da, eine neue Schülerin, und wie heißt du denn?". Mit hochrotem Kopf stand ich auf und beantwortete seine Fragen. Daraufhin schaute er auf eine Liste, schüttelte den Kopf, stand auf und kam auf mich zu. Als er vor mir stand, gab er mir seine Hand und sagte sehr freundlich: „Ich bin der evangelische Pfarrer und unterrichte in Religion. Und du, mein Kind, bist du vielleicht katholisch und sitzt in der falschen Klasse?". Als ich nickte, meinte er, das sei überhaupt nicht schlimm, ich solle gern sitzen bleiben. Nach der Stunde gebe er seinem katholischen Amtskollegen über meinen Verbleib Bescheid. Nächste Stunde: Deutsch. In Nullkommanichts war ich nach dem Religionsunterricht im ersten Stock und diesmal auch im richtigen Klassenzimmer. Nachdem die Lehrerin mir einen Platz zugewiesen hatte, sagte sie zu den Schülerinnen: „Heute begrüßen wir zuerst eine neue Schülerin, ein Schwabenmädel aus der Nähe von Tübingen. Über die Dichter und Denker aus dem Schwabenland haben wir schon viel gehört und gelesen, so auch aus dem Repertoire des Dichters Ludwig Uhland. Von ihm haben wir ja auch schon einige Stücke vorgetragen, wisst ihr noch?", sprach die Lehrerin. „Also, Trudl, nun trag uns doch einmal das Gedicht von Ludwig Uhland ‚Die Wurmlinger Kapelle' vor." Mit Tränen in den Augen stand ich auf und sagte stotternd: „Entschuldigen Sie, leider habe ich das Gedicht in der Schule noch nicht gelernt." Woraufhin sie nur meinte: „Wenn das so ist, dann lernst du das Gedicht eben zur nächsten Stunde und trägt es uns dann vor, einverstanden?". Nach der

Deutschstunde klingelte es laut, was bedeutete: Vesperpause im Schulhof. Nächste Stunde: Raumlehre, Herr Weitgräter, zweiter Stock. Raumlehre, was bedeutete denn das? Das Wort hatte ich noch nie gehört. Herr Weitgräter war ein älterer Mann und hatte eine riesige Nase. Ich dachte, wie der Zwergnase aus Grimms Märchen. Nun stieg Angst in mir auf, Angst vor der Raumlehre und dem Lehrer. Herr Weitgräter malte nun Kreise und Halbkreise an die Wandtafel, danach zeigte er mit dem Stock auf mich und sagte: „Nun Schwäble, zeig' mir mal, wie gut du bist beim Ausrechnen von den Kreisen." Stumm stand ich auf und wiederholte die gleichen Worte, wie vorhin im Deutschunterricht. Als nun Kinder in der Klasse anfingen zu kichern, wäre ich am liebsten in ein Mauseloch gekrochen. Was für ein Fiasko! Herr Weitgräter meinte jedoch nur: „Das mit den Kreisen lernst du bis zum nächsten Mal, sozusagen als Hausaufgabe." Letzte Stunde: Sport. Nach dem Unterricht bei Herrn Weitgräter liefen wir zur Sporthalle hinunter, wo sich die Mädchen und Jungs in Umkleidekabinen umziehen mussten. Danach trugen alle, außer mir, Sportkleidung. Leider besaß ich weder eine Sporthose, noch ein weißes Leibchen. Ich war eine Außenseiterin. Das Nichtdazugehören empfand ich als eine Schande. Zu all meinen Kümmernissen meinte Mutter nur: „Vater weiß bestimmt Rat und wird dir sicher auch helfen können." Nachdem Vater sich abends mein tränenreiches Trara angehört hatte, lernte er jeden Abend mit mir, wie man Kreise, Quadrate und Vierecke berechnet. In den darauffolgenden zwei schulfreien Nachmittagen gingen Mutter und ich mit der Kleiderkarte die Sportsachen einkaufen. Auch das Gedicht von Ludwig Uhland, „Die Wurmlinger Kapelle", lernte ich mit Mutters Hilfe auswendig. Es ist ein schönes Gedicht und fängt an mit: Droben stehet die Kapelle, schauet still ins Tal hinab... und endet mit dem dritten Vers: Drunten trug man sie zu Tale, die sich freuten in dem Tale... Der nächsten Deutschstunde, der Raumlehre bei Herrn Weitgräter und dem Sportunterricht sah ich nun frohen Herzens entgegen. Als mich die Deutschlehrerin auch noch vor allen Schülern lobte, war ich richtig glücklich. Bei dem Zwergnase-Lehrer geschah etwas Unerwartetes: Er fragte nach den Berechnungen von Halb-, Viertel- und ganzen Kreisen. Ich streckte auch meine Hand, worauf er sagte: „Na Schwäble, was weißt du? Komm an die Tafel und zeig was du kannst." Alles konnte ich berechnen, alles. Herr Weitgräter sagte daraufhin zu mir: „Das hast du aber sehr gut gemacht, meine Hochachtung." Der Klasse zugewandt sprach er: „Nehmt euch alle an dem

Schwäble ein Beispiel. Sie wusste nichts und kann nun alles." Mit stolzgeschwellter Brust setzte ich mich auf meine Bank zurück. Ab diesem Tag war Zwergnase mein liebster Lehrer.

Lilo

Eines Nachmittags traf ich vor dem Haus mit der Tochter unserer Nachbarin zusammen. „Ich bin die Lilo", sagte sie, „und wie heißt du?". Als ich ihr meinen Namen genannt hatte, sagte sie lachend: „Ach, eine Schwäbin!". Danach erzählte sie: „Ich komme geradewegs von meiner Klavierstunde. Das Klavierspielen bedeutet mir viel, zumal ich oft alleine bin. Mein Vater ist im Krieg und meine Mutter arbeitet als dienstverpflichtete Zugschaffnerin bei der Reichsbahn." Zum Schluss meinte sie: „Wenn du mal Zeit hast, dann besuche mich doch! Es würde mich freuen." Von nun an besuchte ich sie immer an ihrem schulfreien Nachmittag und auch nach ihrer Klavierstunde. Lilos Klavierübungen sah und hörte ich gerne zu, denn das war für mich etwas ganz Neues. Irgendwann meinte Lilo: „Soll ich einmal dein Gehör prüfen, ob du ein Gefühl für Musik besitzt?". Als ich nickte, sagte sie: „Ich spiele dir jetzt ein paar Stücke am Klavier vor und wenn du denkst, ich spiele falsch oder mache einen Fehler, dann hebst du einfach nur die Hand." Danach begann Lilo zu spielen. Ich bemerkte weder einen Fehler, noch dass sie falsch spielte, aber ich sah, wie sie bei einem Fehler oder beim Falschspielen immer leicht den Kopf anhob. Beim nächsten Kopfanheben hielt ich deshalb die Hand nach oben und hoffte, dass ich mich nicht getäuscht hatte. Oh Wunder, ich hatte das leichte Kopfanheben richtig gedeutet! Lilo war über mein musikalisches Gefühl richtig begeistert und lobte mich sehr. Natürlich war das, was ich getan hatte, gelogen, aber ich wollte Lilo gefallen und ich wollte, dass sie mich nett fand. Obwohl sie ungefähr fünf Jahre älter war als ich, wurden wir Freundinnen. Von Zeit zu Zeit erzählte sie auch spannende Geschichten, die sich seit Anfang des Krieges in Kehl zugetragen haben sollen. Bevor sie mir jedoch diese Geschichten erzählte, musste ich ihr hoch und heilig versprechen, sie nie jemandem weiter zu erzählen. „Es fing damit an", sagte Lilo, „dass 1938/39 auf der deutschen Seite entlang des Rheines eine Befestigungsanlage gebaut wurde, der sogenannte Westwall. Die Franzosen hatten bereits eine solche Anlage, die Maginot-Linie. Anfang der dreißiger Jahre schuf der damalige französische Kriegsminister Maginot einen gestaffelten Befestigungsgürtel entlang des Rheines, um Frankreich vor einem militärischen Überfall Deutschlands zu beschützen. Die Anlage bekam seinen Namen und der Kriegsminister ging mit der ‚Maginot-Linie' in die Annalen ein. Als 1939 der Krieg ausbrach standen sich nun die deutschen und französischen Soldaten an ihren jeweiligen Verteidigungslinien gegenüber. Die obersten Heeresführer beider Länder hatten jedoch nicht bedacht, dass viele nicht nur Soldaten in Uniform waren, sondern auch Zivilisten mit familiären Bindungen. Viele von ihnen aus grenznahen Städten und Dörfern, einige waren miteinander verwandt oder verschwägert. Beigetragenen zu den verwandtschaftlichen Graden hatte da auch der kleine Grenzverkehr vor dem Krieg. Diese Krieger sollten also nun aufeinander schießen? Unmöglich! Diese Rechnung der Großkopferter konnte deshalb nicht aufgehen. Noch in der Vorkriegszeit beschlossen deshalb die Betroffenen einen Pakt der gegenseitigen Hilfe. Auch sollte bei Krieg der Gegenseite signalisiert werden, wenn Angriffe auf die jeweiligen Stellungen befohlen würden. Die Angegriffenen könnten sich durch vorzeitiges Warnen in ihren Bunkern verschanzen. Ein anderes Gerücht besagt", erzählte Lilo weiter, „dass die gegenseitige Hilfe über verschlüsselte Nachrichten in Beichtstühlen im Straßburger Münster, in der katholischen Kirche in Kehl oder Kirchen in Dörfern abgelaufen sein sollte. Die Pfarrer der Kirchen wurden in das Vorhaben nicht eingeweiht, denn sonst müssten die Geistlichen bei einem Auffliegen des Ganzen mit Repressalien rechnen." Nach den Gesprächen mit Lilo bat ich Vater, mit uns doch einmal nach Straßburg zu fahren, um das Münster zu besichtigen. An einem Sonntagnachmittag war es dann so weit. Vater löste am Bahnhof in Kehl die Tickets für Straßburg, wo wir anschließend problemlos ankamen. Zuerst besichtigten wir das Münster, danach stiegen wir zum Turm hinauf. Weiter als bis zur ersten Plattform kamen wir nicht, da Mutter plötzlich schwindlig wurde. Gemeinsam stiegen wir wieder die vielen Stufen hinunter. Beim Hinaustreten aus dem Münster sagte Vater: „So, und jetzt gehen wir uns erst einmal stärken und ausruhen." In einem Café auf der beliebten Einkaufsstraße tranken Mutter und ich eine Grenadine-Limonade, Vater einen Malzkaffee und alle aßen wir auf Brotmarken einen echten, elsässischen Apfelkuchen. Anschließend schauten wir uns das Altstadtviertel Straßburgs an. Wegen der kleinen Häuschen, die direkt am Kanal lagen, erinnerte mich die Stadt an Frankenthal. Nach der Besichtigung des Viertels, fuhren wir wieder mit dem Zug zurück. Während meines Aufenthalts in Kehl gab es auch Alarme, aber es waren nur Überflüge von Bombengeschwadern. Wie man hörte, sollen die britischen Bomber der Royal Air Force ihre tödliche Fracht meistens bei Nacht über die deutschen Groß- und Industriestädte abwerfen. Der japanische Überfall auf Pearl Harbor im Dezember 1941 löste den Kriegseintritt der USA gegen Deutschland aus, Japan und Deutschland waren Verbündete. Ab dem Frühjahr 1942 intensivierten nun die Alliierten ihre Bombenangriffe. Die Bomberformationen kamen nun täglich, und zwar zu allen Zeiten. Um die deutschen Flugabwehrkanonen, auch Flak genannt, auszuschalten, flogen die Bomber immer unter starkem Jagdschutz.

Reden ist Silber, Schweigen ist Gold

Nur wenige Tage nach unserem Trip nach Straßburg, erzählte ich meinen Eltern von dem Gespräch mit Lilo. Natürlich erwähnte ich ihren Namen nicht, sondern nur das, was sich seinerzeit Anfang des Krieges während der Verteidigung des Westwalls zugetragen haben soll. Als ich meine Geschichte beendet hatte, fragte ich Vater: „Meinst du, dass die Soldaten damals tatsächlich untereinander kooperiert haben?". Vater nickte und sagte: „Tja, Trudel, weißt du, im Krieg ist nichts unmöglich. Da gelten oft andere Gesetze als im Frieden. Ob das mit der Kooperation zwischen den Soldaten der Wahrheit entspricht, kann ich nicht beurteilen, aber auch ich habe schon von dem Gerücht gehört. Die Grenzsoldaten sollen deshalb auch nach unserem Sieg über Frankreich an die Ostfront abkommandiert worden sein. Zu den Grenzsoldaten will ich dir noch etwas erzählen", sagte Vater, „damit du ihr Handeln besser verstehen kannst. Stell' dir mal vor, Onkel Philipp hätte bei seiner Heirat mit Tante Odile noch bei seiner Familie in Kapsweiher und nicht im Frankenthal, und die Odile mit ihrer Familie statt in Metz in Weißenburg gelebt. Meinst du, dass Onkel Philipp bei einem Krieg auf Tante Odiles Vater, Mutter oder Schwester geschossen hätte? Da du deinen Onkel kennst, weißt du, dass er das niemals getan hätte. Selbst bei einer Androhung der Todesstrafe oder anderen schlimmen Konsequenzen hätte er eher den Befehlsgeber erschossen, als jemanden aus Odiles Familie." Damals, als Onkel Philipp einige Jahre nach dem unwürdigen Abgang des Kaisers 1918 erfuhr, dass es nicht die Heimatfront im Norden Deutschlands war, die gemeutert und die Waffen niedergestreckt hat, um die Niederlage Deutschlands einzuläuten, sondern es eine Lüge der Monarchisten war, ist unser Philipp Kommunist geworden. Als auch noch durchgesickert ist, dass der hoch dekorierte Aristokrat Paul von Hindenburg, der als gefeierter Sieger von Tannenberg galt, nicht der eigentliche Held war, sondern sein bürgerlicher General Ludendorff die Strategien für den Sieg ausgearbeitet hat, er aber als Bürgerlicher nicht die Lorbeeren dafür ernten durfte, schäumte Onkel Philipp vor Wut. „Für solch ein Pack mussten wir in den Krieg ziehen!", sagte er, „Linas Karl musste sein Leben lassen, mein Bein wurde zerschossen, Jakob kam mit verätzten Lungen nachhause und du, Anton, bist mit deinen schweren Verletzungen gerade nochmals dem Tod davongekommen." Philipp hasste seitdem alle Politiker. Später sagte Vater: „Hör mal, Trudl, über unser heutiges Gespräch darfst du mit niemandem reden, sonst kommen wir noch alle in Teufels Küche. Hier stimmt ein altes Sprichwort ganz besonders: Reden ist Silber, Schweigen ist Gold." Die Abende mit meinen Eltern liebte ich sehr und vermisste sie noch Jahre später. An Maria schrieb ich fast jeden zweiten Tag. Meinem Brief fügten die Eltern immer noch einige Zeilen hinzu, sodass Maria immer in unseren Kreis einbezogen wurde. Beinahe hätte ich noch eine Freundin gefunden, meine neue Nebensitzerin Yvonne. Sie war ein sehr liebes und bildhübsches, dunkelhaariges Mädchen, mit dem ich mich sehr gut verstand, doch leider rückte der Tag an dem Vater wieder an die Front musste immer näher und schon bald hieß es: Adieu, Kehl! Als wir uns von Vater am Bahnhof verabschiedeten, sagte Mutter: „Anton, dein Schutzengel und der Heilige Antonius werden dich bestimmt immer beschützen." Als mich Vater in die Arme schloss, flüsterte er mir zu: „Trudl, denke daran, was deine Mutter dir in dein Poesiealbum geschrieben hat: Vergesse nie das Beten! Schließ mich dann in dein Gebet mit ein, ja?". Ich konnte nur heftig nicken, weil ich nicht sprechen konnte, denn der Hals war mir wie zu geschnürt.

„Heute sind wir Soldaten!"

Endlich hatte ich Spielkameraden. Siegfried war ein Jahr jünger als ich und wohnte seit kurzem mit seinen Eltern und seinem jüngeren Bruder in einer Wohnung über der Heereswaschanstalt. Erich war der Enkelsohn von unserem lieben Nachbarn Herrn Rauter und war in Marias Alter. Um zu sehen, ob ich überhaupt würdig war bei ihnen mitzuspielen, musste ich Mutproben machen. Manchmal hieß es: Trudl, du springst jetzt wie ein Fallschirmspringer von dem hohen, abschüssigen Baum hinter der Limonadenfabrik hinunter. Ein anderes Mal sagten sie zu mir, heute seien wir Soldaten bei der Flackabwehr. „Im Wäldchen hinter eurem Haus schlägst du in die höchststehende Tanne Nägel in den Stamm. Danach bist du unser Späher und hältst nach feindlichen Flugzeugen Ausschau. Nach einer Weile heulst du wie die Sirene bei Vollalarm und wir Jungs schießen nach den Fliegern." Nach meinem Geheul rannten die beiden Buben mit ihren selbst gebastelten Gewehren wie die Wilden um die Bäume herum, schossen nach imaginären Flugzeugen und schrien sich ihre Treffer zu. Eine schwierigere Mutprobe war die bei der Waschanstalt. Um vom hinteren Berg der Wäscherei auf das hintere Dach der Waschanstalt zu springen, zeigten mir die beiden, wie ich abzuspringen hatte. Da zwischen dem Berg und dem Dach ein Weg zur Wäscheannahme führte, betete ich immer: „Lieber Gott, lass mich bloß nicht abstürzen." Außer ein paar Blessuren am Körper, an den Armen und Beinen, kam ich jedoch immer heil davon. Endlich kam meine lang ersehnte Schwester wieder nach Hause. Ferien waren angesagt. Ich freute mich schon riesig wieder einmal mit ihr zusammen zu sein. Im Wäldchen hinter unserem Haus spielten wir an den Wurzeln der Bäume unser gemeinsames Spiel „Meine Wohnung, deine Wohnung". Da Mutter unsere Puppenküche gegen Lebensmittel eingetauscht hatte, spielten wir eben mit weißen, grünen, gelben und braunen Glasscherben. Als auch Erika wegen der Ferien etwas freie Zeit hatte, konnte sie bei uns mitspielen. Von Erikas Vater gab es noch immer nichts Neues zu berichten, er blieb verschollen. Da es für Herrn Simihanar keinen Totenschein gab, haperte es mit der Witwenrente. Frau Simihanar war deshalb gezwungen, arbeiten zu gehen. Für Erika bedeutete das, dass sie meistens für die Haushaltsführung zuständig war. Mutter sagte manchmal zu mir: „Die Erika ist eine Familienheldin, denn was die leistet, ist enorm!". Manchmal kamen auch Erich und Siegfried vorbei, um mit uns „Soldaten" zu spielen, aber Maria und Erika hatten keine Lust Soldat zu sein. Daraufhin wurde „Lazarett" gespielt. Maria war der Arzt und operierte, Erika war Marias Rotkreuzschwester und legte Verbände an. Hinterher liefen die Jungs mit verbundenen Köpfen, Armen und Beinen herum. Ich selbst musste für die Lazarettinsassen an der Gulaschkanone - ein aus Tannenzweigen zusammengebastelter Tisch - aus Blättern und Gras Eintopf kochen.

Fette Heringe

Jedes Jahr, wenn die Heuernte vor der Tür stand, sagte Mutter: „Mädels, jetzt müsst ihr Strohmanns bei der Heuernte helfen." Um zu verstehen, wie es damals war, muss man wissen, dass es seinerzeit noch keine Mähmaschine gab. Alles war Handarbeit. Herr Strohmann fing deshalb schon im Morgengrauen an, mit der Sense die Wiesen abzumähen. Damit das gemähte Gras gleichmäßig trocknete, wurde es von uns Helfern mit Holzrechen unzählige Male gewendet. Nach dem Wenden wurde das Gras in langen Reihen zu Haufen zusammengerecht. Als die Sonne am erbarmungslosesten auf uns niederbrannte, verteilte Frau Strohmann am Wiesenrand jedem ein Vesper und etwas zu Trinken. Nach der Stärkung und einer erholsamen Pause wurde der hohe Heuwagen beladen. Mit Holzgabeln reichte man nun die getrockneten Heuhaufen dem Bauern, der oben auf dem Heuwagen stand. Sobald der Wagen voll beladen war, fuhr Herr Strohmann ihn mit dem Ochsengespann heim zur Scheune. Dort wurde er von Nachbarn und anderen Helfern schon erwartet, um alles wieder abzuladen und das Heu auf die Tenne hochzubringen. Während der Bauer heimwärts fuhr, stapelten wir Helfer auf der Wiese das restliche Heu auf Heureuter, Holzgestelle zum Holztrocknen, sodass es am nächsten Tag zur Scheune gebracht werden konnte. Schlechte Nachrichten von Onkel Alfons. Unter anderem schrieb er: „In diesem Jahr hat uns Gott schon harte Prüfungen auferlegt. Im Juni ist unser lieber Sohn Fritz in Russland gefallen. Hedwig und ich haben darüber einen ganzen See voll Tränen geweint. Wenige Wochen später erfuhren wir von Hede, dass Bernhard, unser Schwiegersohn, von seiner Truppe vermisst wird. Bernhard wurde im Frühjahr aus seinem Beruf als Chemiker herausgerissen und zum Militär einberufen. Nach seiner militärischen Ausbildung wurde er nach Russland verfrachtet. Wenige Monate später teilte uns Hede mit, dass ihr Mann in Russland vermisst wird. Er soll mit seinem Spähtrupp vor Stalingrad nicht wieder zur Truppe zurückgekehrt sein. Aufgrund dieser traurigen Nachricht kündigte Hede ihre Wohnung, brachte den Großteil ihrer Möbel zu den Schwiegereltern und zog mit Inga zu uns in die Mansardenräume. Noch während Hede mit den Nerven völlig am Boden war, wurde sie dienstverpflichtet. Nun steht sie der deutschen Volkswirtschaft den ganzen Tag zur Verfügung. Als Arbeiterin muss sie seitdem in einer Fabrik kriegswichtige Teile zusammenstecken. Eine Witwen- und Halbwaisenrente bekommt Hede nicht, da Bernhard nicht gefallen ist, sondern als Vermisster der Truppe geführt wird. Seit Hede in der Fabrik arbeiten muss, versorgt und betreut nun Hedwig unsere Enkelin. Inga zu bemuttern tut Hedwig richtig gut, so kann sie ihre Liebe, die sie Fritz nicht mehr geben kann, an Inga weitergeben. Ich habe erfahren, dass mein Schwiegersohn Walter Glaser derzeit der Hochbauingenieur in München sei. Außerdem würde er sich glänzend mit den Oberen der Parteiführung verstehen. Wegen der enormen Bauerei in München sei Walter vom Wehrdienst freigestellt worden und müsse deshalb auch nicht damit rechnen, an die Front abkommandiert zu werden. Nun die Zeit wird es zeigen." Wie jedes Jahr kam Fräulein Wulle, die Schwester von Frau Grohe aus Berlin zu Besuch. Sie erzählte uns von der immer beschwerlicheren Bahnfahrt von Berlin bis Münsingen, den vermehrten und schlimmen Bombennächten in den Luftschutzbunkern und dem Schlangestehen vor Lebensmittelläden. Mit Charme erzählte sie aber auch amüsante Anekdötchen aus dem Berliner Alltag. „Bis August 1941 wurde unser Reichsluftfahrt-minister und Reichsmarschall Hermann Göring von den Berlinern liebevoll nur ‚der Dicke' genannt. Nach dem August hieß er nur doch ‚der Maier'. Der Hintergrund der Namensänderung war ein ernster, es waren die Bombardierungen von London. Das englische Koalitionskabinet unter Chamberlain und Churchill soll nach den heftigen Angriffen auf London die deutsche Regierung vor weiteren Bombardements mit den Worten gewarnt haben: ‚Bei weiteren Angriffen auf London werden wir Vergeltung üben.' Als unser passionierter Jäger und Hornbläser Göring die Drohung der Engländer vernommen habe, soll er nur gelacht und gesagt haben: ‚Ach, diese Torys und die Whiskysäufer von Churchill...'. Danach soll sein berühmter Ausspruch gefallen sein: ‚Wenn auch nur ein einziges englisches Flugzeug deutschen Boden überfliegt, will ich Maier heißen.' London wurde weiter bombardiert und wir Berliner erleben seither die angedrohten Vergeltungsangriffe." Von Fräulein Wulle erfuhren wir, dass in bestimmten Berliner Kreisen nun oft über unseren Reichsluftfahrtminister gespottet wurde. „Seit sich am Himmel von Berlin immer öfters die Mustangs, Thunderbolts und Lightnings zeigten, der Heulton der Sirenen sich noch markdurchdringender anhört, als am Anfang des Krieges, und die Angst der Menschen immer größer wurde, hieß es nun: vorsichtig, der Hornbläser Maier bläst mal wieder zur Hubertusjagd." Im Gedächtnis ist mir noch das Anekdötchen vom fetten Hering geblieben, das uns Frau Wulle erzählt hatte: „Ein

Fischhändler verkaufte auf dem Markt markenfrei frische Heringe. In marktschreierischer Weise pries er sie mit den Worten an: ‚Heringe, Heringe, so fett wie der Göring!'. Der Händler wurde angezeigt und musste wegen Beleidigung des Reichsmarschalls eine Geldstrafe bezahlen. Als Auflage bekam er zusätzlich, niemals wieder den Namen Göring mit dem Adjektiv ‚fett' in Verbindung zu bringen. Nach einer Woche stand der Fischhändler wieder auf dem Markt, um seine Ware zu verkaufen. Mit lauter Stimme schrie er jedoch dieses Mal: ‚Leute, kauft Heringe, Heringe so fett, wie vergangene Woche!'.

Die Kinderlandverschickung

Frau Kiels Hiobsbotschaft erreichte uns. Ihre geliebten Mädchen waren an Diphtherie gestorben. Es lag wohl am Ärzte- und Medikamentenmangel, sowie am fehlenden Geld. „Wenn der Säugling nicht wäre, hätte ich meinem Leben ein Ende gesetzt, aber so...". Zwischen Mutter und Frau Kiel riss der Kontakt über Briefe und Päckchen erst ab, als Frau Kiel gestorben war. Als die Kartoffelpflanzen blühten, fiel der Nachmittagsunterricht aus. Aufgrund der Kartoffelkäferplage mussten wir Schulkinder mit unseren Lehrern auf Kartoffelfeldern ausschwärmen, um die gefräßigen Käfer von den Pflanzen zu entfernen. In mitgebrachten Eimern wurden anschließend die gesammelten Schädlinge, die sich an der Kartoffel satt fraßen, zu einer Sammelstelle gebracht und dort vernichtet. Als die Lebensmittel und die Konsumgüter immer knapper und die Alarme immer öfters wurden, trällerten Mutter und ich beim sonntäglichen Wunschkonzert das Lied von Zarah Leander mit: „Es geht alles vorüber, es geht alles vorbei...". Von ausgebombten Stadtmenschen erfuhren wir von der Kinderlandverschickung. In meiner Erinnerung lautete der Text der Verordnung in etwa so: „Der Führer hat 1940 angeordnet, dass die Großstadtjugend aus Gebieten, die immer wieder nächtliche Luftalarme und keine ausreichende Luftschutzkeller haben, auf Grundlage der Freiwilligkeit in die übrigen Gebiete des Reiches geschickt werden. Infrage kommen die Gaue, die nicht luftgefährdet sind, wie Thüringen, Sachsen, Schlesien, und und und... Die schulpflichtigen Kinder sollen mit ihren Lehrerinnen oder Lehrern schul-, beziehungsweise klassenweise untergebracht werden." Als Mutter mit mir über die Kinderlandverschickung sprach, sagte sie: „Die Anordnung des Führers ist für die betroffenen Familien der reinste Horror. Ach Trudl, meiner Meinung nach steht die Kinderlandverschickung unter keinem guten Stern. Stell dir mal vor, da steht ein Vater an der Front, um sein Vaterland zu verteidigen und zeitgleich werden seine Kinder mit einem Schild um den Hals, auf dem Name und Verschickungsort stehen, an einen ihm unbekannten Ort verschickt. Und die Kinder, was für Ängste mögen sie wohl ausgestanden haben, als man sie aus ihren Familien herausgerissen und weggeschickt hat? Ihr Ohnmachtsgefühl gegen die Parteileute muss sie sehr geschmerzt haben. Die Erleichterung über die bombenfreien Nächte wird schnell vergessen sein, doch das Heimweh nach der Familie wird bleiben. Auch das Abenteuer, Schule in der Ferne, werden sie bald nur noch als kasernierte Gemeinschaft empfinden." Nach kurzer Pause meinte Mutter: „Was für ein Glück, dass wir nicht in einer Großstadt oder in der Nähe der Waffenschmiede des Reiches wohnen." Beim Einkaufen lernte Mutter die etwa zehnjährige Helga und ihre Mutter kennen. Die Beiden kamen aus dem Rhein-Ruhrgebiet und waren zu Besuch bei unseren Nachbarn, den Kino-Schwarzes. Unter anderem erzählte die Frau Mutter den Grund ihres Besuches. „Mein Mann, der Vater von Helga, ist gefallen und nun soll mein einziges Kind auch noch von mir getrennt werden. Mit ihrer Schulklasse soll sie demnächst in eine ländliche Region evakuiert werden, womit ich aber nicht einverstanden bin. Deshalb bin ich mit Helga hierher gefahren, um meine Verwandten zu bitten, meine Tochter bei sich aufzunehmen. Gott sei Dank haben sie viel Verständnis für mein Anliegen und stimmten meiner Bitte sofort zu. Zur Zeit versuchen viele Eltern ihre schulpflichtigen Kinder privat bei Verwandten oder Bekannten auf dem Lande unterzubringen, weshalb auch ich diesen Weg gewählt habe." Das Ehepaar Schwarz war kinderlos und schenkte nun ihre ganze Liebe dem Helgamäuschen. Helga blieb in der Obhut der Kinobesitzer Schwarz, bis ihre Mutter sie nach der Währungsreform 1948 wieder zu sich nahm. Angeblich soll Helga nach dem Tod ihrer Zieheltern deren ganzes Vermögen geerbt haben.

Die Raupe

Trauer im Unteroffiziersgebäude. Der Ehemann von Frau Drögel und der Bräutigam vom schwangeren Fräulein Ullrich waren gefallen. „Der Tod des Bräutigams meiner Tochter ist besonders tragisch", erzählte Frau Ullrich, „da ihn die tödliche Kugel auf dem Weg zu seiner Ferntrauung mit meiner Tochter traf. Das Kind wird nun außerehelich auf die Welt kommen und ohne Vater aufwachsen.

Hoffentlich kommt mein Mann wieder von der Front zurück, damit wir kein Drei-Mädel-Haus bleiben müssen." Nach einigen Monaten sah man Frau Ullrich mit ihrem Enkelkind spazieren gehen. Das Kind war ein süßes Mädchen mit einem blonden Lockenkopf und hieß Ursula, wurde jedoch Uschi gerufen. Der ganze Stolz beider Frauen war und blieb Uschi. Herr Ullrich hat sein Enkelkind nie gesehen. Er war einer der vielen Soldaten, die in Russland blieben. Ein Verschollener. „Komm, Trudl, komm rein, wir haben Besuch!". Es war Walter. Er hatte beruflich auf dem Fernmeldeamt Münsingen zu tun und verband nun das Berufliche mit einem Besüchle bei uns. Er erzählte nette Geschichten von seiner kleinen Inge, seiner Mary und dem Aster Clan. „Bei den Asters ist momentan der Wurm drin", sagte er. Zuerst wurde Marys Bruder Gebhard, der, obwohl er im Vatikan als Priester tätig war, zur Wehrmacht einberufen. In Deutschland wurde er dann zum Sanitäter ausgebildet und kam anschließend mit einem Rot-Kreuz-Zug nach Russland. Marys jüngster Bruder Anton ist in Nordafrika, bei Tobruk in Gefangenschaft geraten. Diese Nachricht haben Marys Eltern von seiner Truppe aus Afrika erhalten. „Um Näheres über das Afrika Korps zu erfahren habe ich etwas getan, was streng verboten ist. Bevor ich das euch aber erzähle, müsst ihr mir hoch und heilig versprechen, nie mit jemandem darüber zu reden, denn sonst werden wir von der Gestapo wegen Hochverrat erschossen." Erschrocken versprachen wir Walter zu schweigen wie ein Grab. Danach erzählte er: „Ich habe den britischen Geheimsender BBC London abgehört und dabei folgendes erfahren: Am 30. August hat unter der Leitung des britischen Marschalls Montgomery eine groß angelegte Offensive gegen Rommels Afrika Korps zwischen Tobruk und el-Alamein stattgefunden. Bei dem Überraschungscoup des Marschalls Montgomery sind die Deutschen geschlagen worden. Durch die Truppen haben die Feinde hohe Verluste an Mensch und Material erlitten. Viele Soldaten des Afrikacorps kamen in Gefangenschaft. Die Gefangenen werden nun nach Kanada verschifft und kommen dort, bis der Nazi-Krieg beendet ist, in ein Internierungslager. Oberst Rommel, der Befehlshaber des deutschen Afrikacorps, wurde nicht gefasst. Durch unsere Spionageabwehr erfuhren wir, dass er und sein Stab durch einen Befehl ihres Führers Hitler rechtzeitig aus dem Kampfgebiet ausgeflogen worden sind." Danach sagte Walter noch: „Marys Eltern wissen nun wenigstens, wo ihr Anton verblieben ist." „Russische Gefangene kommen ins Lager Gänsewag, deshalb haben an diesem Tag alle Schüler schulfrei", sagte unser

Lehrer Breitmayer eines Morgens im Unterricht. „Schaut euch diese Untermenschen an, damit ihr mit eigenen Augen sehen könnt, gegen wen unsere tapferen Soldaten kämpfen müssen." Auch die Bevölkerung von Münsingen und Umgebung wurde von Parteigenossen aufgefordert, sich diese „Kreaturen", die vom Bahnhof Münsingen bis zum Lager Gänsewag marschieren würden, anzusehen. Am besagten Tag standen wir Schüler, so wie einige Personen aus Auingen und dem Gutsbezirk, auf der Wiese neben der Straße zum Lager Gänsewag und warteten auf die angekündigten Bolschewiken. Plötzlich stand meine Mutter neben mir und legte ihre Hand auf meinen Arm. Sie war gekommen, um in meiner Nähe zu sein, falls etwas Ungewöhnliches passieren sollte. Endlich sah man, wie sich vom Ortsausgang Auingen her eine riesige Raupe auf der Straße zum Gänsewag hinbewegte. Die Raupe entpuppte sich beim Näherkommen jedoch als eine riesige Menschenmasse. Von der Wiese aus schauten nicht nur ich, sondern alle Personen gebannt nach links zu den näherkommenden russischen Gefangenen. Ich sah nun auch die deutschen Bewacher, die versuchten den Strom der Menschen in Richtung Lager Gänsewag zu kanalisieren. Einem Bewacher genügte das Vorantreiben mit Rufen, Brüllen oder auch Gesten nicht, er nahm einfach seinen Gewehrkolben und schlug damit auf die Gefangenen ein. Manchmal fiel daraufhin eine Gestalt auf den Boden, die jedoch sofort wieder von Nebenmännern aufgehoben oder Huckepack genommen wurde. Auch sah ich nun, wie sich manchmal ein Gefangener schnell bückte, Gras vom Wegesrand abriss und aß. Die Russen kamen auch nicht anmarschiert wie angekündigt, sondern sie zogen völlig lautlos an uns vorbei, humpelnd, viele barfuß oder mit Lappen umwickelten Füßen und mit blutverschmierten Verbänden. Ich starrte voller Entsetzen auf den Zug der vorüberziehenden Menschen. Vereinzelt fiel nun auf der Wiese das Wort „Russenpack" und einige jüngere Personen spukten in Richtung der Gefangenen. Als schon viele vorbeigezogen waren, nahm Mutter meine Hand und sagte: „Komm, Trudl, mir ist übel, wir gehen heim." Auf dem Weg nach Hause sagte Mutter: „Mein Gott, was müssen die Menschen Hunger haben, wenn sie sogar Gras essen. Als wir weit außer Reichweite des Geschehens waren blieb Mutter stehen, ballte eine Faust, hob sie gen Himmel und schrie: „Bitte lieber Gott, bestrafe den brutalen Bewacher der auf die armen Gefangenen eindrischt!", und dann noch einmal mit leiser Stimme, „Bitte, lieber Gott, bestrafe ihn! Trudl, wir wollten doch auch nicht, dass Vater, was Gott verhüten mag, falls er je in Gefangenschaft geraten sollte, geschlagen oder bespuckt wird. Die da oben haben aus dem Ersten Weltkrieg überhaupt nichts gelernt, die tauschen nur das Elend gegen Not ein und sonst nichts Glaub mir, Trudl, die armen Gefangenen sind auch nicht gefragt worden, ob sie in den Krieg ziehen wollen oder nicht, so wie Vater auch nicht." Einige Wochen nach der Ankunft der Russen im Lager Gänsewag erzählte mir Mutter beim Mittagessen von einem tragischen Unfall dort. Kundinnen beim Bäcker palaverten über das Unglück und so erfuhr ich Näheres darüber. Russische Gefangene hätten unter Aufsicht von deutschen Bewachern Reparaturarbeiten an der Getreidemühle Gänsewag durchgeführt. Nach Beendigung der Arbeiten ließ der Oberaufseher die Mühlräder wieder anlaufen, wobei er stolperte und in das Räderwerk hineinstürzte. Obwohl sofort ärztliche Hilfe kam und auch die Arbeiter der Silos nebenan herbeigerufen wurden, kam für den Soldaten jede Hilfe zu spät. Hinter vorgehaltener Hand sollen die Arbeiter später noch gesagt haben, die Russen seien über den Tod des Aufsehers bestimmt nicht traurig gewesen, denn er hat sie ja schon seit ihrer Ankunft in Münsingen immer wieder geschlagen und malträtiert." Als Mutter ihre Geschichte beendet hatte, sagte sie mit leiser Stimme: „Möge Gott der Seele des Soldaten gnädig sein."

Die Mutti aus dem Norden

Wieder hatte der Klapperstorch ein Kindlein in unser Haus gebracht und wieder hatte ich ihn verpasst. Dieses Mal brachte der Storch einen Jungen zu Frau Goethes Freundin. Diese wohnte seit der Abreise von Fräulein Wulle bei Frau Grohe. „Die arme Frau hat mir erzählt", sagte Mutter, „dass sie schon zweimal ein Kind verloren hat und schuld daran waren die Bombenangriffe auf ihre Heimatstadt." Damit sie nicht noch einmal das gleiche Desaster durchleben musste, hätten ihr Mann und ihre Eltern ihr geraten, dieses Mal das Kind in einer ländlichen Gegend auf die Welt zu bringen. Die Freundin erzählte: „Nach langem Hin und Her bat ich deshalb meine Freundin Grete (Frau Grohe), mich zur Geburt des Kindes bei sich aufzunehmen. Als mich ihre Zusage erreichte, nahm ich den nächsten Zug und fuhr nach Münsingen. Das Ergebnis meiner Reise ist nun ein gesunder Wonneproppen. Für meinen Mann ist der ersehnte Stammhalter da und meine Eltern freuen sich über ein gesundes Enkelkind." Dann weinte und lachte die frischgebackene Mutti vor Glück laut.

Zunächst musste das Kind aber noch getauft werden. Durch die guten Beziehungen von Frau Grohe zum Lagerkommandanten konnte ein Militärgeistlicher, ein ehemaliger Pastor, den neuen Erdenbürger taufen. Stellvertretend für die abwesenden Paten assistierten Frau Grohe und Mutter dem Pastor. „Während der Taufe gab es kein großes Zeremoniell, kein Brimborium, keine große geistliche und auch keine weltliche Ansprache", erzählte Mutter. Als der Pastor das Kind gesegnet hatte, sagte er nur: „Es lebe die tapfere Mutter dieses Kindes und sein Vater!". Das Festessen fand nachmittags im Wohnzimmer von Frau Grohe statt, wozu auch ich eingeladen wurde. Mutter hatte für das Festessen einen Hefezopf gebacken und Frau Grohe spendierte dazu, wie sie sagte, ihren letzten Bohnenkaffee. Für mich brachte Mutter meine Ration, einen viertel Liter Milch mit, in die Frau Grohe noch Kakao hinein streute. Das Taufessen fanden wir alle wunderbar. In der geselligen Runde erzählten die Frauen nette Begebenheiten von der Vorkriegszeit. Die interessanteste Geschichten fand ich die von der jungen Mutti. Sie erzählte: „Meine Eltern besaßen damals ein großes Gestüt mit vielen Rassepferden. Als kleines Mädchen lernte ich fast gleichzeitig laufen und reiten. Im Backfischalter durfte ich schon bei kleineren Rennen mitreiten. Im Alter von achtzehn Jahren kam ich zu den Springreiterinnen und gewann dort meine ersten Pokale. Mit einundzwanzig durfte ich dann bei internationalen Turnieren mitreiten. Dort lernte ich meinen späteren Gatten, sowie Herrn und Frau Grohe kennen. Meine Hochzeit wurde groß gefeiert mit alten Ritterspielen. Zu Kriegsbeginn wurde mein Ehemann eingezogen und kam in das Regiment von Herrn Grohe. Seit kurzem ist er nun auch dessen Adjutant. Die Pferde meiner Eltern wurden bei Kriegsanfang fast alle eingezogen, und zum Leidwesen meiner Eltern springen nur noch einige ältere Pferde auf dem Gestüt herum." Als die Tage kürzer und die Nächte immer kälter wurden, empfahl Mutter der jungen Mutti, die Heimreise sobald wie möglich anzutreten. „Hier zu bleiben wäre nicht sinnvoll", meinte Mutter, „die früh einsetzenden Winter auf der Alb und die vielen Schneeverwehungen sind legendär. Im Volksmund heißt es nicht umsonst, Münsingen liegt in ‚Schwäbisch Sibirien'." Nach einigem Hin und Her wurde die Mutti mit einer Pferdedroschke nach Stuttgart zum Hauptbahnhof gefahren. Ihre weitere Reise nach Norddeutschland beschrieb sie in einem Dankesbrief an Frau Grohe. Unter anderem schrieb sie: „Mein Kind und ich wurden am Bahnhof sofort von Frauen der Bahnhofsmission in Empfang genommen und in einen

Raum geführt, wo ich mein Kind stillen und frisch wickeln konnte. Danach übergaben sie mich an Betreuerinnen der NS-Frauenschaft. Diese freundlichen Frauen besorgten mir anschließend auch einen Schnellzug mit angeschlossenem Mutter-Kind-Abteil. Als ich meinen zugewiesenen Platz eingenommen hatte, begann auch schon der Zug in Richtung Norddeutschland zu fahren. Obwohl die Reise sehr anstrengend war, kamen wir beide gesund bei meinen Eltern an. Als sie dann auch noch ihr erstes Enkelkind in die Arme schließen konnten, kannte ihr Glück keine Grenzen mehr. Alle dankten wir auch unserem Herrgott, dass der Zug während der langen Reise nie von Tieffliegern beschossen wurde." Die lustige Mutti aus dem hohen Norden vermissten wir noch lange Zeit. Was haben wir uns über ihren komischen Dialekt amüsiert oder über ihren Ausspruch: „Mein Kind hat so `nen weichen Popo, wie Frau Fingstlers Hefeteig!". Kurz nach ihrer Abreise sagte Mutter beim Mittagessen: „Heute Morgen habe ich mich über Herrn Harter richtig geärgert. Erst plauschten wir ein wenig miteinander, dann erzählte ich ihm von Frau Grohes Freundin, die vor dem Krieg einmal eine international bekannte Reiterin gewesen war und auch, dass sie schon als Kind auf dem elterlichen Gestüt auf Pferden reiten durfte. Und genau hier unterbrach mich Herr Harter indem er lachte und sagte: ‚Ach so, ach jetzt verstehe ich auch weshalb die junge Frau so einen Arsch wie ein Trakehner Gaul hat!', und lachte laut weiter. Ich habe ihn zunächst nur sprachlos angeschaut, doch dann sagte ich: ‚Wie schön, dass man in der heutigen Zeit noch so herzhaft lachen kann' und ging, innerlich kochend, nach oben.

Tee für den Wachmann

Anfang November besuchte uns unverhofft Walter. „Mich treiben verschiedene wichtige Dinge um, die ich geklärt haben möchte. Zunächst jedoch, wie geht es Vater? Liegt er noch am Don oder Donez?". „Nein", antwortete Mutter, „sein jetziger Aufenthalt ist am Dnjepr. Im letzten Feldpostbrief ergab der Code-Schlüssel ‚Dnjebr'. Bevor Vater an die Front abgereist war, erklärte er mir, wie ich seine Briefe zu lesen hätte. ‚Du musst', sagte er, ‚nach einem Punkt immer den Anfangsbuchstaben des folgenden Wortes auf ein Blatt Papier schreiben und zwar, bis am Ende eines Satzes ein Frage- oder Ausrufezeichen steht. Zusammen gelesen ergeben die Buchstaben entweder einen Städte- oder Flussnamen, also den Ort meines Aufenthaltes in Russland.' Du siehst, Walter, Vater versucht sein Bestes, um mich zu informieren und um mich zu beruhigen. Doch nun zu dir Walter, was liegt dir auf dem Herzen? Erzähle!". Zögerlich sagte er dann zu mir: „Trudl, du kennst die Regeln, entweder du...". Da unterbrach ich ihn und sagte: „Ja, ich kenne sie. Ich schwöre deshalb vor Gott, dass ich über alles, was du erzählen wirst, schweigen werde wie ein Grab." Und da geschah etwas Merkwürdiges. Walters Gesicht wurde schneeweiß und Schweißperlen traten auf seine Stirn. „Oh Gott, Mutter", nuschelte er, „wie finde ich nur die passenden Worte. Der englische Sender BBC-London brachte als neueste Nachricht, dass die ganze sechste Armee von Stalingrad eingeschlossen und von der Außenwelt abgeschnitten ist. Weiter sagte der Sprecher, eine Kapitulation lehnten Hitler und sein Naziregime jedoch ab. Demnach würden, was einmalig in der Geschichte sei, tausende Soldaten einem Wahnsinnigen geopfert. Für das deutsche Volk wird Stalingrad eine Tragödie sein. Die Soldaten in Stalingrad sind, so schloss der Sprecher, eine verlorene, eine verratene Armee." Unsere Antwort auf die schreckliche Nachricht war Schweigen. Irgendwann fragte Mutter: „Wie viele Menschen sind eine Armee?". Walter zuckte mit den Schultern und sagte: „Ich weiß es nicht. Auf die Frage könnte uns Vater eine Antwort geben, aber ich als Zivilist, nicht." Einige Zeit später sagte Walter: „Der Krieg hat jetzt auch Ulm erreicht und steht nun auch vor unserer Haustür. Die Zahl der Angriffe auf die Stadt hat sich seit 1941 fast verdoppelt und viele Menschen haben deshalb schon auf grauenvolle Weise ihr Leben verloren. Sollten die Angriffe noch heftiger werden, bitte ich euch, Mary und Inge bei euch aufzunehmen. Der Zustimmung Vaters hierzu darfst du dir sicher sein. Seinerzeit in Ulm sagte er zu mir bei einer seiner Wehrübungen: „Walter, sollte einmal Gefahr für euer Leben bestehen, findet ihr jederzeit Aufnahme bei Mutter." Während Walter erzählte, nickte Mutter immer wieder und sagte, als er geendet hatte: „Walter, deiner Bitte steht nichts im Weg, wir rücken dann eben mehr zusammen." Anfang Dezember hielt der Winter seinen Einzug. Mit Schneefall, Schneegestöber und Schneesturm verwandelte er die ganze Landschaft in „Schwäbisch Sibirien". „So eine Saukälte!", schimpfte Mutter. „Wie soll ich nur die ganze Wohnung beheizen können bei um die zwanzig Grad Minus und der knappen Zuteilung von Holz und Kohle?". Der Grund für Mutters Schimpftirade waren geplatzte Rohre im Dienstmädchenklo. Als endlich ein Handwerker gefunden wurde, der auch diese Reparaturen beheben konnte, sagte dieser zu

Mutter: „Die gleiche Sauerei wird Ihnen auch noch im Bad passieren, wenn sie dort nicht ein wenig heizen." Schon im Herbst fing Mutter damit an nur noch den Herd in der Küche und sonntags auch den Ofen im Wohnzimmer zu heizen. Ihre Begründung war, das Heizmaterial sei so knapp bemessen, dass wir sparsam damit umgehen müssten. In die Betten legte Mutter deshalb meistens schon am frühen Abend, mit heißem Wasser gefüllte, kupferne Bettflaschen. Nachdem der Handwerker, Mutter auf die Folgen des Nichtheizens im Badezimmer aufmerksam gemacht hatte, heizte sie nun auch jeden Tag das Badezimmer mit ein paar Spächtele Holz und einigen Briketts. „Schipp und schipp!", schrie eines Sonntagmorgens jemand vor unserem Küchenfenster. Schnell kratzte Mutter an dem Fenster die Eisblumen weg um zu sehen, was auf der Gasse los sei. Nachdem sie eine Weile hinausgeschaut hatte, sagte sie: „Ich sehe einen Wachmann mit einem Trupp russischer Kriegsgefangener." Von den Gefangenen schippten einige den Schnee an den Wegesrand und andere schaufelten den Schnee zu einem Haufen zusammen. Beim Zurücktreten vom Fenster meinte sie: „Da haben wir aber heute Glück, dass andere für uns schippen." Einige Minuten später klingelte es an der Haustür. Es war Frau Grohe, die Mutter sprechen wollte. Die beiden Frauen tuschelten miteinander und gingen dann wieder auseinander. Nun lief Mutter in die Speisekammer und brachte von dort getrocknete Heilkräuter mit. Aus dem Kräutermix kochte sie Tee und schüttete ihn, als er fertig war, in unsere Milchkanne. Erstaunt fragte ich, für wen denn der Tee sei. „Ach der, der ist für den Wachmann zum Aufwärmen." Danach zog Mutter ihren schönen Grimmer-Mantel aus Schwäbisch Gmünd an, holte den Deckelhumpen von Herrn Diemter aus dem Wohnzimmerschrank, steckte unseren Süßstoff in ihre Manteltasche, nahm die Milchkanne und ging aus der Wohnung. Voller Neugierde blickte nun auch ich durch das Küchenfenster, um Mutters Auftritt zu sehen. An Stelle von Mutter erblickte ich Frau Grohe. In ihrem echten Persianerpelzmantel, mit passendem Hütchen und Muff, den Handschuhen und ihren hohen Stiefeln, war sie ganz die gnädige Frau oder besser gesagt, stand sie da, wie die Frau General und redete mit dem Bewacher der Gefangenen. Nun rückte Mutter in mein Blickfeld. Vor dem Wachmann blieb sie stehen und sagte etwas zu ihm. Danach füllte sie den Tee in den Humpen und reichte ihn dem Soldaten. Nachdem dieser den Humpen ausgetrunken hatte, gab er ihn Mutter zurück. Nun wandte sich Mutter um und reichte die Milchkanne und die anderen Utensilien an den ihr am nächsten stehenden Gefangenen. Oh Gott, oh Gott, betete ich vor mich hin, lass Mutters Tun bloß niemand sehen, sonst landet sie im Gefängnis.

Pellkartoffeln für die Gefangenen

Eines Morgens konnte ich wegen Schneeverwehungen im Gänsewag nicht zur Schule gehen. Ohne zu zögern machte ich kehrt und ging wieder nach Hause. Obwohl der Haustürschlüssel steckte, war von Mutter nichts zu sehen. Ich überlegte. War sie im Keller um Kohlen zu holen oder auf der Bühne um Wäsche abzuhängen? Ich entschied mich für ersteres. Auf dem Weg zum Kohlenkeller vernahm ich von der Waschküche her Gemurmel. Rasch ging ich in diese Richtung und öffnete die Türe. Erstarrt blieb ich stehen und ebenso erstarrt blickten mich mehrere Augenpaare an. Ohne Wachmann standen oder hockten russische Gefangene in dem Raum. Manche von ihnen verbanden sich auf Hockern ihre Füße mit Binden oder verpflasterten sie mit Hansaplast. Alle anderen standen bei Mutter und Frau Grohe, die soeben heiße Pellkartoffeln und Salz auf Teller legten und an die Herumstehenden verteilten. Mutter fasste sich als erste. „Trudl!", rief sie mir zu, „Geh nach oben, dort erkläre ich dir dann alles." Noch immer sprachlos ging ich von dannen. Mutters Erklärung lautete in etwa so: „Vater und Herr Grohe stehen an der russischen Front und könnten aus irgendeinem Grund auch in Gefangenschaft geraten. Um für sie das Schicksal gnädig zu stimmen, haben Frau Grohe und ich beschlossen, etwas Gutes für die russischen Gefangenen zu tun." Die Freundin von Frau Grohe wurde über unsere Gefangenenarbeit nicht eingeweiht, damit sie nicht in einen Gewissenskonflikt gerät. „Die Gründe, warum Frau Grohe und ich uns für die Gefangenen engagieren kennst du jetzt, aber verstehst du auch den Sinn?". Noch immer sprachlos, konnte ich nur nicken. Ich war ziemlich durcheinander. Fiel das Tun von Mutter und Frau Grohe nicht unter das Wehrzersetzungsgesetz? Und der Führer, was würde der wohl zu alledem sagen? Ich beschloss deshalb, mich aus dieser Sache herauszuhalten und mich nie mehr nach den Gefangenen zu erkundigen. Und doch dachte ich immer wieder an sie. Die Bilder von den geschundenen Füßen auf dem Hocker und die mageren Gestalten, die gierig die ungeschälten Kartoffeln verschlangen, ließen mich nicht mehr los, sie waren wie eingebrannt in meinen Kopf. Aber für Gefühle war in diesen Tagen kein Platz, über die durfte man nicht sprechen, doch denken konnte man ja trotzdem. Ich begann zu grübeln. Wer außer mir wusste noch von den Russen in der Waschküche und wer informierte die Frauen im Hause darüber, zu welchen Zeiten sie die Waschküche benutzen konnten und wann nicht? Schleierhaft war mir auch, wie Mutter und Frau Grohe die Gefangenen weiterhin mit Kartoffeln versorgen wollten. Von unseren Rationen allein konnten sie weder durchgefüttert, noch der Waschküchenkessel geheizt werden. Und der Wachmann, was wusste er von alledem? Durfte er weiterhin seine Brote in Frau Grohes Wohnzimmer verzehren und sie danach mit einem Cognac hinunterspülen? Wegen all dieser Fragen plagten mich hin und wieder Ängste um Mutter und Frau Grohe. Das „Was-wäre-wenn Gefühl", wie es mit mir weitergehen würde, versetzte mich in Schrecken. Um ja nichts Falsches zu sagen, schwieg ich immer mehr und wurde ein sehr ruhiges Kind. Je weniger ich sprach, umso mehr betete ich. Das Beten habe ich dann mein ganzes Leben beibehalten. Ich glaube, dass ich einen, vielleicht sogar mehrere, Schutzengel habe, die mich schon in vielen Situationen beschützt haben und es auch weiterhin tut werden. Ich bete, je nachdem was ansteht: für Wichtiges, ganz besonders Wichtiges und in tiefster Not. An die Mutter Gottes wende ich mich bei einer Stufe höher. Die, glaube ich, hat mir im Leben schon sehr wichtige Wünsche erfüllt. Und bei den ganz großen Dingen, da sage ich: Lieber Gott oder lieber Vater im Himmel, bewahre uns vor Krieg, Hungersnot, Verletzungen und schlimmen Krankheiten. Einen besonderen Heiligen habe ich auch. Es ist Antonius, Heiliger der Armen und Vergesslichen. Für mich war er schon für beides zuständig und hat mich meistens nicht enttäuscht. Eines Tages erzählte uns Frau Grohe die Gründe, weshalb ihre Freundin seit einiger Zeit bei ihr zu Gast sei. Die Arme wurde bei einem Bombenangriff verschüttet und leidet seitdem unter Angstattacken. „Als ich von ihrem Trauma erfuhr, bot ich ihr sofort meine Hilfe an. Ich ließ sie wissen, dass sie sich bei mir erholen kann. Sobald sie wieder die Kraft hat, ihr Leben neu zu ordnen, wird sie ins Ruhrgebiet zurückkehren." Nachdem ich die Geschichte von Frau Grohes Freundin verdaut hatte, verstand ich plötzlich auch deren skurriles Verhalten gegenüber den Menschen im Hause. Meistens lief die Frau mit schwarz verschmierten oder fettglänzenden Augen umher und redete nur, wenn jemand sie direkt ansprach. Ansonsten huschte sie, wie ein Schatten, durchs Haus. Die Freundin von Frau Grohe war also nicht plemplem, wie ich gedacht hatte, sondern nur verstört.

Ein Paar Ski

Anfang Dezember kam überraschend meine Cousine Hede aus Esslingen zu Besuch. „Ich bin auf Betteltour", sagte sie zu Mutter. „Der größte Wunsch meines Mädchens ist eine Puppe vom Christkind. In allen Geschäften hatte ich aber kein Glück und musste wieder unverrichteter Dinge nach Hause gehen. Meine letzte Hoffnung bist nun du, Tante Lina." Mit Tränen in den Augen fragte sie: „Könnte ich vielleicht ein Püppchen von Maria oder Trudl bekommen, damit Ingas Wunsch ans Christkind in Erfüllung geht?". „Ach Hede", erwiderte Mutter, „ich verstehe dich und deine Muttergefühle nur zu gut. Ich denke, obwohl jedes meiner Mädchen nur eine Puppe besitzt, dass es im Sinne von Maria ist, wenn ich dir ihre Puppe für Inga mitgebe." Danach holte Mutter Marias Puppe Helga mitsamt den für sie passenden Kleidchen und schenkte sie Hede. Noch bevor Hede ihr Köfferchen wieder schließen konnte, schleppte Mutter noch unsere ausgelesenen Kinderbücher und den dicken Grimms Märchen Wälzer herbei, um sie ebenfalls Hede mitzugeben. Beim Kaffeetrinken erzählte Hede Geschichten aus ihrem Fabrik-Alltag und auch, dass ihr Mann Bernhard weiterhin als vermisst galt. „Da bekanntlich die Hoffnung zuletzt stirbt, warte ich eben weiterhin auf ein Lebenszeichen von ihm." Beim Abschied bedankte sich Hede gerührt von Mutter und gegenseitig wünschten wir uns gesegnete Weihnachten. Für Vater ließ Hede, auch von ihren Eltern, ein gesundes Wiederkommen ausrichten. Kurz nach Hedes Besuch tauchte unser ehemaliges Dienstmädchen Anna auf. Sie sagte: „Ich bin auf der Suche nach einem Puppenwagen und einer Puppe für meine sechsjährige Nichte zu Weihnachten. Da alle meine Bemühungen, diese Sachen in einem Spielwarengeschäft zu kaufen gescheitert sind, kam ich auf die Idee, ihnen einen Tausch vorzuschlagen. Lebensmittel von unserem Hof, gegen einen Puppenwagen mit Puppe von Maria oder Trudl. Was meinen Sie zu meinem Vorschlag?". „Weißt du, Anna", erwiderte Mutter, „die Sachen gehören den Kindern, aber du kannst ja Trudl fragen, ob sie sich von ihren Sachen trennen kann." Mit ausgestreckten Armen und den Worten „Trudl, kann ich deine Puppe mitsamt dem Wagen für meine Nichte haben?", kam Anna auf mich zu. Ohne zu zögern sagte ich: „Ja, Anna." Erstens spielte ich kaum noch mit dem Puppenkram und, was noch wichtiger war, wollte ich unserer Anna, wenn sie in Nöten war, helfen. „Da die Sache nun geklärt ist", sagte Mutter, „trinken wir zusammen noch einen Kathreiner." Beim

Kaffeetrinken erkundigte sich Anna nach Vaters Gesundheit und ob er noch immer an der Ostfront sei. Danach erzählte sie, dass ihr Bruder, der Vater ihrer Sechsjährigen, seit ein paar Wochen in Stalingrad vermisst wird. „Seit dieser Zeit sind die Tage und Nächte nur noch voller Tränen", sagte Anna, wobei ihr selbst Tränen über das Gesicht liefen. Mutter nahm daraufhin ihre Hände und tröstete sie. „Du, Anna", sagte ich. „Ich habe bald Geburtstag und wünsche mir ein Paar Ski. Leider wird mein Wunsch auch dieses Jahr nur ein Traum bleiben, denn die Aussichten welche zu bekommen sind sehr mau." „Hör mal, Trudl", erwiderte Anna, „dieses Jahr wird dein Wunsch kein Traum bleiben, denn glücklicherweise stehen in unserem Schuppen neben dem Haus noch Ski von meinem Bruder und die kannst du haben." Voller Freude bedankte ich mich bei Anna. Und Mutter meinte mit der gerührten Freude einer Erwachsenen: „Oh Trudl, heute ist für dich ein Glückstag!". Danach sprachen Mutter und Anna über die Zunahme der Alarme, der Häufigkeit von Bombenangriffen und den immer mehr ausgebombten Menschen in den Städten. Plötzlich meinte Mutter: „Mir fällt gerade ein... ob vielleicht der Truppenübungsplatz das nächste Ziel der Bomber ist? Die vielen Truppenbewegungen darauf könnten doch das Interesse der Alliierten wecken, oder? Genug der Spekulationen, sie bringen uns nicht weiter. Für den Ernstfall kann ich nur insoweit vorbauen, indem ich dich bitte, Anna, einen Koffer mit Anziehsachen von meinem Mann und Trudls Bettzeug fürs Internat, das sie benötigt, wenn sie in diese Schule kommt, bei dir zuhause, aufzubewahren. Als Dankeschön für das Lagern der Sachen, würde ich dir für deine Nichte die große Puppenstube der Kinder schenken. Anna, was meinst du zu meinem Angebot?". Ohne zu zögern sagte sie: „Ich nehme es an. Sobald ich kann, bringe ich dir die Ski für Trudl und den Korb mit Lebensmitteln vorbei und nehme im Gegenzug die abgesprochenen Sachen mit." Anna hielt Wort. An meinem 11. Geburtstag durfte ich die heißersehnten Ski in Empfang nehmen. Anna hatte sie, zusammen mit dem versprochenen Korb voller Lebensmittel, auf einem Pferdeschlitten vorbeigebracht. „Ihr Koffer und das Bettzeug werden im Dachstuhl meiner Eltern untergebracht und bleiben dort solange, wie sie es wünschen", sagte Anna zu Mutter. Nach einem kurzen Plausch verabschiedete sich Anna mit Tränen in den Augen und zog mit dem Puppenkram und unseren Sachen wieder von dannen. Zum Mittag wünschte ich mir an diesem Tag mein Leibgericht, süßen Reisbrei mit Zimt und Apfelkompott. Von Maria erreichte mich ein liebevoll gestalteter Geburtstagsbrief, hingegen kam von Vater nichts, kein Lebenszeichen. Trauer und Verlustangst stiegen in mir hoch. War Vater tot? Als Mutter meinen Gesichtsausdruck bemerkte, meinte sie tröstend: „Ach weißt du, auf die Post ist heutzutage kein Verlass mehr, aber morgen ist ja auch noch ein Tag und dann sehen wir weiter." Unverhofft erschien am späten Nachmittag Walter. Beim Gratulieren zauberte er plötzlich aus einer selbstgemachten Tüte süßes Hefegebäck von Mary hervor. Die Zaubervorstellung war wunderschön und Mutter und ich lachten herzhaft darüber. Nach dem Vesper nahm Walter meine neuen Ski in Augenschein. Als er sie geprüft hatte, sagte er: „Also Trudl, da musst du aber noch feste wachsen, denn die Bretter sind mindestens vierzig Zentimeter zu lang für dich." Nach kurzem Schweigen meinte er jedoch: „Ach was, besser diese als gar keine Ski. Den Berg hinunter kommst du allemal und wie du mit den langen Brettern den Berg hinaufsteigen kannst, zeige ich dir nachher vor dem Hauseingang." Als nächstes begann er alle Lederriemen an dem Ski zu lösen, stellte Marias zu klein gewordene Lederstiefel auf die Brettel und richtete die Bindung und die Lederriemen auf die Schuhe ein. Da meine Füße noch zu klein für Marias Stiefel waren, schnitt Mutter ein Paar Sohlen aus Papier aus und legte sie in das Innere der Schuhe. Walter kommentierte Mutters neues Werk so: „Schau mal, Trudl, wie perfekt alles geworden ist." Jede freie Minute übte ich nun auf dem Hang hinter unserem Haus. Maria hatte mir zwar auf ihren Ski schon ein bisschen fahren beigebracht, doch mit den langen Brettern landete ich oft im Schnee oder purzelte den Hang hinunter. Beim Stürzen dachte ich jedes Mal: bloß kein Skisalat!

Eine Dose Fliegerschokolade

In den Weihnachtsferien fuhr Maria mit mir auf den gegenüberliegenden Berg, der Heck. „Hier lernst du besser Skifahren als hinter dem Haus", sagte Maria. Meine Schwester war eine geduldige und gute Lehrerin, außerdem amüsierten wir uns köstlich miteinander. Im Laufe der Zeit bewältigte ich Dank ihrer Hilfe auch den Berg hinter der Heck. Wedeln, wie es heute modern ist, konnten wir beide damals noch nicht. Unsere Devise hieß: Schuss fahren. Die Berge wieder zu erklimmen war eine schweißtreibende Angelegenheit. Am Ende eines Skinachmittages klebten an den Beinen unserer Trainingshosen Eisbollen und unsere Körper waren immer klitschnass.

Sobald auch noch die Lederstiefel anfingen zu quietschen, hieß es: schleunigst nach Hause fahren und umziehen. Kurz vor Weihnachten erreichte uns ein Brief von Vater, in dem er uns mitteilte, dass er zur Zeit in einem Feldlazarett liegen würde. „Meine Verwundung ist nichts Lebensgefährliches, aber vielleicht reicht sie ja für einen Heimaturlaub." Als Walter von Vaters Verwundung erfuhr, meinte er: „Gott sei Dank konnte er noch rechtzeitig in ein Lazarett gebracht werden." Frau Grohes Freundin reiste noch kurz vor Weihnachten Hals über Kopf ab, denn ihr Mann hatte Heimat-, beziehungsweise Weihnachtsurlaub bekommen. Daraufhin lud Mutter Frau Grohe zum Heiligen Abend ein. In meiner Erinnerung lief der 24. Dezember 1942 wie immer ab. Zuerst erzählte Mutter die Weihnachtsgeschichte, danach sangen wir verschiedene Weihnachtslieder und nach dem „Stille-Nacht"-Lied stand Mutter auf, um die Bescherung vorzunehmen. Neben dem Tannenbaum stand unser Gabentisch, auf dem die Geschenke mit Namen versehen unter einer weißen Tischdecke lagen. Die schönsten Geschenke sind mir im Gedächtnis geblieben. Mutter bekam von Maria ein gehäkeltes Bettjäckchen und von mir selbst gestrickte Bettschuhe. Maria erhielt ein Paar neue Lederskistiefel in Größe vierzig und ich eine neue Trainingshose. Das i-Tüpfelchen auf Marias und meinem Platz war je eine Dose Fliegerschokolade von Frau Grohe. Vor unserem Kirchgang am ersten Weihnachtsmorgen hörte ich im Hauseingang Kindergeschrei. Schnell rutschte ich auf dem Geländer nach unten, um zu sehen, ob etwas passiert war. Das Gegenteil war der Fall. Die kleineren Kinder des Hauses spielten miteinander und quietschten laut vor Freude. Sie hatten vom Christkind Pferdchen, Panjewägelchen und Puppenbettchen bekommen. Später erzählte uns Mutter, die russischen Gefangenen haben die Spielsachen als Dank für das Essen in der Waschküche fabriziert. Bei den Worten von Mutter fielen mir viele Steine vom Herzen und meine Ängste um sie waren weg. Alle im Hause hatten von den Russen in der Waschküche gewusst und alle waren beteiligt gewesen an der Beschaffung von Kartoffeln oder Ähnlichem. Das Wunderbarste an der Sache war jedoch, dass keiner von der Hausgemeinschaft zum Verräter geworden war.

Vater muss nach Frankreich

Kurz nach Weihnachten überraschte uns Mutter mit einer Neuigkeit. Der Bewacher der gefangenen Russen habe Frau Grohe erzählt, dass es derzeit in seiner Umgebung viele Gerüchte geben würde über einen gefangenen russischen General. Dem häufigsten Gerücht nach soll er mit den russischen Kriegsgefangenen eine Armee aufstellen wollen und mit ihnen anschließend gegen die Bolschewiken kämpfen. „Kinder", sagte Mutter, „stellt euch mal diese Sauerei vor! Nun sollen die russischen Gefangenen auch noch gegen ihre eigenen Landsleute kämpfen. Erst müssen sie ‚freiwillig' in den Krieg ziehen, dann gehen sie ‚freiwillig' in Gefangenschaft, um sich demütigen und schlagen zu lassen, und zum Schluss müssen sie auch noch ‚freiwillig' Kanonenfutter sein." Mutter hielt einen Moment inne. Dann murmelt sie: „So eine makabre Idee kann auch nur ein lebensfremder General haben." In Onkels Alfons Brief zu Weihnachten teilte er uns unter anderem mit, dass er zum ersten Mal von seiner Schwägerin, die einst in Krakau gelebt hat und noch kurz vor Kriegsbeginn mit der ganzen Familie nach Schweden ausgewandert war, eine Nachricht erhalten hätte. Ihrem Schreiben nach haben sie sich in ihrer neuen Heimat gut eingelebt. Auf unsere Frage, wer denn diese Verwandte sei, antwortete Mutter: „Das ist die Schwester eurer Tante Hedwig aus Esslingen. Sie hat vor vielen Jahren einen reichen polnischen Pelzhändler aus Krakau geheiratet und hat zwei Mädchen im Alter von Hilde und Hede. Den Grund für ihre Ausreise nach Schweden erkläre ich euch ein anderes Mal", sagte Mutter. Anfang 1943 erhielten wir eine Postkarte von Vater mit der Mitteilung: „Bin auf dem Weg zu euch! Gruß, Vater." Mitte Januar, als ich von der Schule kam, saßen Mutter und Vater gemeinsam im Wohnzimmer und unterhielten sich. Zögernd ging ich auf meinen Vater zu, brachte aber vor Aufregung kaum ein Wort hervor. Mein Vater kam mir sehr verändert und fremd vor. Wahrscheinlich liegt es daran, beruhigte ich mich, dass er so dünn geworden war. Als Mutter Walter von Vaters Ankunft berichtete, sagte dieser sofort: „Ich beantrage Urlaub und komme so schnell wie möglich vorbei!". In den nächsten Tagen nickte Vater immer wieder für kurze Zeit ein und nachts hörte ich ihn manchmal im Gang auf und ab laufen oder leise mit Mutter sprechen. Als ich Mutter auf Vaters Herumtigern ansprach, meinte sie: „Keine Sorge, Trudl, es ist nur sein Tagesrhythmus, der gestört ist. Bei einem unserer Gespräche sagte er zu mir: ‚Weißt du, Lina, an der Front bist du permanent Gefährdungen ausgesetzt und deshalb musst du nicht nur am Tage, sondern auch bei Nacht hellwach sein. Der Iwan lauert nämlich überall und auch nur die kleinste Unkonzentriertheit bedeutet meistens den Tod.' Walter hatte Urlaub bekommen und

111

konnte nun ein paar Tage mit uns verbringen. Seine Anwesenheit tat Vater gut und ließ ihn richtig aufblühen. Als ich irgendwann an diesen Tagen von der Schule nach Hause kam, gab es zwar kein Mittagessen, dafür aber eine große Überraschung. Wie ich den Wortfetzen von Mutter und Walter entnehmen konnte, hatte Vater völlig unerwartet einen neuen Marschbefehl erhalten und der hieß „Frankreich". Der Befehl lautete: Neuer Einsatzort Angers/Nordfrankreich. In den beigefügten Papieren waren das Datum und das neue Tätigkeitsfeld beschrieben. Vater war zum Stadtkommandanten und Führungsoffizier der Stadt Anger ernannt worden. Die Freude von Mutter und Walter war riesig. Sie sagten zu Vater: „Gott sei Dank musst du nach dem Urlaub nicht wieder zurück nach Russland!". Ich erwartete nun, dass Vater ebenfalls seine Freude über seine Versetzung laut kund tun würde, doch stattdessen sagte er fast beschämt: „Mein Gott, womit habe ich das verdient?". „Ach, Vater", erwiderte Walter, „das hat doch nichts mit Verdienst zu tun, es ist das Schicksal und das hat entschieden." Am Tage bevor Walters Urlaub zu Ende ging, fragte er Vater: „Soll ich den englischen Sender einschalten, um Neues von den Kriegsschauplätzen zu erfahren?". Vater nickte, worauf Walter die Frequenz des Geheimsenders einstellte. In meiner Erinnerung begann der Sender immer mit einem dumpfen bum-bum-bum-Ton. Danach sagte eine tiefe Bassstimme: „Hier spricht BBC-London." An diesem Tag, dem 2. Februar, begannen die Nachrichten mit: „Stalingrad Massengrab" und wieder und wieder, „Stalingrad Massengrab". Danach sagte die Grabesstimme ungefähr Folgendes: „Die deutsche 6. Armee existiert nicht mehr. Stalingrad ist wieder in russischer Hand. Generaloberst Paulus hat die Übergabe unterzeichnet. Alle noch lebenden Soldaten haben sich ergeben und sind in Gefangenschaft gegangen." „Was?!", sagte Vater, und dann passierte für mich etwas Unglaubliches. Mein Vater weinte und alle weinten wir mit. Mutter fasste sich als erste und sagte in die Stille hinein: „Nun hat sich die Tragödie von Napoleons Krieg in Russland wiederholt, nur dass die Toten andere sind." Weder im Radio, noch in unserer Tageszeitung, dem Alb-Boten, erfuhr man etwas von oder über Stalingrad. Die Toten wurden einfach totgeschwiegen. Vater begann sich zu erholen. Beigetragen zu seiner Kräftigung hatte auch unsere Metzgersfrau, Frau Hudelmaier. Ohne Fleischmarken und Geld gab sie mir beim Einkaufen meistens eine extra Tüte mit Fleischstücken oder Würstchen für Vater mit. Vater zeigte nun auch mehr Interesse an uns und seinem Umfeld. An manchen Tagen unterhielt er sich auch mit Frau Grohe und erkundigte sich nach ihrem Mann oder unterhielt sich mit den Mitbewohnern des Hauses. Abends spielten wir öfter zusammen Binokel, ein Kartenspiel, oder redeten über Gott und die Welt. Wir sprachen über mein Ausgegrenztsein in der Schule und über mein neues Lieblingsfach, Geschichte. Ich erzählte Vater von Marias Internatsleben und von ihrem Wunsch, einmal Ärztin zu werden. „Marias Wahl finde ich sehr gut", erwiderte Vater darauf, „denn Ärzte braucht man immer." Die schönen Stunden mit Vater vergingen wie im Fluge und schon bald hieß es wieder: Abschied nehmen. Walter wünschte Vater telefonisch Gottes Segen und eine gesunde Heimkehr. Zuletzt meinte er noch, an der Westfront scheine es momentan ruhig zu sein, man könne fast sagen: „Im Westen nichts Neues".

Das Küchenbuffet

Läusealarm in der Schule. Nachdem ich dauernd an meinem Kopf herumkratzte, stellte Mutter bei mir Kopfläuse und Nissen in den Haaren fest. Da es in der Apotheke Klümper in Münsingen kein Läusepulver mehr gab, schmierte Mutter mir Petroleum auf den Kopf, um das Ungeziefer zu töten. Mit einem Handtuch, das Mutter zu einem Turban gewickelt hatte, lief ich ungefähr eine Woche lang im Haus herum, danach waren alle Läuse tot und die Nissen geknackt. Mutters Bruder Jakob teilte uns mit, dass seine Gretel an Krebs gestorben sei. Die Beerdigung fände voraussichtlich in drei Tagen statt. Mutter ließ ihren Bruder Philipp wissen, dass sie mit mir zur Beisetzung kommen würde, er uns am Bahnhof abholen möge, und auch Jakob über unsere Ankunft Bescheid geben soll. Am Bahnhof Frankenthal wartete bereits Onkel Philipp mit dem Taxi und fuhr mit uns zu Tante Odile. Von hier aus gingen wir gemeinsam in das Trauerhaus. Als alles für die Beerdigung besprochen war, meinte Onkel Jakob, Mutter könnte sich nun noch von Gretel verabschieden. Mutter ging auf das Sterbezimmer zu. Da ergriff eine mir unbekannte Frau meine Hand und zog mich ebenfalls in diese Richtung. Als Mutter mich plötzlich neben sich sah, sagte sie zu der Frau: „Das Kind bleibt draußen, es hat noch nie eine Leiche gesehen und so soll es auch bleiben." Die Frau blieb sprachlos stehen und ich stand nur stumm daneben. Auf einmal öffnete sich kurz die Tür des Sterbezimmers und ich erhaschte einen Blick auf das Totenbett. Da lag sie, die Tante, und bleckte die Zähne. Ich erschauderte. Auch noch Jahre später, wenn Angehörige von ihren Verwandten sprachen, schoss mir das Bild der toten Tante Gretel mit den bleckenden Zähnen durch den Kopf. Zurück vom Beileidsbesuch begrüßte uns im Hause von Tante Odile und Onkel Philipp ihr Hund. Da meine Verwandten kinderlos waren, war die schwarze Schäfermischlingshündin ihr Ein und Alles. Die Hündin hieß, wie auch alle früheren Hunde von ihnen, Hex oder Hexl. Nach dem Abendbrot sagte Onkel Philipp: „Ich mache für die Dauer eures Aufenthaltes Nachtfahrten, damit ihr Frauen genügend Zeit habt um zu quatschen." Vor dem zu Bette gehen, gab uns Tante Odile noch Instruktionen, falls es Fliegeralarm geben würde. In der Nacht heulten dann tatsächlich die Sirenen und wir rannten zusammen in den Schutzraum. Dort angekommen erzählte Tante Odile, dass das Haus einst den Freimaurern gehört hat und der Raum, in dem wir saßen, einmal deren Loge war. Zu Beginn des Luftkrieges hat man die Loge dann zum Luftschutzkeller umfunktioniert. Gerade als ich fragen wollte, was eine Loge ist und wer die Freimaurer seien, hörte ich schrilles Pfeifen und das Fundament des Kellers fing an zu wackeln. Voller Schreck klammerte ich mich an Mutter, worauf sie ihren Arm um mich legte. Verängstigt, wie ich war, vernahm ich trotzdem das Tun der anderen Menschen. Da hörte ich, wie Erwachsene aus vollem Halse schrien, andere hysterisch kreischten oder laut schluchzten und andere, die ein Vaterunser nach dem anderen beteten. Zu letzteren gehörten Mutter und Tante Odile. Irgendwann kam ein Luftschutzwart herein und schrie: „Gleich ist es vorbei, gleich ist es vorbei!". Darauf schrie eine Frau zurück: „Du weißt doch so wenig wie wir hier, also mach die Platte!". Als endlich der langgezogene Sirenenton die Entwarnung verkündigte, durften wir den Luftschutzkeller verlassen und die Stunden der Anspannung ließen nach. Draußen erwarteten uns jedoch die Hölle, das biblische Sodom und Gomorra. Häuser brannten lichterloh, herabgestürzte Gebäudetrümmer blockierten brennende Straßen und dazwischen rannten brennende Menschen wie Fackeln umher. „Oh Gott, oh Gott", schrie Tante Odile, „sie haben wieder Phosphorbomben geworfen. Schnell, lauft schnell zu unserem Haus!" Und wir rannten wie die Hasen über brennende Straßen hinweg in Richtung Haus. Haus? Von den Häusern standen nur noch Gerippe da und zwischen dem Schutt kokelte noch Feuer und alles stank fürchterlich. Auf dem Trümmerfeld stolperte bereits mit seinem Krüppelbein Onkel Philipp herum und schrie immer wieder: „Hexl! Hexilein!" Nun rannte auch die Tante auf den Schutthaufen zu und schrie ebenfalls nach dem Hund.

Vergebens. Hexl existierte nicht mehr. Plötzlich rief Mutter den beiden zu: „Hallo, seht mal, da steht doch euer Küchenbüffet!". Und tatsächlich, wie ein einsamer Baum in der Wüste stand das alte Büffet, umgeben von Schutt und Trümmern. „Oh Trudl", sagte Mutter, „ein kleines Wunder." Irgendwann kamen meine Verwandten zurück. Der Onkel war knallrot im Gesicht und rief laut Verwünschungen aus und verfluchte Gott – Tante Odile, Mutter und ich, hielten den Atem an. Nach einer Weile fragte die Tante: „Philipp, wo sollen wir nun hingehen?". „Zu Jakob natürlich, mal sehen ob er noch lebt." Auf der Fahrt zum Trauerhaus erzählte Onkel Philipp: „Meine Zentrale hat mich informiert, dass die Altstadt bombardiert worden sei und es dort brennen würde. Daraufhin verließ ich sofort meinen Taxistand, um nach Hexl zu sehen." Als ich hörte, dass wir wieder in das Haus mit der toten Tante fuhren, krampfte sich mein Magen zusammen, aber was sollte ich tun? Der Onkel lebte noch und sein Haus war fast unversehrt, nur das Sterbezimmer war durch eine Bombe leicht beschädigt worden. „Was ist mit Gretel?", fragte Tante Odile. „Sie ist nicht mehr im Haus", antwortete Onkel Jakob, „ihre Verwandten kamen nach der Entwarnung vorbei, um sich zu erkundigen, ob ich noch leben und das Haus noch stehen würde. Als sie das beschädigte Zimmer sahen, meinten sie, aus hygienischen Gründen müssten sie Gretel nachher ins Krematorium bringen. Wann allerdings die Urnenbestattung sein wird, weiß noch niemand. Jedenfalls kamen nach kurzer Zeit Gretels Geschwister mit einem geliehenen Pritschenwagen, legten sie darauf, und fuhren sie weg." Mit zittriger Stimme fuhr er fort: „Seit Gretels Tod habe ich zwar viel durchgemacht, aber was heute Nacht geschehen ist, ist unvorstellbar. Da mussten andere Menschen viel Unbeschreiblicheres und Schrecklicheres erleben, als ich. Im Nachhinein kann ich sagen, ich hatte verdammt viel Glück, dass mir nichts passiert ist. Das Schicksal hat es gnädig mit mir gemeint. Doch nun zu euch, wie erging es euch?". Daraufhin erzählte Onkel Philipp von seinem Unglück. Spontan schlug daraufhin Onkel Jakob vor: „Ihr könnt bei mir wohnen, bis die Stadt euch eine Unterkunft zuteilt." Mutter meinte: „Nachdem die Beerdigung nun ausfällt, fahren wir am besten wieder heim. Also, Philipp, kannst du uns zum Bahnhof bringen?". „Natürlich, Lina, aber zuerst muss ich noch bei meiner Zentrale vorbeifahren und die Geschehnisse der Nacht melden." Als er wieder zurückkam, verabschiedeten wir uns von den noch immer verstörten Verwandten. Danach fuhr uns Onkel Philipp zum Bahnhof nach Mannheim. Unterwegs sagte er: „Heute sind auf jeden Fall die besseren Bahnverbindungen von Mannheim als von Frankenthal aus." Und wir hatten Glück. Onkel Philipp ergatterte in einem Schnellzug nach Mühlacker noch zwei Sitzplätze für uns, sodass wir nicht im Gang stehen mussten. Die Bahnfahrt verlief ohne Zwischenfälle. Der Fahrplan bis Münsingen lautete: Schnellzug von Mannheim nach Mühlacker, Eilzug von Mühlacker nach Stuttgart, Personenzug von Stuttgart nach Reutlingen, Schwäbische-Alb-Bahn von Reutlingen nach Münsingen. Nach unserer Ankunft in Münsingen gingen wir zu Fuß in Richtung Auingen. Auf halber Strecke waren wir so kaputt, dass wir die letzten Kilometer nur noch so dahin schlichen. Zu Hause angekommen, fielen wir völlig erschöpft in unsere Betten. In den folgenden Nächten träumte ich immer wieder von brennenden Menschen, die ihre Zähne bleckten, wie Tante Gretel.

Vaters Brief aus Angers

In den nächsten Wochen schickte Mutter viele Pakete an unsere ausgebombten Verwandten. Meistens enthielten sie Alltägliches, wie Handtücher, Besteck und Bettwäsche. An Onkel Philipp schickte sie allerlei Sachen aus Vaters Garderobe. Mit unseren Textilmarken kaufte Mutter Stoff, um für Tante Odile Kleiderschürzen und Nachthemden nähen zu können. Als ich wegen der Textilmarken meckerte und sagte „Nun können wir ja für uns nichts mehr kaufen!", meinte Mutter nur: „Teilen mit denen, die nichts haben, ist unsere Christenpflicht." Erfreuliche Nachricht von Vater. Er schrieb, dass er gut angekommen sei und sich mit jedem Tag besser fühle. Eine Villa, in der auch schon sein Vorgänger gewohnt hatte, war nun sein neues Zuhause. Der ihm zugeteilte Dolmetscher erzählte ihm auf dem Weg zur Besichtigung der Villa folgende Geschichte: „Nach der Einnahme und der Besetzung von Angers durch die deutschen Truppen, wurden die Seidenfabrik und die Villa des Fabrikanten Maution beschlagnahmt. Die Villa wurde als Wohnsitz für den Stadtkommandanten ausgewählt und in der ehemaligen Seidenfabrik werden nun unter deutscher Aufsicht, Fallschirme hergestellt. Die ehemaligen Besitzer der Villa dürfen jedoch mit einer Genehmigung der Kommandantur die Gästezimmer im oberen Stock bewohnen." Nachdem Vater die Luxusvilla besichtigt und das Ehepaar Maution kennen gelernt hatte, sagte er zu dem Dolmetscher, er möge den Herrschaften ausrichten, dass die Villa auch während seiner Dienstzeit in Anger, beschlagnahmt bleiben würde. Als einzelne Person benötige er jedoch nicht das Gros der Villa, sondern nur einen kleinen Teil davon. Aus zweckdienlichen Gründen habe er sich entschlossen, die beiden nebeneinander liegenden Zimmer mit Bad und Balkon im oberen Stock zu nehmen. Alle anderen Räume der Villa stünden den Herrschaften während seiner Dienstzeit wieder zur Verfügung. Seine persönlichen Sachen bringen im Laufe des Tages sein Ordonanz und sein Fahrer vorbei und er selbst werde ab heute Abend offiziell da wohnen. „Mit einer angedeuteten Verbeugung und einem Monsieur et Madame verließ ich anschließend den Raum. Weißt du, Lina", schrieb Vater weiter, „für die französische Familie ist es sicher nicht einfach, mit ihrem Feind unter einem Dach zu leben, aber auch nicht für mich." „Bei meiner Ankunft in Anger wurde ich von Kameraden im Kasino vor französischen Zivilisten gewarnt. Für viele von ihnen sind wir noch immer das Böse in Person. Oftmals gehören scheinbar freundliche Franzosen der Resistance an. Viele von diesen Unschuldsgesichtern hätten aber nur eines im Sinn: Den Deutschen durch Sabotage zu schaden. Ich erwiderte, dass es diese Kriegsnebenschauplätze leider immer wieder gäbe." „Um mich braucht ihr euch aber nicht sorgen, denn ich verhalte mich vorsichtig und kenne aus Russland, was Sabotage bedeutet. Im Osten spricht man von den Akteuren des Widerstands als ‚die Partisanen und die Flintenweiber', aber im Grunde wollen alle das Gleiche." „Meine Tage sind ausgelastet mit sehr viel Arbeit. Abends höre ich Radio mit den neuesten Nachrichten. Zur Entspannung lese ich und gehe nach dem Lied von Lili Marleen zu Bett. An einem Freiluftgottesdienst nahm ich auch schon teil. Die Messe hielt ein von Ort zu Ort reisender Militärgeistlicher. Während der Messe dankte ich Gott für meine Genesung und auch für mein Dasein in Angers."

Mary und Inge ziehen ein

Nur wenige Wochen nach Vaters Brief sind Adamers bei uns im Vorlager eingezogen. Für ein Leben bei und mit uns gab es verschiedene Gründe. Der wichtigste Grund war: Die vermehrten Bombenangriffe auf Ulm. Die anderen Gründe waren die angekündigte Dienstverpflichtung von Mary in einer Munitionsfabrik und die bevorstehende Schulpflicht von Inge. All diese Ängste und Sorgen führten schließlich dazu, auf das Angebot der Eltern zurückzukommen, bei Gefahren jeglicher Art bei uns wohnen zu können. Nachdem die Zimmerfrage mit Mutter geklärt war, modellierte Mary unser Kinderschlafzimmer nach ihrem Geschmack um. Als sie mit ihrem Werk zufrieden war, stand dem Einzug nichts mehr im Wege. Von da an war unsere Wohnung auch die ihrige. Walter selbst arbeitete und schlief die Woche über weiterhin in Ulm, verbrachte aber die Wochenenden bei uns. Meine und Marias Schlafstätte war nun das Bett von Vater im Elternschlafzimmer. „Bei einem unverhofften Urlaub von Vater müsst ihr eben auf dem Sofa im Spielzimmer vorlieb nehmen", sagte Mutter. Mary erledigte auf den Ämtern den nötigen Papierkram und erhielt die wichtige Zuzugsgenehmigung für das Alte Lager auf dem Bürgermeisteramt Gutsbezirk. Ebenfalls bekam sie auf dem Schulamt in Münsingen die Genehmigung, dass Inge die Volksschule in Auingen besuchen dürfe. Während Mary auf den Ämtern herumlief, war Mutter unterwegs, um für sie eine kriegswichtige Betätigung zu finden. Bei Mary löste nämlich allein schon der Gedanke, in der Munitionsfabrik arbeiten zu müssen, hysterisches Weinen aus. Dank Mutters Überredungskunst stellten die Kinobesitzer Schwarz Mary als Kartenabreißerin ein. Einige Zeit später erzählte Mary: „Seit immer mehr Truppen den Übungsplatz bevölkern und das Kino für die Soldaten die einzige Abwechslung weit und breit ist, sind alle Vorstellungen proppenvoll. Herr und Frau Schwarz versichern mir fast täglich, wie froh sie seien, mich eingestellt zu haben." Nach Inges Einschulung ging ich mit ihr jeden Tag, wie einst mit Maria, zur Schule, als seien wir Geschwister.

Die italienischen Soldaten

Auf dem Truppenübungsplatz wurde die Mussolini-treue Gebirgsdivision Monte Rosa aufgestellt und fronttüchtig gemacht. Wie es hieß, sollten unsere Verbündeten den deutschen Truppen in Italien zur Seite stehen. Bedienstete des Übungsplatzes erzählten im Bäckerladen, dass auch die Gebirgsjäger nach Ende ihrer Übungen, wie zuvor auch schon deutsche Einheiten, vom Alten Lager aus an der Bevölkerung vorüberziehen würden. An einem sonnigen und warmen Frühlingstag wurde die Geschichte mit den Italienern wahr. Viele Erwachsene nutzten das schöne Wetter, um im Garten zu arbeiten und die Kinder, um im Freien zu spielen. Plötzlich riefen Kinder vom Gehweg her: „Die Itaker kommen!". Unsere Soldaten winkten uns beim Vorüberziehen und Abschiednehmen immer zu oder schmetterten Marschlieder, doch bei den Italienern war das Abschiednehmen ein Spektakel. Sie kamen mit Federbüschen an Hüten und tänzelnd daher, warfen den am Straßenrand stehenden Menschen Kusshändchen zu und riefen: „Ciao, Bambino, Signora, Signorina, Mama!", und die neben den Soldaten herlaufenden Kinder schrien begeistert die gleichen Worte, so wie sie diese verstanden hatten, den Soldaten wieder zu. Heraus kamen Worte, wie: „Schau, Bimbo, Bambi, Bimbi...!", und Ähnliches. Grenzenloses Lachen auf allen Seiten. Zwischen den Gebirgsjägern und der Bevölkerung gab es keinen traurigen Abschied, vielmehr war es ein Aufwiedersehen unter Freunden. Das Gerücht, das der freundliche Bewacher der russischen Gefangenen an Weihnachten Frau Grohe erzählt hatte, wurde im Mai 1943 wahr. Nach dem Abzug der Monte Rosa Truppe begannen wieder Schießübungen auf dem Übungsgelände, unüberhörbar durch Abschüsse und Einschläge. Dieses Mal waren es ehemalige russische Kriegsgefangene, die auf dem Übungsplatz kriegstüchtig gemacht und zu einer Armee zusammengestellt wurden. Es hieß, dass der in deutsche Gefangenschaft geratene russische General Wlassow mit dieser Armee im eigenen Land gegen die Bolschewiken kämpfen würde. Die Wlassow-Armee war geboren. Neues von Tante Odile. Sie schrieb: „Seit kurzem wohnen wir in der Kanalstrasse in Frankenthal. Die Stadt wies uns dort eine Ein-Zimmer-Wohnung zu. Sie gehört zu einer kleinen Siedlung, die einst der reiche Zuckerfabrikant von Frankenthal für seine Arbeiter erbauen ließ. Heute dient diese Siedlung vielen Ausgebombten als Notunterkunft. Zum Einzug in unser neues Zuhause, schenkte uns Jakob sein komplettes Schlafzimmer. Von den Brandflecken und Abnutzungserscheinungen sieht man kaum noch etwas, denn Jakob hat das Schlafzimmer nach dem Angriff wieder aufgemöbelt. Er selbst schläft seit Gretels Tod auf dem Kanapee im Wohnzimmer. Das größte Kleinod in der neuen Wohnung ist unser altes Küchenbuffet, das dem Bombenhagel getrotzt hat. Eine weitere Überraschung erlebten wir bei der Abholung des Buffets. Als wir die Scherben aus ihm herauskippten, entdeckten wir noch vier unversehrte Eierbecher. Es sind welche von meinem Geschirr, das ich einst zur Hochzeit geschenkt bekommen hatte. Beim Anblick der kleinen Poussin-Becherchen, mussten Philipp und ich weinen." „Uns geht es den entsprechend Umständen gut. Wegen seines, im Ersten Weltkrieg zerschossenen Beines, muss Philipp auch weiterhin nicht zur Wehrmacht. Auch Jakob wird wegen seiner kaputten Lunge nicht eingezogen. Sein Arzt hat ihm gesagt, die Beschwerden seien Nachwehen von dem verwendeten Chlorgas im vergangenen Weltkrieg."

Fräulein Wulle aus Berlin

Frau Grohe bekam unverhofft Besuch aus Berlin. Ihre Schwester, Fräulein Wulle, hatte die mehrtägige Bahnfahrt auf sich genommen, um ihr den Tod der Eltern mitzuteilen. Nachdem Mutter und ich die Eltern ebenfalls gekannt hatten, wurden wir zum Gedenken an sie eingeladen. Anschließend erzählte Fräulein Wulle, dass sie die schwierige Reise nur deshalb unternommen hätte, um sich bei ihrer Schwester ausweinen zu können. „Nachdem mein Verlobter in Stalingrad gefallen ist und nun auch noch unsere Eltern durch Bomben umgekommen sind, ist sie nun der einzig vertraute Mensch, der mir geblieben ist. Als Balsam für die Seele hilft da nur ein gegenseitiges Trösten." Nach kurzer Pause erzählte sie weiter. „Der Tag, an dem meine Eltern starben, fing ganz normal an. Ich fuhr, wie immer, mit der Tram zur Arbeit. Gegen Mittag hieß es im Radio: ‚Bombengeschwader im Anflug!' Kurz darauf folgte auch schon der Luftalarm und alles rannte so schnell wie möglich in den nächsten Bunker. Kaum dort angekommen, fielen die ersten Bomben. Einige Zeit später kam die zweite Angriffswelle und vor lauter Angst zitterten und bebten wir alle. Das einzige und einfachste Mittel, diese enorme Anspannung zu lösen, war: Nähe. Und so nahmen sich fremde Menschen einfach in die Arme. Es war wie ein Zeichen, als ob sich die Menschen gegenseitig versichern wollten, dass sie noch lebten. Nervlich angespannt warteten wir auf die Sirenen der Entwarnung. Als man endlich den erlösenden Ton vernahm, stapften alle mit wackligen Beinen aus dem Bunker. Die Bunkerdecke hatte gehalten und wir waren mit dem Leben davon gekommen." Noch immer brannten Häuser lichterloh. Die Straße war von Gebäudetrümmern blockiert, der Asphalt aufgeweicht und auf ihm lagen Menschen zusammengeschrumpft, wie Puppen. Ich band mir wieder mein nasses Tuch vor Mund und Nase – Vorschrift des Luftschutzes – und entfernte mich rasch vom Bunker. Endlich nach Hause zu kommen war der einzige Gedanke, der mich beherrschte. Wie in Trance lief ich an Bombenkratern vorbei, um zur Trambahnhaltestelle zu kommen. Aber die Straßen waren bis zur Unkenntlichkeit zerstört worden. Anhand von alten Aushängen erahnte ich den richtigen Weg und rannte nach Hause. Aber auch hier sah ich nur Trümmer und Zerstörung. Die Hoffnung, meine Eltern könnten überlebt haben, schwand dahin. Ich gesellte mich nun zu der Gruppe von Menschen, die versuchte die Trümmer vor dem Bunkereingang mit bloßen Händen wegzuräumen. Nach vieler Arbeit war es so weit. Die Tür des Bunkers war aufgebrochen und wir konnten hineintreten. Es war ein trauriger Anblick der sich uns bot. Alle Menschen waren tot. Erstickt. Unter den Toten befanden sich auch meine Eltern. Nach und nach eilten immer mehr Menschen herbei, um zu helfen. Als sie jedoch hörten, dass es keine Überlebenden mehr gab, meinten sie, die Toten, die keine Angehörigen mehr haben, würden wahrscheinlich in einem Massengrab beigesetzt. Eine Frau sagte darauf: „Es gibt einen Friedhof am Rande der Stadt, der noch nicht zerstört ist, vielleicht kann man dort Tote beerdigen." Darauf bot mir ein Mann aus der Helfergruppe seinen Pritschenwagen an. Mit Hilfe einiger Menschen wurden anschließend die Leichen meiner Eltern auf das Vehikel gelegt, sodass ich mit dem Karren zum besagten Friedhof ziehen konnte. Kein Pfarrer stand mit an dem ausgebuddelten Loch, als ein Arbeiter des Friedhofamtes und ich meine Eltern vergruben. Um das Grab wiederzufinden, legte ich einen größeren Stein und ein Kreuz aus Ästen und ihrer Anschrift darauf. Nachdem die Formalitäten im Büro des Friedhofamtes erledigt waren, schlief ich vor Müdigkeit auf dem Bürostuhl ein. Beim Erwachen drang das Entsetzliche der vergangenen Stunden erst richtig in mein Bewusstsein ein. Nichts war mir mehr geblieben, meine Eltern tot und alles was ich hatte trug ich am Leib. Das nächste Ziel war deshalb das Amt für Bombengeschädigte und Ausgebombte. Als auf dem Amt alle Formalitäten erledigt waren, erhielt ich außer einer neuen Lebensmittelkarte und etwas Bargeld auch eine Wohnraum-bescheinigung für ein Zimmer mit Küchenbenutzung. „Ihre neue Unterkunft liegt nun im Westen von Berlin und die Vermieterin ist eine ältere Dame", sagte das nette Fräulein. Leider müsse sie mir noch mitteilen, dass die Firma, in der ich gearbeitet hatte, nicht mehr existieren würde. "Die betrieblichen Belange der Beschäftigten werden deshalb bis auf Weiteres von uns aus bearbeitet. Die hierfür zuständigen Mitarbeiterinnen befinden sich im Erdgeschoß." Um meinen restlichen Urlaub genehmigt zu bekommen, reihte ich mich im Erdgeschoß in die Schlange der Wartenden ein. Als ich endlich meinen Urlaubsschein in den Händen hielt, heulte ich los. Nur wer einmal alles verloren hat, der weiß eine offizielle Adresse und Bescheinigungen zu schätzen. Nachdem ich auch den langen Weg zu meiner neuen Vermieterin hinter mich gebracht hatte, ging ich zum nächsten noch funktionierenden Bahnhof und kaufte einen Fahrschein nach Münsingen. Alles, woran ich noch denken konnte, war, weg von der Reichshauptstadt und hin zu meiner

Schwester. Der Zug war übervoll. An manchen Abschnitten mussten alle aussteigen, da es keine befahrbaren Schienen mehr gab oder Tiefflieger den Zug beschossen hatten. Aber irgendwie ging es immer wieder weiter. Die ganze Reise erlebte ich wie eine Marionette. Dass ich gesund bei meiner Schwester angekommen bin, verdanke ich wohl ‚Dem da oben'. Für die Zeit ihres Aufenthaltes hatte Mutter Fräulein Wulle ihre Nähmaschine geliehen, damit sie sich von älteren Kleidern ihrer Schwester neue nähen konnte. Nach ihrer Abreise hofften wir alle, dass sie wieder heil in Berlin ankommen und von Bombenangriffen verschont bleiben würde.

Tante Marie ist zu Besuch

Seit einiger Zeit steht auf den Streichholzschachteln: „Feind hört mit" und über Hauswänden schleicht neuerdings der schwarze Kohlenklau. Zeitgleich wurden an öffentlichen Gebäuden Plakate angeklebt mit der Aufschrift: „Räder müssen rollen für den Sieg". Propagandaminister Goebbels propagiert den totalen Krieg. Durch die vorausgegangene Parole "Wollt ihr den totalen Krieg", konnte er in diesem Sinne handeln. Hitler verkündete im Radio: „Wunderwaffen werden die Kriegswende und damit den totalen Endsieg bringen." Mitte des Jahres hörten wir im englischen Sender: „Bei Salerno im Süden Italiens sind amerikanische Verbände gelandet. Der Sturm der Alliierten auf die Festung Europa hat begonnen." Zunächst herrschte bei uns erschrockene Stille, bis Mutter sagte: „Ach, deshalb sind die Monte Rosa Soldaten hier noch einmal so richtig gedrillt worden." Walter kommentierte es so: „Die Tragödien nehmen zu – Stalingrad, Afrika, Italien – mit dem Krieg geht es bergab." Inge war selig. Sie hatte Freundinnen gefunden, Rosemarie und Evelyn Harter. Sie verstanden sich prächtig, denn alle drei waren richtige Puppenmuttis. Guten Gewissens konnte ich nun wieder öfters mit Siegfried und Erich herumtollen. Eines Tages, als ich von der Schule kam, saß Tante Marie mit Mutter im Wohnzimmer. Sie war auf Hamstertour. Beim Mittagessen erzählte sie uns Neues von sich, ihrer Familie und ihrem Kriegsalltag in Stuttgart. „Seit der Einberufung von Edward nach Kiel gab es bei uns auch noch weitere Veränderungen. Meine Martha und ihr Bräutigam ließen sich standesamtlich trauen, bevor ihr Mann nach Russland gehen musste. Gleich nach seinem ersten Fronteinsatz ist er dann gefallen. Die Todesnachricht hatte uns alle sehr bewegt." Nach wie vor arbeitete Martha bei Breuninger in der

Bettenabteilung, seit kurzem sogar als Substitutin. Weiter erzähle Tante Marie: „Mein Albert hat ebenfalls standesamtlich geheiratet, ein Kindlein war unterwegs. Wegen der Knappheit an Wohnraum nahm ich sie bei mir auf und überließ ihnen den oberen Stock. Nun bin ich seit einigen Monaten Großmutter und habe einen Enkel, Albert Junior. Das Albertle ist ein liebes Kind und sieht seinem Vater sehr ähnlich. Großes Glück hat das Kind, dass sein Vater nicht wie andere Väter in den Krieg ziehen muss und zuhause bleiben kann. Mein Albert ist nämlich auch, wie euer Walter, vom Kriegsdienst befreit worden. Sein Vater ist ebenfalls im Ersten Weltkrieg gefallen, ist arischer Abstammung und auch der letzte Spross seiner Sippe, den Hummels." „Mein Jüngster wird zur Zeit zum Fähnrich ausgebildet. Seine ganze Abiturklasse hat sich freiwillig zur Wehrmacht gemeldet, um beim Endsieg dabei zu sein. Ich selbst arbeite seit Anfang des Krieges stundenweise als ehrenamtliche Helferin bei der NS-Frauenschaft, wobei ich Eintopfsonntage organisiere oder mich für das Winterhilfswerk engagiere. Als mein Hans für kriegstauglich befunden worden war, wollte auch ich meinen Beitrag zum Wohle des Volkes leisten. Da meine Schwiegertochter und ich uns nicht ganz grün sind, hatte ich keine Lust mit ihr zuhause herum zu hocken und mit ihr zu streiten. Kurz entschlossen teilte ich meiner Frauenschaftsführerin mit, dass sie mich nun auch ganztägig einsetzen könnte. Mein neuer Arbeitsbereich ist nun die Bahnhofsmission. Die Aufgaben dort sind sehr vielseitig und auch sehr wichtig." „Um uns Stuttgartern Angst zu machen haben kürzlich feindliche Flugzeuge Flugblätter mit dem Aufdruck „Stuttgart im Loch, wir finden euch doch" abgeworfen, doch wir Stuttgarter lassen uns von den Yankees und Tommys nicht unterkriegen." Danach redete Tante Marie wie Goebbels im Radio. Mutter und Mary ließen sie reden, lobten jedoch ihr Engagement bei der Bahnhofsmission.

Russisches Theater und Unterricht im Keller

Wenn im Alten Lager von der Russenbaracke geredet wurde, dann verbanden die Menschen damit konkret die Baracke hinter unserem Haus. Sie war kurzfristig für ehemalige russische Frontschauspieler aufgestellt worden. Die Schauspieler waren alle der deutschen Sprache mächtig und sollten nun auch für deutsche Soldaten, sowie vor den russischen Truppen, ihre gleichen Stücke aufführen. Manchmal schauten wir Kindern den Russen bei den Proben zu und waren von dem Geschehen richtig fasziniert. Von dem oberen Teil unserer Wiese konnten wir alles gut beobachten und auch verstehen. Bald darauf lernten wir die Theaterleute auch persönlich kennen und fanden sie sehr nett. Zwischen ihnen und uns entstand sogar nach und nach eine Art Freundschaft. Der Regisseur hieß Sascha und der zuständige für die Kulissen, Micha. Das Ensemble bestand aus dem sehr großen Boris Winogradow, einem ehemaligen Theaterschauspieler aus Leningrad, der schönen blonden Wanda, ihrem Ehemann Boris und zwei Polinnen als Nebendarstellerinnen. Um die beiden männlichen Schauspieler gleichen Namens auseinander halten zu können, nannten wir Kinder sie der Einfachheit halber „großer" und „kleiner Boris". Eines Tages sagte Mutter am Mittagstisch: „Heute früh wurden unsere und Frau Grohes Dienstmädchenkammern beschlagnahmt. Der Bedienstete der Heeresstandortverwaltung meinte, als er den Beschlagnahmebescheid vorwies, wegen der allgemeinen Verknappung von Wohnraum müssten eben auch solche Opfer gebracht werden." Schulferien. Endlich war meine Schwester wieder zuhause. Ich hatte sie sehr vermisst und genoss ihre Anwesenheit umso mehr. Maria hatte eine neue Frisur. Anstelle ihrer Zöpfe trug sie nun die Haare offen in einem selbst gehäkelten Haarnetz. „Sehr schick", sagte Mary und wir alle nickten mit dem Kopf und sahen sie bewundernd an. Mit Spannung warteten wir auf die Neuigkeiten, die Maria uns zu berichten hatte. Als erstes zeigte sie uns mit großem Stolz ihr erstes erworbenes Reichssportabzeichen mit der dazugehörigen Siegerurkunde. Danach erzählte sie: „Kürzlich behandelten wir in Rassenkunde den Unterschied von nordischen und slawischen Schädeln. Als zum Vergleich auch unsere Köpfe vermessen wurden, brüllten wir vor Lachen. Riesig gefreut habe ich mich, als meine Musiklehrerin mir beim Zeugnisvorsingen gesagt hat, dass meine Stimme recht gut geworden sei und ich nun bei der zweiten Stimme mitsingen dürfe. Ähnlich war es beim Vorspielen im Blockflötenunterricht. Auch hier durfte ich nach meiner guten Note in der Singgruppe die Flötistinnen mit der Altflöte begleiten." „Die betrübliche Nachricht ist, dass unser Unterricht seit Wochen im Schulkeller stattfindet. Als die Überflüge und die gelegentlichen Bombenabwürfe der Amerikaner bei Tag und die der Briten bei Nacht immer häufiger geworden sind, war kein normaler Unterricht mehr möglich. Seither ist der Spurt in den Keller unsere tägliche Sportstunde." Anschließend erzählte Maria noch kleine Schwänke vom Internatsleben. Wenige Tage später wandte sich Maria mit der Bitte an Mutter, ihr dieses

Jahr zum Geburtstag eine BDM-Uniform zu schenken. „Eine Uniform?", fragte Mutter erstaunt. „Aber wozu?". „Nun, das ,Wozu' hängt mit dem Erreichen meines vierzehnten Lebensjahres zusammen", erwiderte Maria. „Sobald nämlich ein Jungmädel vierzehn Jahre alt ist, kommt es zum BDM, dem Bund der Deutschen Mädel. An Führers Geburtstag, den Eintopfsonntagen oder beim Sammeln für das Winterhilfswerk, ist dann das Tragen der Uniform Pflicht."

Ängste

Die Ereignisse in Frankenthal hatten mich noch immer fest im Griff. Sobald aus dem Radio die Meldung kam „Achtung, Bomber im Anflug!", oder sich durch das markdurchdringende Jaulen der Sirenen der Alarm ankündigte, kamen meine Ängste von damals wieder hoch. Dabei vermischten sich Bildbrocken von Tante Gretels Zähnen mit dem Inferno der Nacht. Meine Ängste gab ich niemandem preis, denn ich wollte ja nicht als Memme gelten. Meine Meinung änderte sich erst, als Maria in den Ferien zuhause war. Nach der Entwarnung eines nächtlichen Alarms vertraute ich mich ihr an. Am Ende meiner Geschichte sagte sie: „Aber Trudl, nachdem was du erlebt und gesehen hast, sind deine Ängste doch ganz normal. Auch ich und meine Schulfreundinnen haben Angst, wenn wir im Keller hocken und unter uns der Boden oder neben uns die Wände wackeln. Die meisten von uns beten dann lautlos vor sich hin, doch offen zugeben, dass sie beten, würde keine von ihnen." Um das Verhalten der Mädchen zu verstehen muss man wissen, dass im Dritten Reich viele Atheisten das Sagen hatten und das hauptsächlich in den Städten. Personen, die zur Kirche gingen und an Gott glaubten, wurden dagegen oft gehänselt oder verspottet. Nun zu Tante Gretels Gesichtsausdruck auf dem Totenbett. Meiner Meinung nach ist es bei den Toten so, wie bei den Lebenden. Nicht alle Menschen sind schön und deshalb können auch nicht alle Toten schön aussehen. Als Maria geendet hatte, verschwanden meine größten Ängste. Ich sagte ihr, dass sie nicht nur die liebste Schwester der Welt wäre, sondern auch die gescheiteste.

Cousine Hede

Irgendwann hatten sich die Fahrpläne der Bahn geändert. Durch diese Umstellung konnten nun auch öfters Zivilisten Züge benutzen. An einem der darauffolgenden Wochenenden bekamen wir Besuch von unserer Cousine Hede aus Esslingen. „Ich komme hoffentlich nicht ungelegen", meinte sie, nachdem wir sie begrüßt hatten. Mit einem „Aber nein, überhaupt nicht", wiesen wir ihre Bedenken zurück. Später erfuhren wir den wahren Grund ihres spontanen Besuches. Ehekrieg zwischen den Eheleuten Glaser. „Seit dem Tag, als meine Schwester mit ihren beiden Jungs bei meinen Eltern eingetroffen ist, dreht sich dort alles nur noch um Scheidung. Betroffen von dem Ehedrama waren vor allem meine Mutter und die Kinder. Sie mussten sich ab dem Frühstück bis hin zum Abendbrot immer wieder Hildes hysterisches Heulen und Jammern anhören. Da mein Vater und ich tagsüber bei der Arbeit sind, konnten wir sie nur in den Abendstunden entlasten. Eines Morgens kippte meine Mutter jedoch plötzlich um. Der herbeigerufene Arzt stellte einen Herzanfall fest und verordnete ihr Bettruhe." „Damit die Münchner nicht wieder zurückfahren mussten, zog ich mit Inga zu meinen Schwiegereltern. Hilde kann nun meine Wohnung benutzen, bis ihre Kinder wieder in die Schule gehen müssen. Nachdem ich, seit Bernhard vermisst wird, in der Dachwohnung meiner Eltern kostenfrei wohnen darf und meine Mutter, als ich dienstverpflichtet wurde, auch Inga versorgt hat, sah ich es als meine Pflicht an, nun auch meiner Schwester beizustehen. Um sich abzulenken kann sie sich nun auch um unsere Mutter, das Essen und die Einkäufe kümmern oder sich mit ehemaligen Freundinnen treffen. Damit Jürgen und Dieter zuhause nicht nur herumhocken müssen, kaufte ich ihnen Eintrittskarten für den Killesberg und den Stuttgarter Zoo." „Nach dem Kollaps meiner Mutter nahm ich Urlaub. Nun hatte ich Zeit, mich Inga zu widmen und Hilde bei der Pflege meiner Mutter beizustehen. Ihr geht es in der Zwischenzeit wieder so gut, dass wir uns um sie keine Sorgen mehr machen müssen. Inga hat sich gut bei meinen Schwiegereltern eingelebt und geniest es sehr, sich von ihnen verwöhnen zu lassen." „Mit den Münchnern war ich einige Male im Kino. Anschließend quatschten wir noch viel miteinander und ich erfuhr dabei noch Einzelheiten über das Familiendrama." Hede erzählte, dass das Ende ihrer Ehe mit Platzmangel anfing. Ihren Erzählungen zu Folge sagte sie eines Morgens beim Frühstück: „Walter, unsere kleine Dreizimmerwohnung platzt bald aus allen Fugen! Schau dich doch einmal nach einer größeren um." Aber statt sich um eine größere Wohnung zu kümmern, kaufte er einen Bauplatz. Den Kaufvertrag legte er uns mit den Worten vor: „Auf diesem Grundstück baue ich ein Haus für uns und dann hat der Platzmangel ein Ende." Kurz nach dem Grundstückkauf ging es mit der Karriere von Walter steil nach oben. Sein Terminkalender wurde voller und voller und von einem baldigen Hausbau war kaum noch die Rede. Natürlich hatten wir uns alle über den Karrieresprung von Walter gefreut und zeigten auch viel Verständnis für seine viele Arbeit, aber wo blieb das versprochene Haus? Utopia ließ grüßen." „Walter verlangte von mir die Scheidung, zog von zuhause aus und bei seiner Freundin ein. Nach der Fertigstellung des Hauses wird er nun mit seiner Freundin dort einziehen. Als Walter bei mir ausgezogen war, fuhren wir drei hierher. Vater hat einen Anwalt gefunden, was in der heutigen Zeit gar nicht so einfach ist, der ab nun meine Interessen gegenüber Walter vertreten wird." Am Ende ihrer Geschichte sagte Hede mit Tränen in den Augen: „Ach, dass meine Ehe einmal so enden würde, hätte ich nie gedacht. Von meinem Bernhard gibt es immer noch nichts Neues zu berichten, er gilt auch weiterhin als vermisst. Inga kann sich an ihren Vater kaum noch erinnern, aber trotzdem betet sie täglich für ihn. Die gute Nachricht ist, wir sind, seit die Münchner bei uns wohnen, von den Bomben verschont worden." Bald darauf musste sich Hede wieder verabschieden. Nach unzähligen Umarmungen ging sie von dannen.

Hiobsbotschaften

Meine Schwester war eine fleißige Briefschreiberin, wovon auch mein Vater profitierte. Jede Woche schrieb sie ihm einen Brief, den ich in den Ferien auch immer lesen durfte. Ich hingegen wusste überhaupt nicht, was ich schreiben sollte. Zwar vermisste ich meinen Vater auch, aber er war mir irgendwie fremd geworden. Ich begnügte mich deshalb meistens mit ein paar belanglosen Zeilen. Die neuen Bewohner der Dienstmädchenkammern stellten sich vor. Es waren ehemalige russische Offiziere der Roten Armee: Major Klarbach, Leutnant Willy und Franziska. Sie sprachen sehr gut deutsch, waren stets freundlich und fügten sich gut in unsere Hausgemeinschaft ein. Aufgrund ihrer Deutschkenntnisse fungierten sie auf dem Truppenübungsplatz als Dolmetscher. Hiobsbotschaft: Tränenüberströmt las uns Frau Grohe einige Passagen aus dem Brief ihrer Schwester vor: „Meine liebe Grete, ich bin schon wieder ausgebombt worden. Dank des gut ausgestatteten Bunkers sprang ich dem Tod von der Schippe. Meine neue Unterkunft ist nun ein Zimmer in der Wohnung einer älteren, alleinstehenden Dame. Ich stelle mir nun die Frage, ob ich mich hier überhaupt einleben soll oder nicht. Ach Grete, unser schönes Berlin, du kannst dir keine Vorstellung davon machen, wie es hier aussieht." Mary erfuhr beim Einkaufen, dass englische Bomberverbände Hamburg in Schutt und Asche gelegt haben. Tante Kreszenzia schrieb, dass ihr Vitus gemustert worden war und nun zum Panzerfahrer ausgebildet wird. „Über das ganze militärische Trara sind wir sehr unglücklich. Serafin sagte, dass die da oben jetzt sogar schon unsere Buben in den Krieg schicken, was für ein Graus!".

Haferschleim und Salzkartoffeln

In diesem Jahr war der Sommer besonders schön, sodass Maria oft mit mir ins Freibad ging. Obwohl wir jedes Mal bis ans Ortsende von Münsingen laufen mussten, genossen wir die gemeinsamen Tage sehr. Für die Einheimischen war das Schwimmbad ein Grottenloch, aber für uns Kinder war es ein Stück vom Paradies. Niemand nahm Anstoß daran, wenn ABC-Schützen in Schlüpfern auf der holprigen Wiese herumtollten oder Mädchen in geliehenen, zu großen oder zu weiten Badeanzügen ihre ersten Schwimmversuche machten. Den älteren Schülern bereitete auch das Ringtennisspielen auf der Wiese viel Vergnügen. Um die Mittagszeit aß man das mitgebrachte Vesper oder kaufte sich an der Kasse für zwei Brotmarken zwei Brezeln. Der Sommer 1943 ist Maria und mir im Gedächtnis geblieben, denn es waren die letzten unbeschwerten Ferien unserer Kindheit. Kaum hatte der Unterricht in der Schule wieder begonnen, wurde ich sehr krank. Doktor Gräter, unser Hausarzt, diagnostizierte: schwere Gelbsucht. Ab sofort hatte ich strikte Bettruhe und durfte nur noch bestimmte Lebensmittel essen. In meiner Erinnerung aß ich jeden Tag Haferschleimsuppe oder Salzkartoffeln mit Karotten. Um den Durst zu löschen gab es leider keine Limonade, sondern nur Kamillen- oder Pfefferminztee. Als ich nach etlichen Wochen das Bett wieder verlassen durfte, war ich heilfroh. Der englische Sender berichtete, dass die amerikanischen Verbände in den italienischen Abruzzen die Schlacht um Montecassino gewonnen hätten. Bei den schweren Kämpfen soll es auf beiden Seiten schwere Verluste gegeben haben. Neuigkeiten von Maria. Unsere Kä hat beim letzten Apell über die aktuelle Lage der Nation gesprochen. Der Tenor lautete: "Der Mensch ist nicht nur ein Einzelwesen, sondern zugleich Glied einer Gemeinschaft." Bla, bla, bla! Gegen Ende der Aussprache sagte sie noch, wegen der Dauer des Krieges sei nun auch die Jugend gefordert. „Alle Mädchen und Jungen, die bis zum Ende des Jahres das vierzehnte Lebensjahr vollendet haben, werden im nächsten Jahr zu speziellen Einsätzen herangezogen. Die Mädchen können beispielsweise Hilfsdienste in Krankenhäusern verrichten und für Jungen besteht die Möglichkeit, sich zum Luftwaffenhelfer ausbilden zu lassen. Beide Geschlechter können sich aber auch zu Ernteeinsätzen melden.“ Im nächsten Brief schrieb Maria: „Nachdem ich im September vierzehn Jahre alt werde, würde mich der Alltag in einem Krankenhaus brennend interessieren. Bei Strohmanns habe ich ja schon öfters beim Einbringen der Ernte mitgeholfen. Aus vorgenannten Grund bitte ich dich Mutter, unseren Hausarzt Dr. Gräter zu fragen, der ja zugleich auch Chefarzt vom Krankenhaus Münsingen und dem Lazarett im Alten Lager ist, ob ich in den Kartoffelferien bei ihm im Lazarett Hilfsdienste verrichten dürfte.“ Seine Antwort fiel positiv für Maria aus. Im Radio verkündete der Führer: "Wunderwaffen und fliegende Raketen werden die Kriegswende, den totalen Endsieg, bringen. Die Bezeichnung der Wunderwaffen sind die V-1 und die V-2.“

Strohsterne

Für Maria war die Zeit im Lazarett etwas ganz Besonderes. Abends erzählte sie uns immer das Neueste vom Tage, so auch von verwundeten Soldaten, die sie angehimmelt hatten. Noch Jahre später schwärmte sie von diesen Ferienwochen im Lazarett. Sie blieben ein Kleinod in ihrem Leben. Als die Ferien zu Ende waren, kehrte Maria ins Internat zurück. Nach ihrer Ankunft teilte sie uns mit: „Während meiner Abwesenheit wurde der Schultrakt des Internats fast weggebombt. Der Unterricht wird nun in zwei Schichten im Keller erteilt. Die einen Schülerinnen gehen vormittags, die anderen nachmittags zum Unterricht. Angesicht dieser desolaten Lage sucht unsere Direktorin nach einem adäquaten Gebäude im süddeutschen Raum. Eher ländlich sollte die neue Umgebung des Internates sein. Die Meinung der Kä ist: „Großstädte sind das Ziel der Bomber und nicht Dörfer.“ An den Nachmittagen der Jungmädchen sangen wir weiterhin „Unsere Fahne flattert uns voran, unsere Fahne ist mehr als der Tod“ oder das Englandlied "Bomben auf England“. Als ich diese Lieder auch zu Hause sang, sagte Mutter: „So ein Quatsch, eine Fahne ist doch nicht mehr, als der Tod eines Menschen und beim Englandlied solltest du an Frankenthal denken. Die Menschen in England haben genau soviel Angst um ihr Leben, wie die Menschen in Deutschland." Von einem auf den nächsten Tag war Frau Grohe sehr krank und musste das Bett hüten. Mutter bat unseren Hausarzt zu kommen und sie zu untersuchen. Seine Diagnose lautete: Nervenzusammenbruch. Mutter pflegte daraufhin Frau Grohe und nahm ihre Hündin Inta mitsamt ihrem Körbchen mit in unsere Wohnung. Am Abend überlegte Mutter laut: „Was mag da wohl zwischen vorgestern und gestern passiert sein, dass es Frau Grohe so umgehauen hat?". Den Grund hierfür erfuhr Mutter einige Wochen später. Herr Grohe hatte von seiner Frau die Scheidung verlangt, um eine junge Rotkreuzschwester heiraten zu können. Als die Herbstbestellung beendet war, hielt auch schon der Winter seinen Einzug und aus der rauen schwäbischen Alb wurde wieder schwäbisch Sibirien. Die Adventszeit kam. In der Küche buk Mary die Plätzchen, die Inge ausgestochen hatte, in der Essdiele band Mutter aus Tannengrün einen Adventskranz und ich bügelte im Wohnzimmer Strohsterne platt, zerschnitt sie und nähte sie zu Sternen zusammen, so, wie ich es von Maria gelernt hatte. Ich sang alte und neue Weihnachtslieder, bis das Stroh verarbeitet war. Anschließend schmückte ich den Hausflur und das Wohnzimmer mit den gebastelten Sternen. Der erste Adventsonntag konnte kommen.

Eine Klampfe zum Geburtstag

An meinen Geburtstag 1943 erinnere ich mich sehr gut, denn er war für lange Zeit mein schönster. Von Adamers bekam ich meine erste Kinokarte, von Maria ein gehäkeltes Haarnetz, von Mutter ein Paar dunkelbraune Lederskistiefel und von Vater eine Gitarre. Mein erster Kinofilm hieß „Der weiße Traum". Der Hauptdarsteller des Films war der damals sehr bekannte Wolf Albach Retty, der Vater von Romy Schubert, die Jahre später mit den Filmen Sissi ungemein berühmt wurde. Ich fand den Eisrevuefilm so schön, dass Mutter mir erlaubte, ihn ein zweites Mal anzusehen. Das Haarnetz hatte ich mir von Maria zum Geburtstag gewünscht, um die gleiche Frisur zu haben, wie sie. Meine neuen Lederstiefel waren für mich die schönsten der Welt. Sie passten mir nicht nur wie angegossen, sondern sahen mit ihren Messingbeschlägen an den Seiten wunderschön aus. Möglich war der Kauf der Stiefel nur geworden, weil Marias Füße nicht weiter gewachsen waren und Mutter deshalb meinen Schuhbezugsschein auch für mich verwenden konnte. Über die Gitarre von Vater war ich eher erstaunt als erfreut. Was sollte ich denn mit einer Klampfe? In seinem beigefügten Geburtstagsbrief meinte Vater, ich sollte, wie Maria, ein Instrument lernen dürfen und eine Gitarre würde sicher gut zu mir passen.

Vaters Geschichte

Wenige Tage vor Weihnachten verscherbelte Mutter unseren Kaufladen gegen Lebensmittel. Die Tauschpartnerin hieß Eibe und war eine Tochter des reichen Kommissbrotfabrikanten Hellstern. An den noch verbleibenden Vorweihnachtstagen backten Mutter und Mary nun nochmals, wie sie sagten, richtiges Weihnachtsgebäck und Vorkriegs-Christstollen. Dieses Mal nahmen sie aber die alten Maße und Rezepte. Nicht wie zum 1. Advent, als sie für das Weihnachtsgebäck statt der vorgeschriebenen Eier, Milch oder Wasser, statt Zucker, Süßstoff und an Stelle von Butter, Margarine und Magermilch genommen hatten. Als Mutter und Mary mit der Weihnachtsbäckerei fertig waren, duftete die ganze Wohnung nach Anis, Honig und Haselnüssen. Heilig Abend verbrachten Frau Grohe und ihre Hündin Inta bei uns. Als Weihnachtsgeschenk bekam Inta ein Saitenwürstle und ein Schleifchen fürs Halsband. Frau Grohe erhielt eine Kristallschale gefüllt mit selbstgebackenen Weihnachtsleckereien. Von dem Heiligen Abend, der Bescherung, sind mir nur die Geschenke von Vater im Gedächtnis geblieben. Walter bekam eine Rolle Salzbutter aus der Normandie und wir anderen Familienmitglieder erhielten je einen Knirps und ein wunderschönes seidenes Halstuch, auch Foulard genannt. Nach der Bescherung sind bei uns allen Tränen der Rührung geflossen, einschließlich bei Frau Grohe. Anfang 1944 kam Vater auf Heimaturlaub. Die Wiedersehensfreude war auf beiden Seiten riesengroß. Getrübt wurde die Freude nur, als Vater sagte, dieser Urlaub würde wohl für lange Zeit der letzte sein. „Meine Auszeit von Russland geht zu Ende und Angers wird bald einen anderen Stadtkommandanten bekommen. Laut meinen Vorgesetzten soll ich noch vor meiner Rückkehr nach Russland zum Major befördert werden. Keine Beförderung und dafür in Angers zu bleiben wäre mir lieber – aber, aber." Vater und Walter redeten in diesen Tagen viel miteinander. Der Dreh- und Angelpunkt war jedoch immer der Krieg in all seinen Facetten. Einmal sagte Walter zu Vater: „Falls du wieder nach Russland zurückkehren musst, dann sei bloß kein Held, denn die leben nicht lange." „Auf den Heldentrick falle ich nicht rein", erwiderte Vater, „ich bin doch kein Grünschnabel mehr, ich bin doch eine alte Frontsau." Kurz bevor Vaters Urlaub zu Ende ging, erzählte er uns noch eine unglaubliche Geschichte. „Wie ihr wisst, ist es verboten, zwischen Kriegsgefangenen und Zwangsarbeitern, sowie zwischen deutschen Truppen und der Bevölkerung eines eroberten Landes zu fraternisieren. Zuwiderhandlungen werden mit drakonischen Strafen belegt. Bis vor wenigen Monaten hatte ich mich strikt an das Gesetz und die Anweisungen gegenüber der französischen Bevölkerung gehalten, doch plötzlich kam alles anders. Eines Abends baten mich die Mautions, das heißt, sie baten den Herrn Kommandanten, um ein Gespräch. Eigentlich hätte ich das Gespräch sofort abbrechen müssen, stattdessen fragte ich, worum es denn ginge. Daraufhin entgegnete Madame Maution in einem einwandfreien Deutsch: ‚Um eine extraordinäre Sache, die wir besser im Herrenzimmer besprechen sollten, als hier im Entree.' Lina', so hat Vater in meiner Erinnerung zu Mutter gesagt, „du kannst dir nicht vorstellen, warum Herr Maution mich, seinen Feind, unbedingt sprechen wollte. Um sein Tun zu verstehen, musst du wissen, dass Herr Maution für viele Menschen in Angers auch heute noch ihr Patron ist. Vor dem Krieg arbeiteten oft ganze Familien in seiner Seidentuchfabrik, und hatten sie familiäre Sorgen oder finanzielle Probleme, baten sie ihren Patron um Rat oder Hilfe. In dieser Hinsicht hat sich für die einfachen Menschen hier auch durch den Krieg nichts geändert." „Herr Maution erzählte mir, dass vergangene Woche ehemalige Arbeiterinnen bei ihm gewesen waren und ihn angefleht hatten, ihnen zu helfen. Ihre sechzehn- und siebzehnjährigen Söhne sollen demnächst, so hätte man ihnen unter vorgehaltener Hand angedeutet, nach Deutschland deportiert werden. Die jungen Burschen kämen in das deutsche Ruhrgebiet, um als Zwangsarbeiter in der Eisen- und Stahlindustrie Schwerstarbeiten zu verrichten. Nachdem die Frauen durch den Krieg viel Leid erfahren hatten, geriet einer in Gefangenschaft. In einer anderen Familie galt der Ehemann und Vater von kleinen Kindern als vermisst, während in den anderen Familien die Männer als Krüppel nach Hause kamen. Nun hatten natürlich die Mütter der jungen Männer Angst gehabt, sie könnten auch noch ihre Söhne durch Zwangsarbeit in Deutschland verlieren. Um den verzweifelten Frauen Mut zu machen, hatte Herr Maution ihnen versprochen, den Herrn Stadtkommandanten persönlich um Hilfe zu bitten. Mit den Worten ‚Herr Kommandant, Sie sind der einzige Mensch, der den Frauen und ihren Söhnen weiterhelfen kann', überreichte mir Herr

Maution ein Kuvert mit den persönlichen Daten der jungen Burschen und eine Art eidesstattliche Versicherung der Erwachsenen, dass ihre Söhne bisher noch auf keiner offiziellen Transportliste stehen würden." „Nachdem ich das Kuvert in Empfang genommen hatte, sagte ich zu Herrn Maution, was er sich von mir erhoffte, sei utopisch. Die für die Deportationen angefertigten Listen ist Gestapo-Terrain oder Sache der SS, also brandgefährlich. Ob ich ihnen, beziehungsweise den Frauen, helfen konnte, wusste ich noch nicht, aber ich wollte Herrn Maution demnächst Bescheid geben. Warum nur hatte ich das Gespräch mit den Mautions nicht einfach abgebrochen? Mein Ärger über mich war riesengroß. Drei Tage lang überlegte ich, dann beschloss ich, den Frauen und ihren Söhnen zu helfen. Dank meiner Situation als Stadtkommandant war es mir möglich, die jungen Burschen als Hilfskräfte im Krankenhaus unterzubringen." Nachdem Vater mit seiner Geschichte zu Ende war, sagte er etwas Seltsames: „Manchmal denke ich, dass Gott mich von Russland nach Frankreich geschickt hat, um die jungen Franzosen vor der Deportation nach Deutschland zu retten."

Der großgewachsene Willi

Auch für Maria gingen die Ferien zu Ende. Am Vorabend ihrer Rückreise nach Markgröningen sagte sie: „Hoffentlich müssen wir bei Fliegeralarm nicht wieder stundenlang im Keller herumsitzen und frieren." Nach dem Feiertag der heiligen drei Könige waren auch die Ferien für Inge und mich vorbei. Am ersten Schultag nach den Ferien fuhren wir, obwohl es bitterkalt war, mit dem Schlitten zur Schule. Im Schulhof erzählten Mitschülerinnen von Inge, dass ihr Klassenlehrer, Herr Brändle, nach Stuttgart versetzt worden sei. Über seinen Nachfolger wussten sie nur, dass er rothaarig war. Wegen der eisigen Kälte erlaubte uns Herr Breitmayer die Vesperbrote im Flur des Schulgebäudes zu essen. Von dem neuen Lehrer und seinen Schülern war niemand auf dem Gang zu sehen, sie vertilgten ihre Brote im Klassenzimmer. Während der Vesperpause drehte sich das Gespräch auch weiterhin um den neuen Lehrer. Als die Brotzeit vorbei war, meinten einige Jungs: „Nun schauen wir uns den Rothaarigen einmal durchs Schlüsselloch an!". Gesagt, getan. Als die Buben und einige Mädels durch das Schlüsselloch geschaut hatten, wollte ich das Gleiche tun. „Halt!", sagte in diesem Moment der großgewachsene Willi zu mir, „du darfst nicht durchgucken, verstanden?". Verdutzt schaute ich ihn an, dann fragte ich: „Aber warum denn nicht?". „Weil ich es so will!", sagte er. Als ich mich nach seinen Worten nicht sofort von der Tür des Klassenzimmers, beziehungsweise des Schlüssellochs entfernt hatte, zog er mich zuerst an den Zöpfen und dann schubste er mich von der Tür weg. Voller Zorn schubste ich zurück. Da rutschte Willi aus und fiel auf den Rücken. Mit einem Satz sprang ich auf ihn drauf und schlug seinen Kopf auf den Steinboden. Nun kreischten die Mädels, worauf Willi seinen Kumpels zurief: „Haut ihr eine in die Fresse und zieht sie an ihren Zöpfen von mir runter!". Als ich das Wort „Fresse" gehört hatte, wollte ich Willis Kopf erneut auf den Boden Schlagen, doch da rief jemand: „Was soll denn der Krach? Sofort aufhören!". Der Jemand war der neue Lehrer. Als der rothaarige Lehrer mich auf dem Willi sitzen sah, schrie er laut: „He, du da, aufstehen, aber schnell!". Mit riesen Schritten eilte nun auch Herr Breitmayer daher. Er schaute uns alle der Reihe nach an, dann sagte er laut: „Ich will keine Fisimatenten hören, ab ins Klassenzimmer!". Als Missetäter des Radaus mussten wir uns, also Willi und ich, vor die Wandtafel stellen, um unsere Strafe zu bekommen. Vor lauter Angst vor dem Rohrstock betete ich immer wieder zum lieben Gott und bat ihn zu verhindern, dass Herr Breitmayer uns mit dem Rohrstock verdrischt. Mein Beten wurde erhört. Herr Breitmayer verdrosch uns nicht, stattdessen mussten wir das Gedicht „Der Erlkönig" abschreiben und auswendig lernen.

Schreckensnachrichten

Nachricht von Vater. „Ich bin nun wieder bei meinem alten Haufen in Russland", schrieb er. „Die Truppe hatte während meiner Abwesenheit geringe Verluste erlitten. Als Ersatz für die gefallenen Kameraden bekam meine Einheit sehr junge Pioniere aus der Heimat. Mein Adjutant sagte mir, nachdem die jungen Burschen ohne jegliche Fronterfahrung waren, hatten sich unsere, angeblich so harten, Krupp-Stahl-Kerle wie Mütter um sie gekümmert und getröstet. Manchmal geschehen schon skurrile Dinge, die sich ein Zivilist in der Heimat gar nicht vorstellen kann". Das Jahr 1944 begann für Frau Grohe nicht besonders gut. Die kleine Inta, das von ihr über alles geliebte Hündchen, starb an Altersschwäche. Kurz danach erhielt Frau Grohe einen Brief von ihrer Schwester aus Berlin, indem diese ihr mitteilte, dass sie erneut alles verloren habe. Ihr neues Zuhause wäre nun in einem älteren Gebäude und läge an der Peripherie von

Berlin-West. „Mit der Wohnung bin ich sehr zufrieden, denn ich bin nun wieder Besitzerin einer richtigen Zwei-Zimmer-Wohnung. Vom Amt für Ausgebombte erhielt ich auch schon ein Bettgestell und eine Matratze. Also Grete, das ist ja immerhin schon der Anfang einer Einrichtung, nicht wahr?". Am Schluss ihres Briefes bat Fräulein Wulle noch um einen abschließbaren Koffer und ein paar warme Sachen zum Anziehen. „Der Koffer wäre mir eine große Hilfe, denn ihn könnte ich täglich mit zur Arbeit und abends wieder mit nach Hause nehmen." Der Brief endete mit: „Küsse für das Intalein!". Die Häufigkeit der Alarme nahm zu. Immer öfter mussten wir nachts aufstehen und in den Luftschutzkeller rennen. Wenn wir um zwei, drei oder vier Uhr wieder in die Wohnung zurückkamen, waren wir immer hundemüde. Dass es bei den Überflügen blieb, war unser großes Glück, denn die Bombenabwürfe fanden woanders statt. Offiziell wurde der Krieg noch immer Schlacht um Schlacht im Zug planmäßiger Frontverkürzung gewonnen. Wegen der Frontverkürzung im Osten, stellten sich nunmehr die Menschen auf das Schlimmste ein, darauf, dass die Schauergeschichten, die man sich über die Russen erzählt hatte, wahr werden könnten. Der Jahreswechsel 1943/44 war ein eisiger Winter. Maria schrieb: „Wegen der langen Bombennächte im kalten Luftschutzkeller und den kaum beheizten Klassenzimmern sind zurzeit viele Klassenkameradinnen, inklusive mir, krank. Die meisten Mädchen haben einen Grippe-Virus und bei mir sind es Gelenkschmerzen." In seinem Brief erzählte Vater: „Vor einigen Tagen hatte sich ein junger Pionier bei meinem Adjutanten gemeldet und ihn um Erlaubnis gebeten, mich privat sprechen zu dürfen. Er durfte. Noch bevor ich den Pionier nach seinem Anliegen fragen konnte, überreichte er mir ein Kuvert mit den Worten: ‚Viele Grüße von meinem Großvater, dem Ochsenwirt aus Stockheim.' Nachdem ich das Kuvert an mich genommen und mich bedankt hatte, sagte ich zu ihm: ‚Pionier sie hören noch von mir.' Oh Gott, der Ochsenwirt aus Stockheim, wie lang ist das schon her, als Edward und ich im Ochsen geschwoft hatten? Den Enkel vom Ochsenwirt beordere ich in den nächsten Tagen zum ZBV, sodass ich ihn besser im Auge behalten kann." Am Ende seines Briefes schrieb Vater noch, dass er zur Zeit täglich im nahegelegenen Lazarett wegen einer Magen-Darm-Sache behandelt werde. ‚Aber wie sagt der Volksmund, Unkraut vergeht nicht.' Eine Schreckensnachricht nach der anderen traf ein. Vitus, der achtzehnjährige Sohn von Tante Kreszentia und Onkel Seraphin, war an der Ostfront gefallen. General Grohe war in russischer

Kriegsgefangenschaft. Cousine Hildes Noch-Ehemann Walter und seine Freundin waren im neugebauten Haus in München bei einem Luftangriff ums Leben gekommen. Ein Anruf der Direktorin Kerstler aus Markgröningen erreichte uns, Maria sei krank, sie hätte rheumatisches Fieber. Ob Mutter sie nach Hause holen könnte. Andernfalls müsse Maria in das nächste Krankenhaus gebracht werden. Leider könne Maria nicht im Internat bleiben, da die Schule in den nächsten Wochen in das oberschwäbische Saulgau verlegt wird. Mutter sagte daraufhin der Direktorin zu, Maria am nächsten Tag im Internat abzuholen. Mutters nächster Schritt war, meinen Lehrer anzurufen, ihm von Marias Krankheit zu erzählen und ihn zu bitten, mich für den darauffolgenden Tag vom Unterricht freizustellen. Am nächsten Tag fuhren Mutter und ich mit dem ersten Zug nach Markgröningen. Als Mutter im Internat von der Direktorin alle nötigen Krankenpapiere erhalten hatte, legten Rotkreuz-Helferinnen Maria auf eine fahrbare Bahre und fuhren sie zum Krankenwagen. Als Maria versorgt war, durften auch Mutter und ich in den Krankenwagen einsteigen und bis zum Bahnhof mitfahren. Dort gab es zwischen Mutter und dem Bahnhofvorsteher ein großes Palaver, da Maria nicht im Stande war die Unterführung zu den verschiedenen Zügen hinunter und wieder hinauf zu gehen. Das Palaver hatte erst ein Ende, als der Bahnhofvorsteher, der Mann mit der roten Mütze, alle ein- und ausfahrenden Züge auf Halt gestellt hatte. Nach diesem Akt konnten die Rotkreuz-Helferinnen Maria über die Gleise schieben und in den wartenden Zug verfrachten. Ein ähnliches Prozedere wiederholte sich in Mühlacker. In Stuttgart war alles, dank seines Kopfbahnhofes, viel einfacher. Anstelle der Rotkreuz-Helferinnen kümmerten sich nun Frauen der Bahnhofsmission um Maria. Diese guten Feen versorgten nicht nur Maria, sondern gaben auch Mutter und mir etwas zu essen und zu trinken. Außerdem gaben sie der Bahnhofsmission in Münsingen die wahrscheinliche Ankunft unseres Zuges bekannt, damit die dortige Leiterin einen fahrbaren Untersatz für Maria besorgen konnte. Pünktlich kamen wir in Münsingen an, wo uns schon die Frau Ruop mit einem großen Leiterwagen erwartete. In den Wagen legte Mutter Marias Wolldecke und ihr Kopfkissen. Danach hievten Frau Ruop und Mutter Maria in das Gefährt. Zum Abschied musste Mutter Frau Ruop noch versprechen, den Leiterwagen am nächsten Tag wieder in die Bahnhofsmission zurückzubringen. Mit müden Gliedern zogen Mutter und ich den Wagen mit der darinsitzenden Maria nach Hause. Vor dem Zubettgehen sagte Mutter: „Nun wollen wir Gott danken, dass wir ohne Bombenalarm und Tiefflieger wieder heil zu Hause angekommen sind." Am nächsten Tag wurde Maria nochmals von Dr. Gräter untersucht, wobei sich die Diagnose von dem Arzt aus Markgröningen bestätigte. Nach Weisung des Arztes musste Mutter nun täglich die Gelenke von Maria mit einer bestimmten Salbe einreiben, danach mit Watte umwickeln und zum Schluss wurden alle Gelenke noch mit Gaze verbunden. Das tägliche Versorgen der Gelenke war für Mutter viel Arbeit und für Maria eine Tortur.

Angst um Mutter

Eines Tages fand Mutter am Eingang der Metzgerei Hudelmaier ein Flugblatt. Sie hob es auf, nahm es in den Laden mit und zeigte es dort den anwesenden Frauen. Alle nahmen das Flugblatt in die Hand, lasen die Botschaft, die an das Deutsche Volk gerichtet war, und diskutierten danach lautstark über die Botschaft. Irgendwann jedoch gingen die Frauen auseinander und das Flugblatt blieb irgendwo in dem Laden liegen. Einige Tage später erhielt Mutter eine Vorladung vom Bürgermeisteramt Gutsbezirk wegen Volksverhetzung und Wehrzersetzung. Mutter war wegen der Vorladung fix und fertig, weshalb ich sie, Schule hin oder her, in die Höhle des Löwen begleitete. Außer dem Parteifunktionär, einem noch jungen Forstrat, saßen noch zwei Schreibkräfte im Raum. Einer von ihnen war Herr Harter aus unserem Haus. Mutter und ich standen vor dem Schreibtisch des Parteibonzen, als er Mutter ihr Vergehen vorlas. Ohne Vorwarnung sprang plötzlich der Mann von seinem Stuhl auf und schrie Mutter an. Er beschimpfte sie mit wüsten Ausdrücken, nannte sie eine Vaterlandsverräterin und vieles mehr. Als nächstes wollte der Ortsgruppenleiter alles Mögliche über Vater wissen. Seinem Redefluss hörte ich jedoch kaum noch zu, denn Mutters Gesicht war plötzlich schneeweiß geworden. Oh lieber Gott, betete ich inbrünstig. Lass Mutter bloß nicht umfallen. In diese allgemeine Bedrücktheit hinein sagte der Ortsgruppenleiter: „Volksverhetzer müssen hart bestraft werden, Dachau ist deshalb für solche Menschen der richtige Ort." Bei dem Wort „Dachau" wirbelten meine Gedanken wild durcheinander. Doch was konnte ich nur tun, damit Mutter nicht nach Dachau musste? Während meine Gedanken noch immer um das Straflager kreisten, sprach der Ortsgruppenleiter irgendetwas von der SS-Division-Hitlerjugend und deren Begeisterung, mit der sie in den Krieg ziehen, um Russland zu erobern. Diese Begeisterung hat auch mich erfasst, doch bevor er weitersprechen konnte, sagte eine feine Stimme: „Ich bete für sie, damit sie bald mit einer Einheit nach Russland einrücken, um meinem Vater an vorderste Linie der Front helfen zu können." Bei dem Wort „Vater" wurde mir plötzlich bewusst, dass ich es war, die eben gesprochen hatte. Seit Mutter und ich das Gebäude betreten hatten, war kein Wort über meine Lippen gekommen und nun dies. Die Schamröte schlug mir ins Gesicht und am liebsten wäre ich in ein Loch verschwunden. Zwischenzeitlich war der Ortsgruppenleiter von seinem Schreibtisch aufgestanden und hatte zu Mutter gesagt: „Alles Nähere erfahren Sie schriftlich." Als nächstes hob er seinen Arm zum Gruß und sagte: „Heil, mein Führer!". Danach ging er in ein anderes Büro. Nun hoben auch Mutter und ich unseren rechten Arm und sagten: „Heil, Hitler!". Mit wackligen Beinen verließen nun Mutter und ich ebenfalls das Büro und gingen nach Hause. In den nächsten Tagen war nach der Schule immer meine erste Frage: „Gibt's was Neues vom Ortsgruppenleiter?". Die Ungewissheit um Mutter ließ uns keine Ruhe. In dieser Zeit des Wartens überraschte Herr Harter Mutter mit einer seltsam anmutenden Geschichte. Der Herr Ortsgruppenleiter hat den Gestellungsbefehl für Russland erhalten. Aus diesem Grund ist er nun, bis zu seiner Abreise, im Urlaub. Herr Schubert, unser Nachbar und ehemaliger Förster, werde nun wieder, wie vor der Zeit des Forstrates und Ortsgruppenleiters, das Forstamt Gutsbezirk und den Truppenübungsplatz Münsingen verwalten und leiten. „Ich denke, das ist eine gute Nachricht, oder? Alles wird gut und Kopf hoch, Frau Pfingstler!", so hat sich danach Herr Harter verabschiedet. „Oh Gott, oh Gott, was für ein tiefer Fall!", und damit meinte Mutter nicht mich, sondern Oberst Gröser, den langjährigen Lagerkommandanten vom Truppenübungsplatz Münsingen und unseren netten Nachbarn vom Schlössle nebenan. Er und seine Frau sind urplötzlich bei uns im Haus in die Zwei-Zimmer-Wohnung im Parterre eingezogen. Für alle Mieter im Haus war der Einzug der Grösers ein großes Rätsel. Die Lösung erfuhr Mutter von der Verkäuferin vom Hellstern-Breitler. Hinter vorgehaltener Hand erzählte sie Mutter: „Der Herr Oberst wurde denunziert. Meine Bekannte, die bei Grösers im Dienst war, sagte mir, der Oberst habe bei einer Lagebesprechung mit Offizieren die oberste Kriegsführung kritisiert. Wenige Stunden nach der Besprechung fuhr vor der Villa ein Kübelwagen mit Kettenhunden vor, die Militärpolizei, und wünschte den Herrn Oberst zu sprechen. Tags darauf trug der Oberst keine Uniform mehr. Seine erste Handlung als Zivilist war, die Bediensteten zusammenzutrommeln und mit den Worten zu kündigen: ‚Ab heute bin ich nur noch ein ganz gewöhnlicher Pensionär und brauch aus diesem Grund keine Villa und kein Personal mehr.' Danach verabschiedete er sich von jedem von uns per Handschlag. Im Anschluss an das Zeremoniell überreichte unser ehemaliger Chef jedem ein gutes Zeugnis und bat uns die Villa heute noch zu verlassen. Sein Nachfolger würde die Villa noch im Laufe des Nachmittags inspizieren wollen." Vor dem zu Bette gehen sagte Mutter zu mir: „Morgen frage ich Herrn Harter, ob er Näheres über meine Sache mit dem Flugblatt weiß. Wenn der Herr Oberst Gröser wegen ein paar ungeziemter Worte so hart bestraft worden ist, komme ich vielleicht doch noch ins Gefängnis." Maria beruhigte Mutter, indem sie sagte: „Ich denke, der Oberst wurde wegen seiner ungeziemten Worte sofort bestraft und dasselbe hätte man auch bei dir getan."

The Longest Day

Gerhard war bei der Musterung und musste nun, wie so viele in seinem Alter, in den Krieg ziehen. Für seine Mutter ließ er sich noch extra in Uniform fotografieren. Voller Stolz zeigte er Maria und mir die Fotos. Danach wollte er von uns wissen, ob sie uns gefallen haben. Wir sagten: „Gerhard, du siehst mit und ohne Uniform so toll aus, wie der Adrian Hoven!". Nach Gerhards Abreise bekam Frau Simihanar einen Nervenzusammenbruch und musste ärztlich behandelt werden. Es war nur gut, dass Arthur für seine Tante, den kleinen Siegfried und die Gartenarbeiten da war, denn Erika war für alles andere zuständig. Alle Parteien im Haus bemühten sich, so gut sie konnten, Erika beizustehen. Zum Beispiel wusch Mutter die Wäsche von Simihanars, andere kauften für Erika ein oder kochten einen Topf voll Kartoffeln oder Gemüse. Am Wochenende erzählte Walter: „Der englische Sender hat gemeldet, dass in der Normandie am 6. Juni die Alliierten gelandet sind. In die Annalen ging dieser Tag als „The Longest Day" ein. Bei und nach der Landung erlitten beide Seiten hohe Verluste an Menschenleben." „Oh Gott, oh Gott", sagte Mutter, als Walter geendet hatte, „die vielen toten Menschen und so viel Elend in den betroffenen Familien." „Stalingrad, Afrika, Süditalien und jetzt Nordfrankreich", sagte Walter, „ja, mit den Deutschen geht's immer mehr bergab, zudem die Alliierten nun auch noch die totale Luftüberlegenheit haben." Mutter hatte sich endlich ein Herz gefasst und Herrn Harter auf die Flugblattaffäre angesprochen. In meiner Erinnerung hat darauf Herr Harter meiner Mutter eine dubiose Geschichte erzählt. „Als Herr Schubert die Angestellten im Büro des ehemaligen Ortsgruppenleiters begrüßt hatte, sagte er: ‚Nun noch zu ihrer Information, ich werde mein Büro im alten Forsthaus beibehalten und das hiesige Büro nur an besonderen Tagen oder zu besonderen Anlässen benutzen. Nachdem die Büros vom Bürgermeisteramt und das Büro vom alten Forstamt nur ein paar Minuten entfernt liegen, sehe ich kein Problem auf mich zukommen.' Danach ging Herr Schubert zum Schreibtisch des ehemaligen Ortsgruppenleiters und überflog die halbfertigen Akten. Mit einem breiten Lächeln im Gesicht meinte er: ‚Also, dann will ich mich mal gleich an die Arbeit machen', und nahm die Akten, die er zuvor durchgesehen hatte, und warf sie in den Schredder. Beim Schreddern hat er vor sich hingemurmelt: ‚Ich bin doch kein Denunziant und liefere kleine Leute wegen eines kleinen Fehlers ans Messer.' Herr Harter hat seine Geschichte mit den Worten beendet: „Frau Pfingstler, ich denke, beim Schreddern war auch ihre Akte, sonst… aber nein, wir wollen lieber nicht spekulieren.“

Attentat auf Hitler

Sommerferien 1944. Maria war noch immer nicht hundertprozentig gesund, deshalb war das Freibad dieses Jahr für uns tabu. Stattdessen faulenzten und sonnten wir uns auf der Wiese hinterm Haus auf zwei Liegestühlen. Nach dem Sonnenbaden gingen wir ins Haus zurück, um gekühlte Limonade zu trinken. Damals gab es noch keine Kühltasche, die man hätte ins Freie mitnehmen können. Sobald wir zurück in der Wohnung waren, verarztete und verband Mutter Maria erneut. Solange sich Mutter mit Maria beschäftigte, ging ich einkaufen oder machte mich im Haushalt nützlich. Auch dieser Tag, der 20. Juli, verlief genauso, wie die vergangenen Tage und nichts deutete auf ein historisches Ereignis hin. Nach dem Abendbrot schaltete Maria das Radio ein und da erfuhren wir, dass auf den Führer ein Attentat verübt worden war. „Dank der Vorsehung ist dem Führer nichts geschehen, er erfreut sich weiterhin bester Gesundheit“, sagte der Radiosprecher. „Der Attentäter konnte bereits ausfindig gemacht werden und deshalb ist es nur noch eine Frage der Zeit, bis seine Festnahme erfolgen wird.“ Nächste Meldung: „Der Attentäter wurde gefasst und verhaftet. Sein Name lautet: Claus Graf Schenk von Stauffenberg. Er war Stabsoffizier und zählte zum näheren Umfeld des Führers." In der nächsten Meldung hieß es: „Der Graf von Stauffenberg wurde nach seiner Verhaftung sofort dem Präsidenten des Volksgerichtshofes, dem Richter Roland Freisler, überstellt." Am Abend gab der Radiosprecher das Urteil des Richters bekannt: „Tod durch Erschießen." Kurze Zeit später sagte der gleiche Sprecher: „Das Urteil wurde vollstreckt, der Graf von Stauffenberg ist tot." Mutter, Maria und ich hatten seit der Bekanntgabe des Attentates auf den Führer wie hypnotisiert vor dem Radio gesessen, doch nun, nach dem Tod des Grafen, löste sich langsam unsere Starre. Mutter hatte als Erste die Sprache wiedergefunden. Mit Tränen in den Augen sagte sie: „Was für eine Tragödie!", worauf Maria und ich nickten. „Für den Grafen war heute ein verhängnisvoller Tag", sagte Maria. „Erst das missglückte Attentat, dann auf der Flucht vor Häschern und am Ende des Tages steht der Gevatter Tod vor dir." „Maria", fragte Mutter, „meinst du, ob die Familie des Grafen in Sippenhaft genommen wird?". „Ich denke schon", sagte Maria, „und nicht nur die, sondern auch die Familien von den Helfern, die dem Grafen bei der Planung des Attentates behilflich waren." Am nächsten Tag meldete der Radiosprecher: „Heute Nacht wurden hunderte von Offizieren verhaftet. Sie sollen alle einer Widerstandsbewegung angehören und sind bereits auf dem Weg nach Berlin, um dort vor dem Richter Freisler vernommen zu werden." An einem der nächsten Sonntagvormittage gingen Mutter, Maria und ich ins Kino, um in der Wochenschau den Ort des Attentats zu sehen. Anschließend sahen und hörten wir auch den Volksgerichtshofpräsidenten Freisler in Aktion. Ein Widerling. Von seiner extrem hohen Stimme bekam man sofort eine Gänsehaut am ganzen Körper. Auch nicht zu Überbieten war sein Toben und Kreischen und seine Häme beim Befragen der Angeklagten. Zuhause veranlasste das Gebaren des Richters Freisler Mutter zu sagen: „Eine Person, die das höchstrichterliche Amt in Deutschland ausübt, habe ich mir anders vorgestellt." Herr Harter erzählte Mutter, dass unser ehemaliger Ortsgruppenleiter in Russland gefallen sei. „Der Mensch ist wirklich und wahrhaftig für sein Idol, den Führer, gefallen. Er war ein Fanatiker und das bis zu seinem Tod. Nun lebt er nicht mehr und seine junge Frau steht mit dem kleinen Kind alleine da. Traurig, traurig", sagte Herr Harter und Mutter pflichtete ihm von Herzen bei. Die nächste Neuigkeit, die Herr Harter parat hatte, war die, dass unser Nachbar Herr Schubert eine Geliebte hatte. „Per Zufall erfuhr ich es", erzählte Herr Harter, „nachdem ich sie in flagranti erwischt hatte. Die Geliebte ist die blonde Stenotypistin vom Forstamt, die ja schon jahrelang für Herrn Schubert arbeitet. Ja, ja, unser Herr Nachbar hat viele Facetten. Kürzlich, als ich ihn etwas wegen Handwerkerrechnungen aus Breithülen fragen wollte, antwortete er: ‚Überweisen Sie einfach die geforderten Beträge, sie haben sicher alle ihre Richtigkeit.' Einige Zeit später klärte er mich insoweit auf, als er sagte: ‚Fast alle Personen des Dörfleins arbeiten für die oberen Nazis aus Stuttgart. Viele von den Parteigenossen wurden ausgebombt und sind daher heil froh, dass ihnen die Breithülener im Lautertal schmucke Ferienhäuser aus Naturstein bauen."

Walters Haus

„Kinder, das ist Frau Datmer", so stellte Mutter Inge und mir eine junge hübsche Frau vor, als wir vom Träublezupfen heim kamen. „Frau Datmer ist Rotes-Kreuz-Schwester in Russland und arbeitet in dem Lazarett, in dem Vater lag, als er verletzt war. Zur Zeit ist Frau Datmer auf Heimaturlaub und überbringt uns aus Gefälligkeit Vaters Grüße persönlich. Das ist doch wirklich sehr nett von Frau Datmer", sagte Mutter, worauf Inge und ich nickten. Nach dem Mittagessen gingen Inge und ich wieder Beeren zupfen, nahmen jedoch auch noch Rosemarie und Evelyn Harter mit, da es noch so viele Sträucher gab, die abgeerntet werden mussten. Als wir zur Vesperzeit wieder nach Hause kamen, war Frau Datmer noch immer da, was mich irgendwie ärgerte. Nun musste sie auch noch bei uns übernachten, denn bis sie zu Fuß am Bahnhof war, würde kein Zug mehr fahren. Zornig dachte ich, jetzt muss man auch noch das Gästezimmer herrichten, so ein Zirkus und das alles bloß wegen persönlicher Grüße, die man auch per Telefon hätte ausrichten können. Am nächsten Morgen war Frau Datmer fort, worüber ich sehr froh war, denn ich konnte sie, obwohl sie sehr freundlich zu mir war, nicht leiden. In den Tagen nach der Abreise von Frau Datmer lief Mutter mit bleichem Gesicht herum und hatte oft Tränen in den Augen. Als ich sie darauf ansprach, sagte sie: „Ach Trudl, es geht mir momentan gesundheitlich nicht so besonders gut, aber glaube mir, es wird schon wieder." In meiner Angst um Mutter fragte ich Maria, ob Mutter sehr krank sei, was sie jedoch verneinte. Als ich aber sah, wie Mary Mutter in jeglicher Hinsicht umsorgte, begann ich an den Antworten von Mutter und Maria zu zweifeln. Was war nur geschehen? Etwas Unheimliches lag in der Luft, aber was? Oder sah ich Gespenster? Seit geraumer Zeit führten die Amerikaner ihre Angriffe am helllichten Tag aus, weshalb man nun auch öfter tagsüber die Schutzräume aufsuchen musste. Da Schulferien waren, tollten viele Kinder im Freien herum und mussten bei Sirenengeheul oftmals auch in fremde Luftschutzkeller rennen. Genau so erging es auch manchen berufstätigen Müttern. Viele von ihnen hatten sich extra für die schulfreie Zeit ihrer Kinder Urlaub genommen und saßen nun öfters in ihrer kostbaren Zeit in einem Luftschutzraum. So war es auch am 9. August gegen 10 Uhr. Unser Keller war proppenvoll mit lauter fremden Leuten und Kindern. Die Erwachsenen horchten, ob die Sirenen abheulende Signale gaben, was Vollalarm bedeuten würde und feindliche Flugzeuge dann keine dreihundert Kilometer mehr vom Zielort entfernt waren, oder ob es Entwarnung gab mit dem gleichbleibenden lang gezogenen Sirenenton. „Achtung, Achtung!". Der Radiosprecher sprach die befürchtete Gewissheit aus: „Feindliche Bomberverbände im Anflug -" in diesem Moment hielten alle Erwachsenen im Luftschutzkeller den Atem an „- auf Ulm!". „Oh Gott, oh Gott!", schrie jemand, „Lass Walter nicht sterben!". Die Stimme gehörte Mary. Nun meldete sich der Radiosprecher erneut. „Achtung, Achtung! Zweite Welle anfliegender Bomberformation auf Ulm!". Als die Sirenen endlich Entwarnung meldeten, taumelte die ganze Kellernotgemeinschaft ins Freie. Am Nachmittag musste Mary ihrer Arbeit im Kino nachgehen, deshalb versprachen wir ihr sofort bei Herrn Schwarz anzurufen, sobald wir etwas von Walter hören würden. Den ganzen Nachmittag lang versuchten wir abwechselnd Walter zu erreichen, aber das Telefon blieb tot. Es folgten viele bange Stunden. Am späten Abend erschien plötzlich und völlig unerwartet Walter. Er war völlig verrußt und hatte ein schwarz verschmiertes Gesicht, aber er war am Leben und auch gesund. Wir weinten und lachten alle gleichzeitig. Danach rief Mutter Herrn Schwarz an und informierte ihn über den Stand der Dinge, worauf dieser versprach, Mary sofort nach Hause zu fahren. Nachdem auch Mary in unserer Mitte war, erzählte Walter, wie er den Tag verbracht hatte: „Heute früh, als die Sirenen Voralarm meldeten, gingen die Bediensteten vom Fernmeldeamt plaudernd in Richtung Schutzraum. Doch als es auf dem Weg dorthin auch noch Vollalarm und die Meldung ‚Achtung, Bomberverbände im Anflug auf Ulm' gab, rannten die zuvor so lässig Gehenden so schnell sie nur konnten in den nächsten Schutzraum. Als endlich die Entwarnung ertönte, stolperten die Menschen dem Ausgang zu und rissen sich dabei die nassen Tücher vom Gesicht. So sahen es die

Vorschriften des Luftschutzes vor, wenn keine Gasmaske zur Hand war. Auch ich drängelte ins Freie", sagte Walter, „aber was ich dann sah, übertraf meine schlimmsten Befürchtungen." Die Geschichte, die uns Walter nun erzählte, ähnelte dem Geschehen, welches Mutter und ich vor Monaten bei Tante Gretels Beerdigung in Frankenthal erlebt hatten. Auch in Ulm brannten nach der Bombardierung die Häuser noch lichterloh, es gab Berge von Schutt und über dem schmelzenden Asphalt leckten Flammenzungen aus Phosphor. Und genauso wie Onkel Philipp und Tante Ottilie, wollte auch Walter nach seinem Zuhause sehen. Um in seine Wohnung in der Westerlingerstrasse zu gelangen, musste er durch ein Spalier brennender Häuser gehen und, wie bei den Verwandten in Frankenthal, war sein Gang dorthin umsonst. Nun sprach Walter weiter, wobei ihm Tränen über die rußgefärbten Wangen liefen. „Mary, wir haben nichts mehr, rein gar nichts!". „Oh Gott, Walter!", schrie Mary, danach weinte sie bitterlich. Nach den Sommerferien erreichte Frau Simihanar die schlimme Nachricht, dass Gerhard bei einem Fronteinsatz einen Kopfschuss erhalten hat. Gerhards Vorgesetzter schrieb weiter, dass Gerhard derzeit in einem Militärlazarett liegen würde und dort bestens medizinisch versorgt wird. Sobald ihr Sohn transportfähig sei, würde er mit einem Rotes-Kreuz-Transport in ein Militärlazarett in Deutschland verlegt werden. Die ganze Hausgemeinschaft nahm großen Anteil an Gerhards Schicksal. Gerhard kam auf seinen ausdrücklichen Wunsch hin in das Militärlazarett in Ulm. Nach vielen Wochen des Bangens ging es ihm, Dank dem Können der Ärzte, den Medikamenten und der guten Pflege der Rotes-Kreuz-Schwestern, wieder ganz gut. Nach Rücksprache mit dem Chefarzt vom Lazarett Münsingen, Dr. Gräter, der bereit war alle noch fälligen Nachuntersuchungen vorzunehmen, konnte Gerhard nach Hause entlassen werden.

Radfahren

Eines Tages rief ich schon beim Aufschließen der Haustüre: „Mutter, Mutter ich kann Radfahren!". „Na, dann erzähl mal, wie es dazu gekommen ist", sagte Mutter. „Also das war so", sprudelte ich hervor, „der Rudi Eibe hat zu seinem Geburtstag von seiner Tante, die als Blitzmädel in Frankreich arbeitet, ein Fahrrad bekommen. Vor Freude über das Rad zeigte er es allen Kindern, die sich auf dem Hof vor der Waschanstalt aufhielten und alle bewunderten es, darunter auch ich. Nachdem ich das Wunderrad genügend bestaunt hatte, bat ich Rudi mich doch mal auf dem Rad fahren zu lassen. Rudi willigte ein und übergab mir sein schönes Fahrrad. Obwohl ich keine Ahnung vom Radfahren hatte, wollte ich die gleichen eleganten Runden drehen, wie Rudi. Ich nahm das Fahrrad, um sogleich loszufahren, aber kaum war ich oben auf dem Fahrrad, lag ich auch schon unten und das Fahrrad auf mir drauf. Rudi erklärte mir nun, dass das französische Vélo keine Rücktrittbremse, nur eine Vorderradbremse hat. ‚Also, Trudel', sagte Rudi, ‚jetzt versuch es halt nochmal, aber mach mein Fahrrad nicht kaputt.' Zwischenzeitlich wollten immer mehr Kinder sehen, ob ich nun mit dem Rad fahren kann oder ob ich wieder solche artistischen Künste vollbringe, wie beim ersten Mal. Als mir das gleiche Malheur immer wieder geschah, lachten sie mich lauthals aus. Irgendwann klappte es und ich konnte mit dem Fahrrad den Hof der Waschanstalt rauf und runter fahren ohne hinzufallen. Mit Dank gab ich Rudi sein Rad zurück. Danach bin ich trotz meiner Blessuren an den Armen und Beinen so schnell ich konnte nach Hause gerannt, um euch die Neuigkeit mitzuteilen." In den darauffolgenden Wochenenden brachte Walter immer wieder brandheiße Neuigkeiten vom Engländer mit. Die erste war, dass an der Westfront die Amerikaner die Stadt Aachen eingenommen haben und Straßburg kurz vor der Eroberung stünde. Die nächste Neuigkeit kam von der Ostfront. Die Rote Armee hat bereits die Grenze von Ostpreußen überschritten und ist nun auf dem Vormarsch nach Königsberg. Mutter erhielt ein Schreiben von Frau Direktorin Kerstler aus Saulgau. Meiner Erinnerung nach teilte sie Mutter mit, dass das Mädcheninternat von Markgröningen nach Saulgau evakuiert worden sei. Alle Schülerinnen sind mit umgezogen, ebenfalls dabei ist wieder das ganze Lehrerkollegium von Markgröningen. Das Internat in Saulgau war zwar kleiner wie das von Markgröningen, dafür aber moderner. „Wegen Marias langwieriger Krankheit empfehle ich ihnen, Maria die derzeitige Klasse wiederholen zu lassen." Bla,bla, bla,.. „Heil Hitler." Maria weinte bitterlich als sie den Brief las und sie beruhigte sich erst wieder, als Mutter ihr versprach, Herrn Doktor Gräter zu fragen, ob sie wieder im Lazarett mitarbeiten darf. Und unser guter Doktor gab seinen Segen, allerdings nur für halbtags, denn sonst würde Maria die Arbeit zu sehr belasten. „Aufstehen!", rief Mutter, als sie unser Mädchenschlafzimmer betrat. „Für Maria fängt heute doch wieder ein neues Kapitel an, also raus aus den Federn." Am Frühstückstisch erzählte Mutter: „Im Alb-Boten steht, dass die Gestapo am gestrigen Tag auch den letzten von der Clique um den

Grafen Stauffenberg geschnappt hat. Der Leipziger Oberbürgermeister Goerdeler wurde von einem aufmerksamen Bürger der Stadt erkannt und hat danach dessen Aufenthaltsort der Gestapo gemeldet. Ach, du lieber Gott", sagte Mutter, „heutzutage läuft nicht nur ein Judas Ischariot herum, nein, heute laufen die Verräter im Dutzend herum." Maria gefiel es sehr gut im Lazarett. Nachdem Doktor Gräter ihr eine Aufgabe zugeteilt hatte, die sie trotz ihrer Krankheit bewältigen konnte, blühte sie richtig auf. Frau Drögel, eine ehemalige Bekannte von Frau Grohe, hatte sich mit der Bitte an sie gewandt, ihr und ihrer Tochter Karin für kurze Zeit Unterkunft zu gewähren, da ihre Wohnung in Düsseldorf einem Bombenangriff zum Opfer gefallen sei. Frau Grohe sagte zu Mutter, sie hätte Frau Drögel mitgeteilt, sie und ihre Tochter könnten nur vorübergehend bei ihr wohnen, da sie das Gästezimmer für ihre Schwester bereithalten müsse, da diese in Berlin ausgebombt worden war. Die ganze Hausgemeinschaft hatte an der Notlage der Drögels teilgenommen und war nun gespannt auf die Neuankömmlinge, doch alle im Haus wurden von den Neuen enttäuscht. Frau Drögel war nicht nur eine Besserwisserin, sondern auch noch eine Parteigenossin. Bei allem hob sie immer wieder hervor, dass ihr Gatte den Rang eines Obersten bei der SS-Standarte Adolf Hitler inne hat und mit dem Führer verkehren würde. Obwohl eine deutsche Frau weder rauchen noch sich schminken sollte, rauchte Frau Drögel den ganzen Tag über wie ein Schlot. Ihre siebzehnjährige Tochter Karin war ein schüchternes, großes, blondes Mädchen mit blauen Schweinsäuglein und redete kaum. Sie tat allen Hausgenossen irgendwie leid und bald sprach man von ihr nur noch von „dem armen Ding". Den Unmut über die arrogante Drögel bekam auch Frau Grohe zu spüren, denn plötzlich wollte auch niemand mehr mit ihr ein Schwätzchen halten. An einem Tag im Oktober sagte Mutter beim Vespern: „Nun hat es den Rommel auch erwischt. Zwar ist er nicht in der Wüste, der West- oder Ostfront gefallen, sondern er starb zu Hause bei seiner Familie in Ulm-Herrlingen." Der Radiosprecher sagte: „Unser Generalfeldmarschall und legendärer Wüstenfuchs Erwin Rommel starb an einer Verletzung, die er sich in Frankreich bei einem Tieffliegerangriff zugezogen hatte und die er bei seiner Familie auskurieren wollte. Der Held von Afrika war einer der beliebtesten Generäle Deutschlands. Aufgrund seines militärischen Könnens wird er sicherlich einmal in die Geschichtsbücher als ein großer Feldherr eingehen." Mutter, Maria und ich gingen am darauffolgenden Wochenende ins Kino, um uns in der Wochenschau das Staatsbegräbnis des Generalfeldmarschalls Rommel anzusehen. In meiner Erinnerung sah man viele hochdekorierte Offiziere und viele Männer von der SS-Standarte Totenkopf. Die Angehörigen des Verstorbenen und der geschmückte Sarg des General-feldmarschalls wurden von SS-Männern der Leibstandarte Totenkopf begleitet. Die SS-ler sahen in ihren schwarzen Uniformen und dem Emblem des Totenkopfes richtig furchterregend aus. Ganz zum Schluss der Trauerprozession sah man auch einige echte Trauernde. Es sollen Nachbarn der Familie Rommel und der Hausarzt gewesen sein. Zu Hause meinte Mutter: „Was für eine Beerdigung, man könnte meinen, der Rommel sei ein König gewesen."

Schnee, Schnee und nochmals Schnee

Als Mary von Walter erfuhr, dass ihr jüngster Bruder Stefan zur Waffen-SS eingezogen wird, rief sie laut: „Ach Gott, ausgerechnet Stefan, unser frommer Ministrant muss zu den Gotteslästern gehen." Danach schluchzte sie vor sich hin und sagte: „Mein armer kleiner Bruder." Der Krieg rückte an allen Kriegsschauplätzen immer näher und die Bombardierungen auf kleinere Städte nahmen zu. Anfang Dezember bombardierten die Alliierten Heilbronn. Tante Kreszentia schrieb: ‚In Heilbronn muss es schrecklich gewesen sein. Selbst in Stockheim hat es uns noch von den Stühlen gerissen. Unser Blockwart sagte, dass es sich bei den Bomben um Brand- und Sprengbomben gehandelt hätte. Tags darauf stand in der Zeitung, dass bei dem Angriff tausende Menschen umgekommen sind und davon viele von ihnen Kinder waren', schrieb Tante Kreszentia. Lina sagte daraufhin: „Der Krieg ist ein Kreuz, ich bete jeden Tag, dass Seppl nicht zum Volkssturm eingezogen wird und dann wie Vitus umkommt." Vom Ochsenwirt habe ich erfahren, dass sein Enkel bei Antons Pioniereinheit in Russland gelandet ist. Der Ochsenwirt ist voll des Lobes über Anton und sagt, der Anton kümmere sich wie ein Vater um seinen Enkel. Kurz vor meinem Geburtstag erhielt Mutter einen Brief von Tante Ottilie aus Frankenthal. Ein Hilfeschrei. Tante Ottilie bat Mutter um ein wenig Geld, da Philipp und sie selbst seit geraumer Zeit nur noch von der Hand in den Mund leben würden. Sie brauchten dringend Geld, denn die Miete, das Benzin fürs Auto und noch andere Sachen müssten immer sofort in bar bezahlt werden. „Ach Linel, verzeih mir die Bitte wegen des Geldes, aber an wen soll ich mich denn sonst wenden, wenn nicht an dich? Schuld an der ganzen

Misere sind die massiven Luftangriffe. Keiner traut sich mehr, wenn er nicht muss, das Haus zu verlassen. Und die Leute, die mit Sack und Pack verreisen, fahren aufs Land und kommen so schnell nicht wieder. Für uns aber bedeutet dies, keine Kunden, kein Geld." Mutter besprach die Chose mit Maria und mir. Walter und Mary ließen wir außen vor, da sie ja auch ihr Hab und Gut in Ulm verloren hatten. Nachdem Maria und ich mit der Geldsumme von einigen Hundert Mark einverstanden waren, überwies Mutter das Geld an Tante Ottilie. Die Argumente, die Mutter für das Geldgeschenk an Tante Ottilie hervorgebracht hatte, waren uns vom Erzählen unserer Eltern her wohl bekannt: „Meine Brüder Philipp und Jakob haben uns mit Geld und Lebensmittel geholfen, als Vater arbeitslos war. Und die Ottilie hat seit Jahr und Tag das Grab meiner Eltern gepflegt, wofür sie von mir bis heute keinen einzigen Pfennig verlangt hat." Zu meinem Geburtstag schenkte mir der Himmel Schnee, Schnee und nochmals Schnee. Aus diesem Grund freute ich mich riesig, als ich von Mutter eine neue Trainingshose bekam. Auch über das Geschenk von Maria, ein weißes Haarnetz, war ich glücklich, genauso über die Kinokarte von den Adamers. Ungefähr zwei Tage vor Weihnachten weckte Mutter Maria und mich mit dem Ruf: „Mädels, steht mal schnell auf und schaut zum Gartenhäusle runter, denn das, was ihr da seht, sieht man nicht alle Tage!". Neugierig rannten wir ins Bad und rissen schnell die Fenster auf. Und da bot sich uns ein nie dagewesenes Schauspiel. Am Eingang vom Gartenhäusle schnatterten drei Gänse. „Also, Mädels, zieht euch rasch an", sagte Mutter, „und bringt den Langhälsen frisches Wasser und ein bisschen zerbröckeltes Brot, denn die Tiere haben sicher Durst und Hunger." Im Laufe des Vormittags ging Mutter in die Bäckerei Hellstern. Dort fragte sie die Verkäuferin, ob sie wissen würde, wer ausgebüchste Gänse vermisse. Die Antwort war, nein. Vorweg gesagt, die Langhälse gehörten dem reichen Kommissbrotfabrikanten Hellstern. Als Dank dafür, dass er die kostbaren Weihnachtsgänse wiederbekam, schickte uns Herr Hellstern Senior seine Tochter Frau Eibe mit einem Einkaufskorb voller hochwertiger Lebensmittel vorbei. Später meinte Mutter: „Den Gänsen hätten wir sowieso nicht den Hals umdrehen können, da sind mir die Eier, das Mehl, der Zucker und die schönen Äpfel viel lieber."

Klirrende Kälte

Dank Herrn Hellsterns Korb mit Lebensmitteln, konnten Mutter und Mary noch schnell zum Heiligen Abend 1944 wundervolles Hefegebäck und Ausstecherle backen. In diesem Jahr wurde der Salon wegen Holz- und Kohleknappheit nicht geheizt. Unsere Weihnachtslieder sangen wir deshalb im Wohnzimmer vor dem mit Silberkugeln geschmückten Tannenbäumchen. Das Bäumchen hatte uns, wie schon in vergangenen Jahren, unser Nachbar Herr Förster Schubert vorbeigebracht. An Geschenke kann ich mich nicht erinnern. Falls es doch eines gab, waren sie so nichtssagend, wie Socken oder Strümpfe. Dass der Heilige Abend einen Anschein von Normalität wahrte, wurde durch unsere Weihnachtslieder vor dem Tannenbäumchen und dem anschließenden Ein-Gang-Menü, Kartoffelsalat und einem Saitenwürstle gewahrt. Walter bekam als Einziger ein ganzes Paar Würstchen. Während des Essens sagte Mutter plötzlich: „Ach Gott, wie bin ich froh, dass wir den drei zum Tode verurteilten Gänsen noch eine Henkersmahlzeit gegeben haben." Danach drehte sich das Gespräch um den Krieg, um Vater, die verheerenden Bombardierungen und um mich. Im Laufe des weiteren Abends fragte Walter: „Sag mal, Mutter, wie soll es mit Trudel im nächsten Jahr schulmäßig weitergehen?" Nun, eins wissen wir genau", sagte er, „der Schulwechsel findet immer kurz vor Ostern statt und deshalb sind auch die Aufnahmeprüfungen für die Oberschule immer am Anfang eines neuen Jahres. Meine Frage ist nun, wohin führt der Weg von Trudel nach bestandener Prüfung? Kann oder darf sie mit Maria ins Internat nach Saulgau gehen oder nicht?". „Nun", meinte Mutter nach einigem Hin und Her, „sobald Trudel die Prüfung für die Oberschule bestanden hat, setze ich mich mit Marias Rektorin vom Internat in Verbindung, Frau Kerstler. Als ehemalige Lehrerin kann sie mir sicher einen guten Rat geben, damit ich Trudel den richtigen Weg weisen kann. Sollte Trudel nicht ins gleiche Internat wie Maria kommen und sie auch nicht weiter nach Auingen zur Schule gehen möchte, käme für sie nur die Oberschule in Reutlingen in Frage. Also, Kinder", sagte Mutter, „nachdem die Schulfrage heute nicht geklärt werden kann, verschieben wir sie auf nächstes Jahr." Das Jahr 1945 empfing uns mit klirrender Kälte. Mutter steckte deshalb jeden Abend in alle Betten eine mit heißem Wasser gefüllte kupferne Bettflasche. Bevor wir jedoch schlotternd unter die Bettdecke krochen, bügelten wir sozusagen das Bettlaken mit der heißen Bettflasche rauf und runter, sodass das ganze Bett schön warm war. Eines Abends klingelte es an der Haustüre. Mutter öffnete und kam mit einem jungen, gutaussehenden SS-Mann zurück. „Wir haben Besuch", sagte Mutter, „es ist Stefan, Marys zweitjüngster Bruder." Danach wurde über alles Mögliche gesprochen, als Mutter plötzlich von Stefan wissen wollte, wie er eigentlich zur Waffen-SS gekommen war. „Nun", meinte dieser, „das hängt wahrscheinlich mit meinem Äußeren zusammen, denn ich entspreche genau der Ideologie des Dritten Reiches: Jung, groß, blond und blauäugig." Bis zum Manöverende ging Maria, auf Walters und Marys Wunsch hin, mit Stefan ins Kino, damit er sich auch mit seiner Schwester unterhalten konnte. Nach Ende des Manövers waren die jungen SS-ler zum Kriegsschauplatz Oberitalien gekommen. Hier hatte Stefan bei einem seiner ersten Einsätze einen Lungendurchschuss erhalten und war in ein Feldlazarett gekommen, wo er bis zum Ende des Krieges gelegen und dort auch behandelt worden war.

Die Breitlers kennen uns nicht mehr

„Alle Männer zwischen dem sechzehnten und sechszigsten Lebensjahr werden zum Volkssturm einberufen!". Walter sagte, als er die Bekanntmachung las: „Ach Gott, die armen Kerle, sie sind doch nichts anderes als Kanonenfutter." Vaters ehemaliger Zeichner Breitler vom Baubüro, fuhr seit einiger Zeit ein nagelneues Auto, ein solches, wie derzeit nur die großen Pg´s fuhren. Vor dem Krieg, als die Breitlers noch kleine Leute waren, nahm Vater das Ehepaar Breitler oft in unserem Wanderer mit an den Bodensee, damit sie auch den See und die schönen Orte und Dörfer sehen konnten. Damals sagten die Breitlers nach jeder Fahrt zu Vater: „Das vergessen wir ihnen nie!", und heute, da kannten die Breitlers uns nicht einmal mehr. An einem Sonntagmorgen, als Mutter und ich wieder einmal zur Kirche gingen, fuhren die Breitlers langsam an uns vorbei, sahen uns an und taten so, als würden sie uns nicht kennen. Da platzte mir der Kragen und ich schrie ihnen unschöne Worte hinterher. „Trudel, bitte hör auf mit deiner Schreierei!", sagte Mutter, „das bringt doch nichts, so ist es eben im Leben. Oft enttäuschen uns Menschen, denen wir Gutes getan haben, aber umgekehrt ist es oftmals auch. Da beglücken uns manchmal Menschen, die wir kaum kennen und uns fremd sind. Deshalb, Trudel, schluck deinen Zorn hinunter, denn mit Zorn im Herzen können wir nicht in der Kirche vor Gott treten." Nachdem ich Ende des vergangenen Jahres das Formular zur Aufnahmeprüfung für die Oberschule ausgefüllt und bei Herrn Breitmayer abgegeben hatte, teilte mir nun das Oberschulamt den Prüfungstermin, den Ort und die zuständige Schule mit. Als ich meinen Namen auf dem Schreiben des Oberschulamtes las, wurde mir gleichzeitig heiß und kalt. Am Tag der Prüfung hatte ich mich laut Schreiben des Oberschulamtes um 7.30 Uhr an der Anmeldung der Landwirtschaftsschule in Münsingen zu melden. Nach Vorlage des Schreibens vom Oberschulamt übergab mir das Fräulein an der Anmeldung eine metallene Nummer und erklärte mir, dass die gleiche Nummer an einer Schulbank im Prüfungszimmer angebracht wurde und dass diese Schulbank nun für die Dauer der Prüfung mein Platz sei. Von den anderen Prüflingen kannte ich niemanden. Jeder bekam eine Schulbank für sich allein. Um acht begann die Prüfung. Angefangen wurde mit Rechnen, danach mussten wir in Deutsch einen Aufsatz schreiben. Für den Nachmittag war die mündliche Prüfung angesagt. Das Prüfungsthema lautete: Geschichte. Der Prüfer begann, indem er den jeweiligen Prüfling mit seinem Vor- und Nachnamen aufrief. Sobald dieser seinen Namen vernahm, musste er sich von seinem Platz erheben und vor den Tisch des Prüfungskomitees treten. Der Ausschuss bestand aus je zwei Frauen rechts und links von einem Mann. Als ich aufgerufen wurde und vor dem Tisch des Komitees stand, sagte der Mann zu mir: „Nun, Gertrud, erzähle uns etwas über Friedrich den Zweiten." Mit belegter Stimme sagte ich: „Friedrich der Zweite war König von Preußen und wurde vom Volksmund auch der ‚Alte Fritz' genannt." Danach zählte ich Kriege auf, an denen er teilgenommen, oder die er gewonnen hatte. Als ich weiter sprechen wollte, sagte der Prüfer: „Danke, Gertrud, du kannst nun wieder an deinen Platz gehen." Irgendwann durfte ich das Schulgebäude verlassen. Danach lief ich den weiten Weg von Münsingen bis hinauf ins Alte Lager wie in Trance. Zu Hause angekommen ging ich ins Wohnzimmer, wo meine Mutter saß und Strümpfe stopfte. Als ich sie so sitzen sah, musste ich plötzlich weinen. „Aber Trudel", sagte sie, legte den Strumpf samt Stopfei auf den Tisch, stand auf und nahm mich in ihre Arme. „So, und nun setzen wir uns aufs Sofa und dann erzählst du mir, warum du weinen musst." „Ach Mutter, ob ich die Prüfung bestanden habe oder nicht, erfahre ich erst in ein paar Tagen. Das Weinen jedoch hängt mit meiner Angst zusammen, ob ich die Prüfung vermasselt habe oder nicht. Du weißt doch, dass ich mir nichts sehnlicher wünsche, als auch ins Internat zu gehen, wie Maria." „Also

Trudl, nun hör mal gut zu", sagte darauf Mutter, „ich glaube ganz fest daran, dass du die Prüfung bestanden hast, und sollte es aus irgend einem Grund, den wir nicht wissen und kennen, doch nicht der Fall sein, dann überlegen wir uns etwas Neues, damit du nicht mehr zu den Auinger Holzköpfen in die Schule gehen musst." Als Mutter mir am Palmsonntag das ersehnte Schreiben des Schulamtes gab und ich es nun schwarz auf weiß lesen konnte, dass ich die Aufnahmeprüfung für die Oberschule bestanden hatte, war ich überglücklich. Mit dem Schreiben ging Mutter anschließend zu Herrn Harter und bat ihn, ihr am nächsten Tag von dem Schreiben eine beglaubigte Abschrift mit allem Pi-Pa-Po zu machen. „Die Abschrift braucht die Frau Direktor vom Internat in Saulgau, damit sie Trudl in eine Klasse einteilen kann." Derweil Mutter bei Herrn Harter war, begann ich vor mich hin zu träumen. Im Internat würde ich sicher eine Freundin finden, mit der ich mich über Gott und die Welt austauschen könnte, so wie es Maria bisher mit ihrer Freundin Edith machte. Ich freute mich jetzt schon darauf, wenn Herr Breitmayer nach den Osterferien vorlesen würde: „Schulwechsel, Gertrud Pfingstler in das Internat Saulgau." Herrje, und wie schön wird es sein, wenn mich nach dem Schulwechsel kein Auinger Rotzhäuptling mehr verhauen kann!

Konstantin

Kein großes Ostereiersuchen der Kinder, dafür meldete sich der Krieg umso mehr. In meine glückliche Gedankenwelt hinein hörte ich Mutter sagen: „Kinder, habt ihr auch das vermehrte Donnern der Artillerie und das Gebell der Panzerkanonen vom Panzergelände her vernommen? Man könnte meinen es braut sich mal wieder was zusammen." Fliegeralarm, Fliegeralarm und immer wieder Fliegeralarm. Frau Drögel konnte deshalb im Luftschutzkeller immer öfter eine Art „Rede zur Nation" halten, wie Mutter sagte. Meistens fing sie damit an: „Ich denke, unser Führer wird bestimmt demnächst den Befehl geben, die neuesten Vernichtungswaffen einzusetzen. Nach solch einem Angriff werden unsere Feinde dann kein Land mehr sehen." Mutter hatte ein Schreiben von Frau Direktor Kerstler aus Saulgau erhalten. Dem Schreiben beigefügt waren meine Aufnahmeformulare für das Internat. Meiner Erinnerung nach teilte die Direktorin mit, dass sich für die Neuzugänge der Unterricht um zirka einen Monat verzögern würde. Dasselbe gelte auch für Maria, die wegen ihrer Krankheit das Jahr wiederholen musste. Der Grund für die

Verzögerung war der komplizierte Umzug des Internats von Markgröningen nach Saulgau. Außerdem mussten an der ehemaligen Sekundarschule von Saulgau An- und Umbauarbeiten vorgenommen werden, damit aus der Schule ein moderner Internatsbetrieb werden konnte. Maria brachte vom Lazarett einige Neuigkeiten mit: Helga Schubert, die Tochter von unserem Förster nebenan, soll nun endlich einen Arzt gefunden haben, der sie heiratet. Die Schwestern vom Lazarett hätten außerdem erzählt, dass Schwester Helga hinter jedem Mann her war, der einen Doktortitel hatte. Nun ist sie glücklich, dass sie einen gefunden hat, auch wenn der Auserwählte eineinhalb Köpfe kleiner war als sie. Das machte ihr wohl nichts aus. Als nächstes erzählte Maria: „Heute früh hat mich der italienische Arzt Dr. Marcocci von der Intensiv-Abteilung gebeten, ein Kuvert für ihn mit wichtigen Papieren bis nach dem Krieg aufzubewahren. Er meinte, nach der derzeitigen Lage müsse er damit rechnen, an die russische Front abkommandiert zu werden. Aus Russland aber wären, seines Wissens, nur wenige Italiener wieder lebend zurückgekehrt. Als er zu Ende gesprochen hatte, versprach ich ihm, auf das Kuvert gut aufzupassen. Andererseits hoffe ich für ihn, dass er nicht an die Front gehen muss und der Krieg bald zu Ende geht. Danach gab mir Dr. Marcocci noch die Adresse seiner Eltern in Florenz", sagte Maria. Am Wochenende erzählte Walter: „In Ulm geht zur Zeit das Gerücht um, dass der Rommel nicht an seiner Verletzung, die er sich in Frankreich zugezogen hatte, gestorben sei, sondern im Auftrag des Führers von seinen SS-Leuten vergiftet wurde. Rommel soll, so sagt die Gerüchteküche, dem Kreis von Stauffenberg angehört haben."
„Um Gottes Willen, Walter", sagte Mutter, „erzähl so etwas nicht weiter, sonst landest du in Dachau. Außerdem glaube ich das von Rommel nicht, denn er war doch einer von Hitlers Lieblingen und nicht umsonst ist Rommel auch Generalfeldmarschall geworden."
„Ach weißt du, Mutter, eigentlich ist es mir schnurzegal, wie der Rommel umgekommen ist. Die Wahrheit über seinen Tod ist für uns kleine Leute sowieso ohne Belang." Gerade erzählte Walter, dass die Zahl der Schlüsselkinder in den Städten durch den Wegfall der Großväter, die nun zum Volkssturm einberufen wurden, gestiegen sei, da klingelte es an der Haustüre. Es war Marias neuester Verehrer, der sie zu einem Kinobesuch abholen wollte. Am nächsten Tag erfuhren wir von Maria, dass sie den jungen Mann im Lazarett kennegelernt hat, als dieser einen verletzten Kameraden zum Arzt gebracht hatte. In meiner Erinnerung hieß Marias erste Liebe Konstantin von der

Königsstetter und kam aus Ostpreußen, wo seine Eltern ein Gut besaßen würden. „Konstantin ist Leutnant bei der Panzereinheit, die auf dem Panzergelände Schießübungen durchführen", erzählte Maria. „Leider wird die Panzereinheit Ende der Woche auf dem Münsinger Bahnhof verladen, um anschließend zum Panzerverband von Generaloberst Guderian zu stoßen. Wann und wo der Zusammenschluss sein wird, weiß nur sein Kommandeur. Um auch weiterhin in Kontakt bleiben zu können, wird Konstantin mir seine neue Feldpostnummer zukommen lassen." Bei dem Wort „Feldpostnummer" fing Maria an zu weinen, worauf Mutter und ich sie trösteten, so gut es eben ging. Als Mutter und ich auf dem Weg zur Kirche waren, sagte sie: „Hör mal, Trudl, morgen rufe ich Frau Kerstler an und frage sie, bis wann deine angeforderten Sachen fürs Internat in Saulgau sein müssen." Die Sachen waren die gleichen, die Maria vor ein paar Jahren ins Internat nach Markgröningen mitbringen musste. Eine Matratze mit Kopfteil, ein Deckbett und ein Kopfkissen sowie Bettwäsche und Handtücher zum Wechseln. „Weißt du, Trudl, die Antwort von Frau Kerstler ist für mich sehr wichtig, da das ganze Zeug bei Anna auf dem Bauernhof ihrer Eltern steht. Aus Angst davor, dass der Truppenübungsplatz auch ein Ziel der Alleierten sein könnte, gab ich deine halbe Aussteuer Anna zum Aufbewahren mit. Sobald Frau Kerstler mir den Termin mitteilt, an dem die Sachen in Saulgau sein müssen, telefoniere ich mit Annas Eltern und bitte sie mir das ganze Zeug vorbeizubringen. Sobald ich alles gut verpackt habe, bringt Herr Harter die Sachen mit seinem Dienstwagen zum Expressgut-Schalter." „Nach dem Gespräch mit Frau Kerstler war ich so gescheit wie vorher," sagte Mutter. „Die Devise heißt abwarten."

Der fremde Mann

Seit Anfang April scheint bei uns eine wunderbare Frühlingssonne, man könnte meinen, es wäre schon Sommer. Trotz des schönen Wetters war Maria unglücklich, da sie noch keine Nachricht von Konstantin bekommen hatte. Irgendwann fragte sie Mutter: „Meinst du, der Konstantin hat mich vergessen?". Worauf ihr Mutter geantwortet hat: „Aber nein, Maria, das hat er ganz bestimmt nicht. Er hatte einfach keine Gelegenheit dir zu schreiben. Bei Truppentransporten ist alles gar nicht so einfach. Denk nur mal an die jungen Soldaten, wie sie Angst haben vor ihrer ersten Feindberührung und wie sie beruhigt werden müssen." Nach dem Mutter meiner Schwester Mut zugesprochen hatte, war diese wieder ein glücklicher Mensch. Am Wochenende brachte Walter zwei ältere Fahrräder von Marys Eltern aus Biberach mit. „Weißt du, Trudl", meinte Walter, „sobald ich die alten Schinken überholt habe, können wir zusammen hamstern fahren." Am Sonntag, als Mutter mit Maria und mir zur Heiligen Messe ging, sagte sie: „Was haben wir für ein schönes Frühjahr! Die Frühlingssonne lässt die Tage schon richtig sommerlich erscheinen. Ohne die verdammten Fliegeralarme könnte man glatt meinen, es wäre Frieden auf der Welt." Als Inge und ich von der Schule nach Hause kamen, saß am Esstisch ein uns unbekannter Mann und unterhielt sich mit Mary. Nachdem wir unsere Mäntel aufgehängt und die Ranzen verstaut hatten, gingen wir zum Essplatz, um den fremden Mann zu begrüßen. Ich streckte ihm meine Hand entgegen, doch dann fiel sie mir sofort wieder hinunter, denn der fremde Mann war mein Vater. Von dieser schicksalhaften Begegnung ist mir hauptsächlich Vaters kurz geschorener, grauer Haarschopf, sein eingefallenes Gesicht und das Weinen aller Anwesenden in Erinnerung geblieben. Zum Mittagessen kam auch Walter mit seinem alten Schnauferle angebraust. Mutter hatte ihn per Telefon von Vaters unglaublicher Ankunft mitgeteilt. Vor Inge und mir erzählten die Erwachsenen nur lustige Begebenheiten, doch über den geheimnisvollen Besuch von Vater verlor keiner ein Wort. Bevor Inge und ich zur Mittagsschule gingen, nahm uns Walter zur Seite und sagte: „Hört mal, Mädels, Opa und Vater Anton ist in geheimer Mission hier, deshalb sprecht mit niemandem über sein Hiersein." Wir versprachen es für uns zu behalten und gingen aus dem Haus. Abends im Bett flüsterte ich Maria zu: „Sobald Vater wieder fort ist, erzählst du mir alles, worüber die Erwachsenen geredet haben!". Worauf sie „Klaro" sagte. Am späten Abend hörten Maria und ich, wie Vater und Walter den englischen Sender abhörten. Für Vater war die wichtigste Nachricht, dass die Amerikaner bereits kurz vor Stuttgart stehen würden. Nachdem Vater so schnell wie möglich zu seiner Truppe in Kassel zurückkehren wollte, um dort zusammen mit seinen Soldaten in englische Gefangenschaft zu gehen, musste er eine Route nehmen, die an den Amerikanern vorbeiführte. Vaters Aufbruch in Richtung Kassel erfolgte noch in dieser Nacht. Schlaftrunken verabschiedeten wir Vater und schliefen weiter. Im Laufe des Freitags meldete er sich telefonisch bei Mutter und teilte ihr mit, dass er wieder heil in Kassel angekommen sei. „Die ganze Strecke bis Kassel musste ich jedoch nicht mit dem Fahrrad fahren, da ein barmherziger LKW-Fahrer mich fast bis Kassel mitgenommen hat. Meine weiteren Schritte sind nun, mich bei meiner Truppe zu melden. Danach verhalte ich mich so, wie ich es mit Walter besprochen habe." Am Ende des Telefonats hatte Vater noch gesagt: „Also, Lina, bis irgendwann, bis dahin, bleibt alle gesund!". Natürlich wollten wir von Walter wissen, was er und Vater besprochen hatten, doch der wiegelte ab und sagte nur: „Bald erzähle ich es euch, doch momentan ist dafür nicht der richtige Zeitpunkt." In der Nacht von Freitag auf Samstag hatte es wieder Fliegeralarm gegeben, weshalb Inge und ich am Samstagmorgen nicht in die Schule gehen mussten. Wir hatten quasi schulfrei: an Führers Geburtstag. Da Walter wegen Vaters überraschendem Besuch für den Rest der Woche Urlaub beantragt hatte, fuhr er Mary nach dem Essen mit seinem Schnauferle zur Arbeit. Irgendwann am Nachmittag schaltete Mutter das Radio ein, um die Rede von Goebbels zu Hitlers Geburtstag zu hören. Gerade als Goebbels sagte „Das Volk wird niemals kapitulieren", heulte eine Sirene auf, deren Ton so schrecklich laut, schrill und langanhaltend war, wie es vor dem noch keine andere Sirene war. Vor Schreck fiel Mutter alles, was sie gerade in der Hand hielt, auf den Boden. Nur eine Sekunde später schrie sie aus vollem Halse: „Panzeralarm! Los Kinder, lauft so schnell ihr könnt, ab in den Keller!". Wir, Maria, Inge und ich, rannten ins Treppenhaus und rutschten auf dem Geländer hinunter ins Erdgeschoss, und rannten in den Luftschutzkeller. Mutter und Walter rannten die Treppen hinunter. Während Mutter sich zu uns Kindern setzte, rannte Walter zu seinem Auto, um Mary wieder von ihrer Arbeitsstätte, dem Kino, zurückzuholen. Nach geraumer Zeit kam Mary alleine in den Luftschutzkeller. Auf Mutters Frage, wo Walter sei, antwortete sie: „Der spricht noch mit zwei Hitlerjungen." Als Walter in den Luftschutzkeller kam, erzählte er, dass die beiden etwa vierzehnjährigen Buben gesagt haben, sie müssten laut Befehl ihres Scharführers dieses Hauses mit ihren Panzerfäusten gegen die Feinde verteidigen. „Hört mal, ihr Helden, hier wird gar nichts mehr verteidigt, denn der Feind steht praktisch vor der Haustür und der ist übermächtig. Also, legt deshalb eure Panzerfäuste in den Garten von General Rößler und verschwindet so schnell ihr könnt heim zu euren Müttern. Falls ihr euch mir widersetzt, lege ich euch übers Knie und haue euren Hintern grün und blau, verstanden?". Dann fingen die beiden plötzlich an zu zittern, legten die Panzerfäuste in den besagten Garten und rannten davon. Kaum hatte Walter seine Geschichte beendet, schrie Frau Drögel: „Morgen früh lass ich Sie erschießen,

Sie Vaterlandsverräter!". Daraufhin lachte Walter lauthals und sagte: „Wer geht mit mir nach oben?". Walter und ich gingen zu dem Platz, an dem zuvor die beiden Hitlerbuben gestanden hatten. Als nächstes sahen wir, wie bei Hellsterns weiße Tücher an den Fenstern angebracht wurden. Voller Skepsis betrachtete ich das Geschehen. Plötzlich sah ich, wie Walter einen Zeigefinger vor die Lippen legte. Nach kurzer Zeit sagte er: „Trudel, es ist soweit, sie kommen." „Wer, Walter? Wer kommt?", fragte ich verwundert. „Na wer wohl", sagte er, „unsere Befreier". Nun hörte auch ich das Rasseln der Panzerketten und sah kurz darauf auch die Stahlriesen, die immer näher und näher kamen. Soldaten schoben auf Panzern Maschinengewehre hin und her. Unglaublich aber war, dass plötzlich Walter und ich auf dem Gehweg vor unserem Garten standen und wie gebannt den Ankommenden entgegen starrten. Nun drehte ein Soldat sein Maschinengewehr und hielt es auf uns zu, doch dann lachte er. Oh Gott, der Soldat war ein Mohr. Der schwarze Mann griff nun in seine Hosentasche und warf mir Bonbons zu. Bevor ich mich bücken konnte, um die Bonbons aufzuheben, hob ich zaghaft meine Hand hoch und winkte dem netten Mohren zu. Kurz danach wurde mir übel. Oh Gott, ich hatte dem Feind zugewinkt und musste nun vielleicht ins Gefängnis. Als ich Walter von meinen Gedanken erzählte, meinte er: „Aber Trudl, das Dritte Reich ist nun futsch und alle Leute hier sind nun amerikanisch." Danach gingen Walter und ich wieder in den Luftschutzraum zurück. Als wir dort angelangt waren, sagte Walter zu Frau Drögel: „Morgen kann ich Sie erschießen lassen, denn die Amerikaner haben uns soeben eingenommen, beziehungsweise sie haben uns mit ihren Panzern überrollt. Nachdem wir nun besiegt sind, können wir auch wieder in unsere Wohnungen zurückkehren."

Danziger Goldwasser

In der Nacht vom 20. auf den 21. April wurden im Alten Lager alle Barrieren, die ins Innere des Lagers führten, von neuernannten Hilfspolizisten abgebaut. Nun konnten auch alle Zivilisten ohne Ausweispapiere das Lager betreten. Das Gleiche galt für die Heereswaschanstalt. Auch hier waren die Türen und Tore geöffnet worden. Am nächsten Morgen läutete in aller Frühe Frau Drögel vom Unteroffiziersgebäude bei Mutter. Sie sagte zu ihr: „Liebe Frau Pfingstler, falls Sie Interesse an neuen weißen Wolldecken oder an neuen Kissen und Bettbezügen haben, dann kommen Sie oder Trudl gleich mit mir zur Waschanstalt, jetzt können sie sich noch die Sachen heraussuchen, die sie brauchen. Falls sie noch lange warten, ist von den schönen Sachen nichts mehr vorhanden, da bereits im Hof der Waschanstalt Bauern mit ihren Obstkarren stehen, um von den neuen Wolldecken und der Bettwäsche so viel zu nehmen, wie sie auf ihren Karren laden können." Als Frau Drögel mit ihren Neuigkeiten fertig war, rief mich Mutter und sagte zu mir: „Trudl, geh mit Frau Drögel zur Waschanstalt und hole auch für uns weiße Wolldecken und Bettwäsche." Derweil ich das alte Fahrrad holte, bedankte sich Mutter nochmals bei Frau Drögel, dass sie uns über das Öffnen der Waschanstalt informiert hatte. Danach eilte Mutter zu Familie Harter und Familie Simihanar, damit auch sie in den Genuss von den unentgeltlichen Sachen kamen. Als ich die Wäsche von der Waschanstalt nach Hause gebracht hatte, sagte ich zu Mutter: „Jetzt gehe ich ins Alte Lager und schau mal, was es da für Sachen gibt." Bevor ich loslief, nahm ich noch zwei Netze vom Haken, falls es etwas gab, das Mutter brauchen konnte. Da ich nicht wusste, was es im Lager gab, das für Mutter von Interesse sein könnte, lief ich einfach den vielen Menschen nach, die in Richtung Altes Lager rannten oder gingen. Was ich jedoch im Lagerinneren sah, war unglaublich. Vor den Baracken, die Holz oder Kohle lagerten, standen schon wieder Bauern mit ihren Karren. Vor den Baracken, die Lebensmittel oder Spirituosen lagerten, sah ich Menschentrauben, die alle in eine der beiden Baracken drängten. Ich entschied mich in die Baracke mit Lebensmitteln zu gehen, um dort vielleicht etwas zu finden, das Mutter zum Kochen oder Backen brauchen konnte. Gesagt, getan. Ich schlängelte mich an den Erwachsenen vorbei und nach vorne durch, um... ja, was wollte ich eigentlich? Da fiel mein Blick auf eine Riesenflasche Maggi und – schwupp, stopfte ich sie in eine meiner Netze. Oh Gott, was war denn da zu meinen Füßen? Nein, das konnte doch gar nicht sein, ich stand wadenhoch in Mehl, Nudeln, Zucker und mehr. Ach herrje, da standen auch Sträflinge in ihren gestreiften Anzügen, Kriegsgefangene mit einem großen „P" auf dem Rücken und aßen eisern Essensrationen, die für die Truppen gedacht waren, die an die Front mussten. Als nächstes griff ich nach einem etwa fünf oder zehn Kilo schweren Paket und stopfte es in das andere Netz. Danach drängte ich mich nach draußen. Auf einem kleinen Mäuerchen setzte ich mich hin und guckte nach, was in dem schweren Paket war, das ich zum Schluss in der Lebensmittelbaracke mitgenommen hatte. „Gries" stand auf dem Paket. Nun hatte ich doch noch etwas für

Mutter zum Kochen gefunden. Mein nächster Gang war zur Spirituosenbaracke. Mir bot sich ein ähnliches Bild, wie in der Lebensmittelbaracke nebenan. Hier jedoch schlugen einige ehemalige Gefangene einfach die Flaschenhälse an einem harten Gegenstand ab und tranken danach den Alkohol aus der Flasche. Manche der ehemaligen Gefangenen oder Häftlinge torkelten in der Baracke hin und her, sodass ich mir schnell eine Flasche griff und mit ihr das Weite suchte. Als ich die Flasche ins Netz mit der Maggiflasche steckte, las ich auf dem Etikett „Danziger Goldwasser". Als ich mit meinen Kostbarkeiten zu Hause angekommen war, drückte Mutter mich fest an sich und sagte: „Ach Trudl, ich bin so froh, dass dir nichts passiert ist. Aber nun erzähl mal, wie war es denn im Lager drinnen?". Nachdem ich ausführlich von den Geschehnissen in den Baracken erzählt hatte, legte ich die Netze mit den Kostbarkeiten auf den Tisch. Als Walter die Maggiflasche sah, lachte er laut. Danach wollte er wissen, wie das „Danziger Goldwasser" schmeckt und bat mich um ein Versucherle. Ich schenkte ihm erst ein Glas, und dann noch ein zweites ein. „Der Saft schmeckt aber gut", sagte Walter, „an den könnte ich mich gewöhnen." Nach ungefähr einer halben Stunde lachte und lachte mein Bruder immer wieder, und das alles ohne einen Grund. Er hatte den ersten Schwips in seinem Leben. Am nächsten Tag gingen Maria und ich nochmals in die Lebensmittelbaracke im Lager, um Zucker für Mutter zu holen. Bei Herrn Limonaden-Rauter liehen wir uns ein Leiterwägele, um damit den Zucker nach Hause zu transportieren. In der Lebensmittelbaracke suchten wir lange nach einem Sack mit Zucker, auch wenn es dann nur ein halbvoller war, den wir ins Wägele lupften. Leider waren unsere Bemühungen umsonst, der Sack war zu schwer. Als wir ratlos mit dem Sack und dem Wägele herumstanden, nahte in der Gestalt eines „P"-Mannes unser Schutzengel. Er nahm den Sack und hievte ihn in unseren Leiterwagen. Als wir uns artig bei ihm bedankten, sagte er auf Deutsch: „Gut, gut", und ging davon. Danach ging ich nochmals in die Spirituosenbaracke, um für Walter eine neue Flasche „Danziger Goldwasser" zu holen. Auf dem Rückweg hörten wir Fluglärm, aber wir gingen nicht in Deckung, denn wir dachten, der Krieg sei ja aus. Als jedoch einige Schussgarben neben uns einschlugen, schrie ich: „Maria, in Deckung!". Wir lagen beide im Straßengraben und warteten ab, bis die Flieger weg waren. Zu Hause erzählten wir die Geschichte Mutter, wobei wir beide immer wieder betonten, die Flieger hätten doch tatsächlich auf uns geschossen. Als wir am Nachmittag das

Leiterwägele von Herrn Rauter zurückgebracht hatten, trafen wir Herrn Harter. Unser Hausgenosse war am Verzweifeln. Auf einen Karren hatte er einen riesigen Sessel geladen, der immer wieder drohte hinunterzufallen. „Hallo, Herr Harter, stehen bleiben!". Ich wunderte mich wer da rief. Es war meine Schwester Maria. Beide rannten wir nun los, um Herrn Harter zu helfen. „Ach Gott, wie bin ich froh, dass ihr gekommen seid und mir beim Transportieren des Sessels helft." Unterwegs erzählte er, er habe den Sessel aus dem Offizierskasino mitgenommen. Auch dort seien alle Türen geöffnet und so ein Sessel wäre schon immer sein Traum gewesen. Manche Leute sollen Geschirr oder Besteck, andere wiederum Tischdecken, Teppiche oder Gardinen mitgenommen haben. Am Mittagstisch erzählten Maria und ich von Herrn Harters neuer Errungenschaft, einem pompösen Sessel aus dem Offizierskasino. Auch von Herrn Harters Erlebnissen erzählten wir, die er beim Suchen eines schicken Sessels erlebt hatte. Unter anderem hatte er zu uns gesagt: „Kinder, glaubt mir, die Menschen dort haben sich wie die Wilden aufgeführt. Sie stritten sich um Tischdecken, schrien sich an wegen Porzellanteller und um Besteckkästen oder rissen sich Gardienen aus den Händen. Ich hatte genug von diesem Jahrmarkt", sagte Herr Harter und war deshalb in den nächsten Raum gegangen. „Auch hier war es nicht viel besser, aber hier gab es wenigstens keine Keifereien. Die Menschen hier trugen zwar schnell Tische, Stühle oder Teppiche hinaus, so, als käme jemand, um ihnen die Sachen wieder abzunehmen, doch keiner belästigte den anderen. Während meines Rundgangs stieß ich auf große und kleine Sessel und dann stand ich plötzlich vor meinem Traumsessel. Ohne lange zu überlegen schnappte ich ihn mir und schleppte ihn zu dem kleinen Leiterwägele." Als wir mit der Geschichte von Herrn Harters Ausflug ins Offizierskasino fertig waren, fragte mich Walter, ob ich vielleicht für ihn und seine Familie im Offizierskasino Geschirr und Besteck holen könnte. „Wie du weißt, sind wir in Ulm vollständig ausgebombt worden und besitzen außer unseren Kleidern und unserer Unterwäsche nichts mehr. Für dich, Trudl, wäre es sehr einfach ins Offizierskasino zu kommen, denn in dieser Gegend kennst du dich ja bestens aus. Du und deine Kumpels seid doch oft genug bei uns hinterm Haus zum Wäldle hochgelaufen, wo ihr bei der Drahtzaunabsperrung unten durchgeschlupft seid, um in der Nähe beim Kasino Kriegerles zu spielen." „Also gut, ich geh ins Offizierskasino", sagte ich, „aber nur, wenn Inge mir beim tragen hilft." „Nein!", schrie Mary, „Inge darf nicht mit ins Kasino gehen, eine solche Aktion ist für sie viel zu gefährlich." „Und du, Maria", fragte Walter, „könntest du Trudl ins Kasino begleiten?". „Nein, ich kann nicht, denn ich habe bereits Frau Drögel versprochen, ihr beim Aufwickeln von Garn zu helfen." Nun mischte sich Mutter ins Gespräch ein, indem sie sagte: „Trudl, wenn du keine Angst hast alleine zu gehen, dann geh mir zu Liebe ins Kasino und bringe von dort so viel Geschirr und Besteck mit, wie du tragen kannst. Anschließend bringst du die Sachen bis zum Drahtzaun und schiebst sie danach unter dem Zaun durch, wo Walter vor dem Zaun auf dich warten wird. Das ganze Zeug bringt er danach hinunter ins Haus. Trudl, was meinst du, bist du so mit meinem Vorschlag einverstanden?". Ich nickte. Sofort fing Mutter an die Riemen von Vaters altem Wanderrucksack auf meine Größe zu kürzen. Im Inneren des Offizierskasinos war alles so, wie Herr Harter es uns beschrieben hatte. Zielstrebig ging ich dem Wegweiser nach. In der Küche klebten an Regalen Kärtchen mit der Aufschrift des jeweiligen Artikels. Bei dem Kärtchen „Porzellan" griff ich nach flachen und tiefen Tellern, nach Sauciers und Suppenschüsseln. Danach ging ich zielstrebig auf das Regal zu, an dem das Kärtchen „Besteck" hing. Hier griff ich nun in die verschiedenen Besteckbehälter und holte Messer, Gabeln und Suppenlöffel heraus. Um zu verhindern, dass von dem Porzellan etwas in die Brüche ging, stopfte ich einfach herumliegende Fensterstores zwischen das Geschirr. Das Besteck wickelte ich ebenfalls in Stores. Als ich mit der Einwicklerei fertig war, machte ich mich sofort auf den Heimweg. Wie vereinbart wartete mein Bruder vor dem Zaun. Als erstes nahm er den Rucksack in Empfang, um mir dabei zu helfen, unter dem Zaun durchzukriechen. Als wir zu Hause ankamen, sagte Mary: „Trudl, du bist wirklich ein mutiges Mädchen." Über das Kompliment aus Marys Mund freute ich mich riesig. Anschließend wusch sie das ganze Geschirr und das Besteck und sagte zu Mutter: „Dass du informiert bist: ich habe von allen Sachen sechs Stück genommen, den Rest habe ich in die Speisekammer gelegt. Vielleicht brauchst du das Zeug noch einmal."

Hitlers Tod

„Hört mal, Kinder!", sagte Mutter am Frühstückstisch, „ich habe ganz vergessen euch etwas Wichtiges mitzuteilen. Vor zwei Tagen, als ihr damit beschäftigt wart Sachen aus der Waschanstalt zu holen, kam ein Büttel mit einem Sprachrohr vorbei und verkündete im

Auftrag des amerikanischen Befehlshabers ungefähr folgenden Text: „An die deutsche Bevölkerung des Truppenübungsplatzes: Erstens: Ab sofort ist für die gesamte Bevölkerung, von achtzehn Uhr bis zum nächsten Morgen um sechs Uhr, Ausgangssperre. Zweitens: Alle Schulen sind bis auf weiteres geschlossen. Drittens: Alle Arten von Geldinstituten bleiben auch bis auf weiteres geschlossen." Von nun an verging fast kein Tag, an dem nicht der Büttel eine andere Neuigkeit bekannt gab. Die Nachkriegszeit hatte übergangslos begonnen. Zum Nachdenken war keine Zeit. Die Amerikaner kamen nicht im geduckten Laufschritt mit entsicherter Waffe in der Hand, im Gegenteil. Sie fuhren mit ihren Jeeps vor, kamen als freundliche Menschen und schenkten Kindern Bonbons, Kaugummis oder Schokolade. Nachdem die amerikanischen Soldaten weiße Gamaschen trugen, meinte Maria: „Die Befreier sehen aus wie Gralsritter." Bei der Befreiung durch die Alliierten kamen nicht alle Menschen so gut weg, wie die Bevölkerung vom Vorlager und dem Truppenübungsplatz. Von Herrn Harter erfuhren wir, wie auch die andere Seite der Medaille hätte aussehen können. Er berichtete Mutter von Ungeheuerlichem, das ganz in der Nähe vom Vorlager und Münsingen geschehen war. „Meine Schwester, die in Bremelau wohnt, wurde von französischen, alkoholisierten Kolonialfranzosen mehrmals vergewaltigt. Nun liegt sie mit anderen Frauen und Mädchen, die das gleiche Schicksal erlitten haben, im Münsinger Krankenhaus. Sie wird dort medizinisch behandelt und psychologisch betreut. Mit einer Ausnahmegenehmigung des amerikanischen Lagerkommandanten durfte ich meine Schwester im Krankenhaus besuchen. Hier erzählte sie mir, dass die Algerier und Marokkaner ihr Unwesen entlang dem Lautertal getrieben hätten. In ihrem Treiben waren sie erst kurz vor Münsingen von regulären französischen Truppen gestoppt worden. Die Einnahme von Münsingen erfolgte erst am 22. April durch ein französisches Regiment, welches aus Richtung Schwarzwald kam." Der Büttel verkündete wieder: „Ab sofort haben die Türen der Häuser immer offen zu sein." Von da an ging bei den Frauen die Angst um vergewaltigt zu werden. Boris Winogradow von der Russenbaracke erzählte uns folgendes: „Wir, Sascha, Wanda, ihr Mann und ich, sind am zweiten Tag nach der Besetzung des Vorlagers durch die Amerikaner zu dem neuen Lagerkommandanten gegangen und berichteten ihm von unserer heiklen Situation. Danach baten wir ihn uns Formulare zukommen zu lassen, damit wir einen Asylantrag für Amerika stellen könnten. Der Kommandant war sehr zuvorkommend und versprach sich um die Formulare zu kümmern." Außerdem erzählte Boris, dass nun auch die russischen Truppen, die ursprünglich den Amerikanern bei der Eroberung des Truppenübungsplatzes zur Seite stehen sollten, im Alten Lager angekommen seien. „Die russischen Truppen wurden bei ihrem Vormarsch in Richtung Allgäu in schlimme Gefechte mit der Waffen-SS verwickelt, sodass es auf beiden Seiten noch viele Verletzte und Tote gegeben hat." Eines Abends, als wir die vergangenen Wochen Revue passieren ließen, meinte Walter: „Ich denke, wir haben in Deutschland keine Zukunft mehr und sollten deshalb auswandern." Völlig sprachlos schauten wir ihn an. Als Erste fasste sich Mutter und fragte: „Ja, aber in welches Land sollen wir denn gehen?". „Das weiß ich noch nicht", antwortete daraufhin Walter. „Das kommt darauf an, welches Land deutsche Auswanderer überhaupt aufnimmt. Sobald es möglich ist, telefoniere ich nach Hamburg und erkundige mich im Senat, mit welcher Reederei wir Kontakt aufnehmen müssen, um auswandern zu können." Nach wochenlangem Postverkehr bekam Walter Nachrichten aus Hamburg. Die Post beinhaltete ein ganzes Bündel von Papieren, die alle nötig waren, um auswandern zu dürfen. Außerdem lag ein Formular mit der für uns zuständigen Adresse der Reederei bei: Hapag Lloyd Reederei Hamburg. Am 30. April spuckte unser Volksempfänger folgende Meldung aus: „Adolf Hitler ist tot. Der ehemalige Führer des Deutschen Reiches ist bei der Verteidigung von Berlin gefallen." Am nächsten Tag kam aus dem Radio eine Berichtigung zu der Meldung vom Vortag: „Adolf Hitler ist nicht gefallen, vielmehr hat er sich mit seiner Ehefrau Eva Hitler, geborene Braun, vergiftet. Nach ihrem Tod hätten Getreue des Führers auf dessen Befehl hin die beiden Leichen verbrannt, um zu verhindern, dass der Leichnam von Hitler durch russische Streitkräfte identifiziert wird." Jeden Tag erfuhren wir aus dem Radio Neues. Unter anderem auch, dass Eva Braun schon seit ungefähr dreizehn Jahren die Geliebte von Hitler war. Der Führer war demnach nicht der einsame Wolf, den er der Bevölkerung vorgespielt hatte. Weiter erfuhren wir, dass der Führer seine langjährige Geliebte erst einen Tag vor ihrem gemeinsamen Tod geheiratet haben soll. Am darauffolgenden Tag meldete der Rundfunksprecher wieder folgendes: „Der ehemalige Propagandaminister Goebbels ist tot. Er beging mit seiner Frau und seinen Kindern, genauso wie sein Idol Hitler, mit Giftpillen Selbstmord. Nachdem russische Spezialkommandos die aufgebahrten Leichen der Goebbels Familie gefunden hatten, befragten sie die restlichen Getreuen des

Führers aus dem Führerbunker, wer die Kinder getötet habe. Die Antwort lautete: Frau Goebbels."

Vaters Geheimnis

Wie man hörte, sollen sich die Franzosen in ihrer Zone wie Kolonialherren aufführen. Etwas von diesem Gehabe betraf auch uns vom Vorlager. So stellten zum Beispiel die französischen Besatzer am Anfang und Ende ihres Territoriums Schlagbäume auf. Aus diesem Grund mussten wir nun, um zur Heiligen Messe in Münsingen zu gelangen, immer drei Mal unsere Ausweispapiere an den Schlagbäumen vorzeigen. Von dem französischen Gouvernement bekamen wir einen Passport, von dem amerikanischen Lagerkommandanten eine Identity Card und ein Dokument von der russischen Kommandantur. Als wir das erste Mal die Tortur hinter uns gebracht hatten, meinte Maria lachend: „Nun fehlt nur noch der Wegzoll, dann sind wir wieder im Mittelalter angekommen." Eines Abends fragte Mutter: „Wo mag Vater wohl sein?". Darauf sagte Walter: „Er ist wahrscheinlich in englischer Gefangenschaft. Als Gefangener bei den Engländern ist er allemal besser dran als bei den Russen." „Apropos, Walter", meldete sich nun Maria zu Wort, „kannst du uns heute von Vaters heiklen Sache erzählen, die er dir, bevor er wieder nach Kassel zurück musste, anvertraut hat?". „Ja, heute kann und darf ich es euch erzählen. Kurz gesagt: Vater war ein ungewollter Deserteur. Eigentlich war es nie Vaters Absicht seinen Eid gegenüber dem Führer zu brechen, doch dann kam alles ganz anders. Vater erzählte mir, als von seiner Kompanie nur noch ein Skelett übrig war, belastete ihn das so stark, dass er manchmal nicht mehr schlafen konnte. Als Vater dann schlaflos auf seinem Feldbett lag, wären die getöteten Pioniere an sein Bett getreten und hätten ihn angefleht dem Tod Einhalt zu gebieten. Doch wie konnte das gehen? Da war der Befehl des Führers, der besagte: „Kampf bis zum letzten Mann und bis zur letzten Patrone." Dass er seinem Eid einen Ehr- und Gewissenlosen geschworen hatte, war sehr schlimm, aber es änderte nichts an der Tatsache, dass der Eid zählte. Ein Soldat darf nicht fragen, er hat zu gehorchen. Vater sagte mir: ,Walter, du musst wissen, meine Pioniere bauen Ponto-Brücken für ihre Kameraden, die sich auf dem Rückzug befinden, damit sie eine Chance haben, den Russen zu entkommen. Leider hat es der zuständige Mann beim Stab versäumt für die Russen nicht einsehbare Flussstellen zu suchen. Durch diesen Fehler war es für die

Russen nun ein Leichtes meine Pioniere bei ihrer Arbeit im Wasser abzuschießen. Wegen der vielen Toten ließ ich den Weiterbau der Pontos stoppen und fuhr zum Divisionsstab. Hier an Ort und Stelle wollte ich mit den Herren über die Probleme mit dem Brückenbau reden. Als ich beim Stab ankam und nach dem Herrn Oberst oder seinem Stellvertreter verlangte, wurde ich an einen Hauptmann verwiesen. Dieser erklärte mir, dass diese Herren im Augenblick dienstlich verhindert seien, da sie einen neuen Auftrag erhalten haben. Daraufhin brach im Raum ein lautes Gelächter los. Einige schrien: Abgehauen sind sie, verpisst haben die sich! Glaube mir Walter', sagte danach Vater, „das anschließende Lachen der Soldaten klang richtig schaurig. Das Schlimme an allem ist, dass die Hauptakteure sich aus dem Staub gemacht haben und die Statisten ihrem Schicksal überließen. Für mich als alte Frontsau ist ein solches Offiziersverhalten beschämend und würdelos. Ach Walter, du musst wissen, meine Männer, sie hatten ohne zu murren gehungert und gefroren und hatten mir trotz mancher widrigen Umstände stets vertraut. Nein, ihnen soll es nicht so ergehen, wie den Soldaten hier, die von ihren verantwortlichen Offizieren im Stich gelassen worden waren. Nein, meine Männer, sie sollen mit Gottes Hilfe leben. Es sind schon zu viele von ihnen gefallen. Obwohl der Gang zum Stab bisher noch nichts gebracht hatte, war ich guter Dinge. Irgendwie fühlte ich, heute ist mein Tag, heute fällt eine Entscheidung und zwar zu meinen Gunsten. Ja, und so war es dann auch. Der Hauptmann rief mich in das Büro des Obersten, um mir –'". In diesem Moment unterbrach das Klingeln an der Haustür Walter beim Erzählen. Als er aufstand, um die Eingangstür zu öffnen, sagte er noch kurz zu uns: „Den Rest der Geschichte, wie Vater mit seinen Männern nach Deutschland gelangt ist, erzähl ich später." Als Walter zurückkam, hatte er unseren Untermieter vom großen Dienstmädchenzimmer im Schlepptau, Herrn Klarbach. Unser ehemaliger Sowjetmajor war in Zivil und wollte sich von uns verabschieden. Er würde noch in dieser Nacht untertauchen, und zwar weit weg vom Vorlager und Münsingen, dorthin, wo es keine russische Kommandantur gibt, „denn sollte mich eine russische Behörde in die Finger kriegen, würde ich nach Russland abtransportiert werden, was für mich der sichere Tod bedeuten würde. Ein russischer Offizier geht nicht in deutsche Gefangenschaft, er hat sich vorher zu erschießen. Ja, ja, nach diesem unglückseligen Krieg ist mein Wunsch nur noch am Leben bleiben zu dürfen. Wenn es mir gelingen sollte zu überleben, erhalten sie ein Lebenszeichen von mir." Danach erzählte Herr Klarbach noch dies und jenes, unter anderem auch, dass Leutnant Willy und der Regisseur von der Schauspielertruppe sich bereits abgesetzt hätten. Spät abends verabschiedete sich Herr Klarbach mit unseren besten Wünschen für sein künftiges Leben in Deutschland. Die Geschichte, wie Vater es geschafft hatte mit seinen Männern ungeschoren Russland verlassen konnte, um nach Deutschland zurückzukehren, konnte Walter nicht mehr erzählen, da er im Kreis Münsingen der einzige Telegrafenspezialist war und deshalb nach Münsingen beordert wurde. Hier sollte er die mutwillig kaputt gemachten Telefonleitungen wieder in Gang setzen. Walter wurde nun jeden Morgen von dem französischen Capitain Cabanaira im Auto abgeholt und abends wieder zurückgebracht. Mary durfte nun wieder im Kino Karten abreißen. Die amerikanischen, französischen und russischen Soldaten sahen im Wechsel eine Woche lang Filme aus ihrer Heimat. Einmal nahm mich Mary in die Nachmittagsvorstellung mit. Es war ein französischer Film und hieß „Colonel Chabert". Anhand eines Kinderkarussells zeigte der Film das Leben des verstorbenen Colonels. Den jeweiligen Lebensabschnitt erfuhren die Zuschauer durch das Ein- und Aussteigen in das Karussell. Es zeigte jedes Mal das Ende eines Lebensabschnittes. Begleitet wurden die Karussellszenen durch ein Liedchen. Der Refrain war immer der Gleiche und ging in etwa so: „Egal, was kommt, das Leben dreht und dreht sich immer weiter." Den Inhalt des Filmes hatte mir Mary bereits zu Hause erzählt. Sie konnte mir den Film übersetzen, da sie in der Oberschule Französisch gelernt hatte. Dieser Film war mein erster im Nachkriegsdeutschland und blieb für viele Jahre auch der Letzte.

Die russischen Soldaten

Der Büttel verkündete: „Ab dem 1. Mai haben alle Volksbanken und Kreissparkassen wieder geöffnet." Als Mutter diese Ankündigung vernahm, sagte sie zu Maria und mir: „Also, Kinder, morgen gehe ich nach Münsingen und hole mir bei der Sparkasse Vaters Wehrsold ab. Wie ihr wisst, gab ich Vater einige hundert Mark mit, damit er nicht blank mit dem Fahrrad gen Norden fahren musste." Am nächsten Tag, als Mutter wieder zurückkam, hatte sie Schweißperlen auf der Stirn und war schneeweiß im Gesicht. „Um Gotteswillen, Mutter, bist du verunglückt? Erzähl doch!". „Ach Kinderleins, auf dem Konto ist kein Wehrsold eingegangen und deshalb sind wir nun bettelarm. Das Geld auf dem Sparbuch reicht gerade noch für die kommenden Mieten." Als Mutter anfing zu weinen, sagte Maria: „Hör mal, Mutter, ich denke du legst dich nun ein Weilchen aufs Sofa und wenn du ausgeruht bist überlegen wir, wie wir aus der Misere wieder herauskommen." Nach reiflichen Überlegungen hatte Maria die beste Idee. Ihr Vorschlag war, sie würde von dem Garn, welches ich mit den weißen Wolldecken von der Waschanstalt mit nach Hause gebracht hatte, Bettjäckchen häkeln und Mutter sollte sie anschließend verkaufen. Die Adamers waren sehr froh über unser Vorhaben. So mussten sie auch weiterhin nichts von Marys und Walters geringem Einkommen abgeben. Nachdem ihre Wohnung in Ulm ausgebombt worden war, sparten sie eisern auf ein neues Wohnzimmer. „Ein neues Schlafzimmer bekommen wir von Mutter geschenkt, sobald wieder bessere Zeiten sind", sagte Walter. Einige Tage später verkündete der Büttel: „Ab sofort müssen alle Haustüren bei Tag und bei Nacht unverschlossen sein." Herr Harter erzählte uns, bei der Einnahme von Münsingen durch französische Truppen hätten sich einige höhere NSDAP-Mitglieder mit ihren Familien erschossen. Sehr schlimm soll der Anblick für die Söhne der Getöteten gewesen sein, als sie vom Volkssturm nach Hause zurückkamen, sodass sie ärztlich betreut werden mussten.

Eines Tages brachte Mary vier Personen mit nach Hause. Es handelte sich um das Ehepaar Behne und um eine Frau Streng und deren Tochter Rosemarie. „Die Herrschaften lernte ich zufällig auf der Straße kennen", sagte Mary. „Als ich danach auch noch von ihrer schlimmen Lage erfuhr, taten sie mir so leid, dass ich sie einfach für diese Nacht mit nach Hause nahm. Mutter, ich hoffe, dass du mit meinem Tun einverstanden bist." Nun wandte sich Mutter an die Neuankömmlinge mit den Worten: „Für heute Nacht dürfen sie bleiben, doch morgen früh müssen sie meine Wohnung verlassen, und dass ohne Wenn und Aber." Danach verfrachtete Mary die vier Personen in unser Wohnzimmer. Am nächsten Tag verließen die Herrschaften unsere Wohnung nicht, weshalb es noch viele böse Worte auf beiden Seiten gab. Kurz nach dem Auszug der Behnes und Strengs erhielt Walter ein Schreiben vom französischen Gouvernement. Darin wurde er gebeten sich umgehend bei ihnen zu melden. Nach seiner Rückkehr berichtete er uns, man hätte ihm dort als Nichtparteimitglied die Stelle als Leiter des Fernmeldeamtes Münsingen, nebst einer möblierten Wohnung angeboten. Nach Rücksprache mit seiner Familie und dem Einverständnis von allen, möge er die unterzeichneten Papiere sofort zurückbringen. Als Walter die unterzeichneten Papiere auf das Gouvernement zurückgebracht hatte, ging es mit dem Auszug bei uns sehr schnell. Die Wohnung, die ihnen zugewiesen worden war, bewohnten bis zum Kriegsende der Direktor von der Post und seine Familie. Nachdem der Postdirektor ein großer Parteigenosse gewesen war, kam er in das große Gefangenenlager bei Balingen. Seine Frau musste mit den Kindern die Wohnung verlassen und fand danach Unterschlupf bei ihren Eltern. Der Befehl der Alliierten, die Haustüren auch bei Nacht offen zu halten bestand noch immer, weshalb es einige Tage nach dem Auszug von Adamers zu einem, für uns schlimmen Auftritt mit Russen kam. Maria und ich bewohnten wieder unser ehemaliges Kinderzimmer. Wir empfanden unsere Betten und das ganze Drumherum als echte Wohltat. Zwei Tage später, als wir schon in den Betten lagen, hörten wir vom Treppenhaus her lautes Gepolter und stimmgewaltiges Sprachgewirr. „Hallo, Kinder!", rief Mutter durch die halboffene Schlafzimmertür. „Ist bei euch alles in Ordnung?". Bevor wir jedoch antworten konnten, wurden die Schlafzimmertüren bei Mutter und gleichzeitig bei uns aufgerissen. Angstvoll richteten wir uns in unseren Betten auf und schauten entgeistert auf die hereinstürzenden russischen Soldaten. Bevor wir das Ganze verstehen konnten, stand schon ein Soldat bei Maria und ein anderer bei mir, und jeder von ihnen hielt uns eine Waffe an den Kopf. Nun schrie ein anderer Soldat Maria an: „Wo Franziska?". Maria antwortete ängstlich: „Ich weiß es nicht, sie hat sich nicht von uns verabschiedet." Nun schrie der Russe mich mit den gleichen Worten an, worauf ich zitternd mit den Achseln zuckte. Plötzlich trat aus dem Pulk der Russen ein Mann in ziviler Kleidung. Na so was, es war nicht zu glauben, aber dieser Mann in Zivil war unser immer freundlicher Kriegsgefangener André, der bis Kriegsende in der Bäckerei Hellstern als Mädchen für alles gearbeitet hatte. Und da stand dieser so freundliche Mensch leibhaftig vor unseren Betten und sprach sogar mit den Russen in ihrer Sprache. Nun wollte er von uns ebenfalls wissen, ob wir wirklich nicht wüssten, wo sich Franziska aufhalten könnte. Maria antwortete ihm, wie schon vorher bei den Russen, dass sie es nicht wisse und ich sagte: „André, ich weiß es auch nicht." Danach meinte er: „Vielleicht weiß es Frau Adamer, in welchem Zimmer hält sie sich auf?". Darauf sagte Maria: „Mein Bruder ist mit seiner ganzen Familie nach Münsingen umgezogen, nachdem er vom französischen Gouvernement als Telegrafenspezialist angefordert wurde. Positiv war unser

Bruder auch von den Franzosen bewertet worden, da er im Dritten Reich keiner Partei angehört hatte." André übersetzte den Russen alles, was wir ihm erzählt hatten. Danach steckten die Russen die Waffen weg und riefen ihren Kameraden, die Mutter bewacht hatten zu, zurückzukommen. Maria musste André noch Walters neue Adresse in Münsingen geben, und danach zogen die Russen mit André ab. Die nächsten Tage erholten wir uns von dem Russenschreck und genossen wieder unsere Betten und die halboffene Tür zu Mutters Schlafzimmer.

Sieg über Deutschland

Einige Tage später riss uns der Büttel mit seinem Megafon aus den Betten. Er schrie: „Achtung, Achtung! Bekanntmachung: Der 8. Mai 1945 ist das offizielle Kriegsende!". Wieder und wieder schrie der Büttel dieselbe Nachricht. Am nächsten Tag schrie er: „Achtung, Achtung! Aufgrund des Potsdamer Abkommens wird Deutschland in vier Besatzungszonen geteilt. Der alliierte Kontrollrat bildet die oberste staatliche Autorität." Am darauffolgenden Tag wurde bekannt: „Ab dem 10. Mai kann die Zeitung Alb-Bote wieder bei der Firma Zeitungsbader in Münsingen oder an den bekannten Zeitungskiosken käuflich erworben werden." Am 8. Mai feierten im Alten Lager und auf dem Truppenübungsplatz die Amerikaner, die Russen und die Franzosen ihren Sieg über Nazi-Deutschland. Deutsche Arbeitskräfte erzählten beim Bäcker: „Die Amerikaner haben die Parade mit geschmückten Panzern angeführt. Danach kamen die amerikanischen Bodentruppen. In ihren weißen Gamaschen sahen sie aus, als kämen sie von einem anderen Stern. Als die Reihen der amerikanischen Soldaten zu Ende war, kamen nach einem kurzen Abstand die russischen Streitkräfte. Zuerst kamen die Mongolen und Tataren auf ihren kleinen Pferdchen daher. Diese kleinen Russen hatten nicht nur fast alle krumme Beine, sondern auch noch krumme Säbel. Den Schluss bildete die russische Infanterie. Diese Soldaten sollen noch bis vor kurzem gegen die SS-ler im Allgäu gekämpft haben. Zunächst kam ein einzelner Offizier auf einem Rappen daher. Auf seinem Kopf trug er das Käppi der Fremdenlegion. Anschließend marschierten die Legionäre im Stechschritt vorbei. Die meisten der Legionäre waren wahrscheinlich ehemalige Soldaten der deutschen Waffen SS, die im Krieg in französische Gefangenschaft geraten sind." In der damaligen Zeit gab es für die SS-Leute meistens nur zwei

Möglichkeiten, entweder sich sofort erschießen zu lassen oder in die französische Fremdenlegion einzutreten, um als Legionär für Frankreich in deren verschiedenen Kriegen, wie zum Beispiel 1954 im Indochina Krieg in Dien Bien Phu und anderen, zu kämpfen. Nur als Legionär hatte man die Chance weiter leben zu können. Weiter erzählten die Bäckerarbeiter: „Die Kolonialtruppen, Marokkaner und Algerier, wurden durch einen Offizier auf einem geschmückten Pferd angekündigt. Den Reiter zierte auf der einen Brusthälfte ein Umhang und auf der anderen Hälfte ein Dolch. Als das Pferd ein paar Schritte gegangen war, folgten ihm, ebenfalls zu Pferd, die Kolonialtruppen. Sie alle hatten sich und ihre Pferde schön bunt geschmückt. Am Schluss der Parade überflogen französischen Düsenjäger den Truppenübungsplatz. Das i-Tüpfelchen der Veranstaltung war jedoch, als die Flugzeuge am Himmel Kondensstreifen in den Farben der Trikolore, blau, weiß, rot, versprühten."

Die amerikanischen Offiziere

Mit einem Mal war der Krieg vorbei und das Leben musste unter neuen Vorzeichen weiter gehen. Die Kinder und die Jugendlichen mussten irgendwie den Schrecken über den verlorenen Krieg erst einmal verdauen. Gott sei Dank hatte ich meine Schwester Maria, denn mit ihr konnte ich über meine Ängste und Gefühle sprechen. Umgekehrt war es genauso. Maria sprach mit mir über ihre Enttäuschung und ihre Trauer wegen des gekappten Lebenstraums einmal Ärztin zu werden. Auch meinte sie: „Wie soll es mit uns nur weiter gehen? Wir haben kein Geld mehr, um eine höhere Ausbildung zu finanzieren und mit Vater können wir auch nicht rechnen. Oh mein Gott, was soll nur aus uns werden?". Danach haben wir geweint und nahmen uns in die Arme. Wir haben uns geschworen, immer für einander da zu sein. Eines Morgens standen plötzlich zwei amerikanische Offiziere in unserer Diele. Einer von ihnen sagte in einem einwandfreien Deutsch: „Wir wollen die Dame dieser Wohnung sprechen." Maria, die am Kaffeetisch saß und unsere Finanzen, die Einnahmen von dem Verkauf der Bettjäckchen, durchrechnete, stand nun sofort auf, um Mutter zu holen. Ich selbst stand noch immer neben Marias Stuhl und starrte sprachlos auf die Amerikaner. Mit schnellen Schritten kam nun Mutter mit Maria in die Diele. Maria hatte unterdessen bereits Mutter über den Besuch der amerikanischen Offiziere informiert, sodass sie den Offizieren nicht unvorbereitet entgegentrat. Nun sagte Mutter lächelnd: „Guten Morgen, meine Herren! Sie wollen mich sprechen? Bitte fragen Sie!". Der deutschsprechende Offizier stellte sich daraufhin Mutter mit den Worten vor: „Mein Name ist Jack, Captain bei der amerikanischer Armee und dieser Offizier –", dabei nickte er mit dem Kopf auf den schweigsamen Amerikaner, „- ist ebenfalls Captain bei der amerikanischen Armee und heißt Jim. Nachdem es auf dem Truppenübungsplatz zu wenige Unterkünfte für Offiziere gibt, sind wir beide beauftragt worden bei Privatpersonen Wohnungen oder Häuser zu beschlagnahmen. Aufgrund dieser Tatsache bitten wir sie nun uns ihre Wohnung zu zeigen." Als die beiden Amerikaner die Wohnung besichtigt hatten, sagte der Offizier Jack zu Mutter: „Sie werden in den nächsten Tagen von unserer Dienststelle Bescheid erhalten, welche Zimmer ihrer Wohnung für die amerikanischen Offiziere in Frage kämen, beziehungsweise beschlagnahmt werden." Schon am nächsten Tag brachte uns ein G.I. in einem Jeep den Bescheid. Darin wurde uns mitgeteilt, dass die beiden Schlafzimmer und der Salon ab sofort für amerikanische Offiziere beschlagnahmt seien. Am nächsten Tag standen erneut zwei amerikanische Offiziere bei uns in der Diele, es waren die schon bekannten Captains von vor zwei Tagen, Jim und Jack. Von den beiden Offizieren hörten und sahen wir nicht sehr viel, denn morgens frühstückten sie im Offizierscasino, genauso aßen sie dort ihr Abendbrot. Sobald sie unsere Wohnung betraten, gingen sie in ihr Arbeitszimmer, unseren ehemaligen Salon, um zu arbeiten. Jack, der Ältere von beiden, schlief im Elternschlafzimmer, Jim in unserem Mädchenschlafzimmer, und über den Rest der Wohnung konnten wir frei verfügen. Eines Tages sagte Captain Jack völlig überraschend zu Maria und mir, wir sollten bitte mit ins Arbeitszimmer kommen, denn er müsste uns etwas Unglaubliches zeigen. Im Arbeitszimmer standen bereits zwei Stühle, auf denen wir Platz nehmen sollten. Captain Jim stand an der Wand und ließ nun, als wir saßen, eine Leinwand herunter. Als nächstes schaltete er den Projektor ein und ließ einen Film durchlaufen. Oh mein Gott, was waren das für schaurige Bilder? Ich wollte sie nicht weiter anschauen und stand deshalb von meinem Stuhl auf, um aus dem Arbeitszimmer zu gehen. „Halt, hinsetzen!", sagte er im Befehlston. Er duldete keinen Widerspruch. Wie eine Marionette setzte ich mich daraufhin wieder auf meinen Stuhl. Captain Jack sagte nun: „Also, Mädchen, seht euch die nächsten Bilder gründlich an, denn sie zeigen Ausschnitte aus dem Konzentrationslager Auschwitz-Birkenau. Hier wurden

Menschen nicht nur geschlagen und malträtiert, sondern hier wurden auch tausende und abertausende Kinder, Frauen und Männer, hauptsächlich Menschen jüdischer Herkunft, in einem riesigen Krematorium vergast. All die sadistischen Sachen hegen euer geliebter Führer und der SS-Scherge Himmler aus. Auf Befehl dieser Teufel wurden nicht nur deutsche Juden in Konzentrationslagern umgebracht, sondern auch Juden, die in den von Deutschen besetzten Gebieten gelebt haben. Diese Juden wurden in Züge gepfercht und direkt in das Konzentrationslager Ausschwitz- Birkenau gebracht. Dort wurden sie sofort in den Gaskammern umgebracht." Bevor Captain Jack weiter sprechen konnte, sagte ich mit zittriger Stimme: „Herr Captain, ich kann das alles nicht glauben, die Deutschen sind doch keine Unmenschen. Nicht wahr, Maria?", und dabei wandte ich mich meiner Schwester zu, um von ihr Unterstützung zu bekommen. Maria weinte. Nach einer kurzen Atempause sagte Captain Jack: „Die Fotos zeigen das Konzentrationslager Ausschwitz-Birkenau am Tag der Befreiung durch die Alliierten. Nachdem die Nazis akribisch Buch über die Neuzugänge in das Lager und die Abgänge von den Duschräumen führten, konnten die Alliierten gut nachvollziehen, wie viele Insassen des Lagers bereits umgekommen waren und wie viele Menschen als Skelett auf den Haufen vor den sogenannten Duschräumen lagen. Der Rest der Gefangenen, die noch am Leben waren, standen oder lagen irgendwo im Lager herum. Nach der Befreiung der Gefangenen durch die Alliierten wurden die halbtoten Menschen sofort von einem Ärzteteam der Truppe medizinisch behandelt oder in die nächsten Krankenhäuser gebracht." Captain Jack erzählte uns nun, dass es außer dem KZ Ausschwitz-Birkenau auch noch weitere geben würde, wie zum Beispiel Theresienstadt, Bergen-Belsen, Dachau, Sachsenhausen und mehr. Captain Jim rollte nun die Leinwand wieder zusammen und war dabei das Vorführgerät in eine Art Koffer zu verstauen. Als er mit der Packerei fertig war, kam er auf seinen Kameraden zu und sagte zu ihm ein paar Worte auf Englisch. Im Anschluss drehte er sich zu Maria und mir um und sagte freundlich „Goodbye, Fräulein!", und verließ die Wohnung. Nach dem Captain Jim gegangen war, erzählte Captain Jack uns eine Geschichte, seine Geschichte. „Meine Eltern waren Juden und lebten in Berlin, wo auch ich auf die Welt kam. Mein Geburtsname ist der jüdische Name Jacob. Mein Vater war ein guter Deutscher und aus Liebe zu seinem Vaterland kämpfte er im Ersten Weltkrieg für Deutschland. Meine Mutter erzog mich im Sinne deutscher Werte.

Als meine Eltern jedoch 1938 die Kristallnacht hautnah erlebten –
die Nazis vernichteten ihre ganze Existenz – waren sie so schockiert,
dass sie mich, ihren einzigen Sohn, vorsichtshalber nach Amerika zu
Verwandten schickten. Hier sollte ich bleiben und abwarten, wie sich
die Lage in Deutschland weiter entwickeln würde. Sollte sie sich ver-
schlechtern, würden sie ebenfalls nach Amerika nachkommen. Nachdem sich die Lage für Juden in Deutschland immer mehr verschlech-
terte, beantragte mein Vater Ausreisepapiere für sich und seine Frau.
Ihr Ziel: Amerika. Anfang 1940 teilten mir meine Eltern mit, sie hätten die Ausreisepapiere erhalten und würden sich riesig auf ein Wiedersehen freuen. Was meine Eltern nicht wussten war, dass die nationalsozialistische Mordmaschine ihn und seine Frau schon in die To-
deslisten aufgenommen hatte. Die freudige Nachricht über die Ausreisepapiere für Amerika war das letzte Lebenszeichen meiner Eltern. Ihr Schweigen und das, was man in Amerika von Deutschland
hörte, konnte nur bedeuten, dass meine Eltern nicht mehr am Leben
waren. Als Amerika in den Krieg gegen Deutschland eintrat, meldete
ich mich freiwillig zur Armee. Als amerikanischer Offizier in
Deutschland, das kurz zuvor den Krieg gegen die Alliierten verloren
hatte, war es für mich nun viel einfacher nach meinen Eltern zu forschen. Sobald ich Urlaub nehmen kann, werde ich in die Vernich-
tungslager gehen, um an Ort und Stelle Einblicke in die Listen zu bekommen." Nachdem Captain Jack mit der Geschichte seiner Eltern
zu Ende war, bedankte sich meine Schwester höflich bei Captain
Jack für sein Vertrauen uns gegenüber. In diesem Moment platzte ich
mit den Worten heraus: „Jesus Maria, da hatten wir aber großes
Glück, dass Herr Diemter nicht unser Vater geworden ist und vorher
starb, sonst wären wir beide und auch Mutter ebenfalls von den Nazis vergast worden." Bei dem Wort vergast wurde Captain Jack hell-
hörig. Er wollte nun von Maria wissen, wer Herr Diemter sei. Marias
Antwort darauf war kurz und bündig: „Er war Jude und der zweite
Ehemann unserer Mutter. Wenn sie Näheres über Herrn Diemter wissen wollen, dann fragen sie am besten sie." Am Abend erzählten wir
Mutter, dass wir auf Geheiß von Captain Jack den Film über das
Konzentrationslager Auschwitz-Birkenau ansehen mussten. Ich
fragte Mutter: „Meinst du, dass es im Dritten Reich solche Scheuß-
lichkeiten gab?". „Ach, Trudl", meinte Mutter darauf, „denk mal zurück an Schwäbisch Gmünd und an Vaters Freund, den langen Heß,
dieser hat Vater von solchen Unmenschlichkeiten erzählt." Captain
Jack wollte von Mutter Näheres über Herrn Diemter wissen,

woraufhin Mutter ihn bat ins Wohnzimmer zu kommen. Dort erzählte sie ihm ihre Lebensgeschichte. Als Mutter fertig war, stand sie vom Sofa auf, nahm den Seidel vom Buffet herunter und schenkte ihn Captain Jack mit den Worten: „Es ist mein letztes Erinnerungsstück an meinen verstorbenen Mann, Franz Diemter. Er war ein wunderbarer Mensch und wäre bestimmt auch meinem Sohn ein guter Vater geworden, aber Gott wollte es anders. Er wollte nicht, dass wir alle in einem Konzentrationslager umkommen." Nun nahm der Captain den Seidel mit Tränen in den Augen an sich und bedankte sich mit den Worten: „Ich versichere Ihnen, dass ich den Seidel in Ehren halten werde, so, als wäre es ein Geschenk meines Vaters."

Der lange Heß

Kurz bevor das Pionier-Bataillon nach Russland abkommandiert wurde, erzählte Oberleutnant Heß Vater seine Lebensgeschichte. „Damit meine Frau und mein Sohn finanziell abgesichert sind, werde ich mich nicht selbst erschießen, sondern überlasse das Erschießen den Russen. Damals, als ich noch ein junger Mann war, wollte ich meine Freundin heiraten und eine Familie gründen. Mein Problem war jedoch, ich war arbeitslos und alle meine Bemühungen Arbeit zu finden blieben fruchtlos. Eines Tages erfuhr ich von einem Freund, dass es eine neue Gattung von Soldaten geben würde, die Waffen-SS. Mein Freund erzählte mir noch, wer bei der Waffen-SS eingestellt werde, sollte mindestens die Körperlänge von 1,80 Metern haben. Nachdem ich die Voraussetzung erfüllte, meldete ich mich bei der zuständigen Behörde. Ich wurde angenommen, konnte heiraten und wurde danach auch Vater eines gesunden Sohnes. Die ersten Jahre bei der SS waren schön. Einige Jahre später, als aus den Barackenlagern Konzentrationslager wurden, haben wir SS-ler, auf Befehl des Judenhassers Heinrich Himmler, Schlimmes getan. Er ließ immer mehr Konzentrationslager mit den berüchtigten Duschen bauen. In diesen Duschen konnten nun ganze Züge voller Menschen, meistens Juden, aber auch Zigeuner und andere Minderheiten, vergast werden. Von ihnen blieb nur noch Rauch aus den Schornsteinen übrig, Die vielen Menschen, die in den Gaskammern ermordet worden sind und die Gefangenen, die der Brutalität der SS-Mannschaften ausgeliefert waren, lösten bei mir Asthmaanfälle aus. Als die Anfälle immer öfter auftraten und der Arzt bei mir ein und aus ging, wurde ich zu meinem Vorgesetzten bestellt. Dieser teilte mir mit, dass ich auf Grund meiner Krankheit nicht mehr für die SS-Eliteeinheit tauglich sei. Wegen meiner langjährigen Zugehörigkeit bei der SS würde er sich für mich nach einem Platz bei einer Bodentruppe umsehen. Erfreulicherweise hielt mein ehemaliger Vorgesetzter Wort. Er brachte mich schließlich bei den Pionieren in Schwäbisch Gmünd unter. Hier in Gmünd verloren sich nach und nach meine Asthmaanfälle und seit einiger Zeit bin ich wieder gesund."

Der Engelmann

Ich wurde krank und bekam hohes Fieber. Mutter machte mir daraufhin Wadenwickel und legte mir immer wieder einen nassen Waschlappen auf die Stirn. Nachdem sich das Fieber leicht gesenkt hatte, meinte Mutter: „Nun bist du bald wieder gesund, du musst nur noch viel schlafen, dann kannst du wieder herumrennen." Danach tränkte Mutter den Waschlappen wieder mit kühlem Wasser und ging aus dem Zimmer. Nach wenigen Minuten kam sie mit einem Lächeln im Gesicht zurück und sagte: „Trudl, ich kann jetzt einkaufen gehen, denn Maria brachte soeben Geld nach Hause. Maria ist zu Frau Schwarz ins Kino gegangen, während ich deine Wadenwickel wechselte, um ihr die gehäkelten Bettjäckchen zu bringen. Da Frau Schwarz die ganzen Bettjäckchen prompt bezahlt hat, brachte Maria die eine Hälfte des eingenommenen Geldes sofort nach Hause. Die andere Hälfte bringt sie in diesem Moment zu Frau Drögel. Weißt du, Trudl, unsere Nachbarin hat das gleiche Problem wie wir, auch sie hat kein Geld mehr und auch bei ihr ist der Schmalhans der Küchenmeister. Ich gehe jetzt einkaufen und du versuchst in der Zwischenzeit zu schlafen." Nachdem Mutter die Wohnung verlassen hatte, musste ich wohl eingenickt sein. Plötzlich hörte ich, wie jemand so etwas wie „Hallo, Baby" sagte. Die restlichen Worte verstand ich nicht. Oh mein Gott, wer sprach denn da? War ich im Himmel? Ich schlug nun meine Augen auf und ließ sie umherschweifen, bis sie an einem Mann hängen blieben, der neben meinem Bett saß. Er lächelte mich immerfort an und hatte Schlitzaugen. Noch heute höre ich mich mit leiser Stimme fragen: „Bin ich im Himmel?". Der Mann sagte zwar etwas, aber ich verstand nur das eine Wort „Baby". Nun nahm der Mann meinen Waschlappen von der Stirn weg, verbeugte sich und ging lächelnd zur Tür hinaus. Dann kam er wieder zurück und legte mir den frisch gekühlten Waschlappen wieder auf meine Stirn. Er setzte sich auf den Stuhl neben meinem Bett. Kurze

Zeit später stand der Mann erneut auf und ging aus dem Zimmer. Als er zurückkam, hatte er eine Art Limonadenflasche und einen Becher in der Hand. Er öffnete die Flasche, um den Becher mit einer braunen Flüssigkeit zu füllen. Als er mir den Becher zum Trinken reichte, nippte ich erst daran, doch danach trank ich gierig den ganzen Becher leer, denn das Getränk schmeckte einfach himmlisch. Der lächelnde Mann füllte nun nochmals den Becher mit der braunen Flüssigkeit. Danach stellte er ihn auf den Hocker, den Mutter neben mein Kopfende gestellt hatte. Als nächstes holte er aus seiner Mappe eine kleine runde Metalldose heraus, die er gleich öffnete. Er deutete mir an, ein Stückchen aus der Dose zu nehmen und zu essen. Lächelnd griff ich in die Dose, nahm mir ein kleines, braunes Stückchen heraus und schob es mir in den Mund. Oh, ich konnte es kaum glauben, dass das kleine braune Stückchen aus der Dose echte Schokolade war. Über diese Tatsache war ich richtig ergriffen, sodass mir Tränen aus den Augen purzelten. Als der Mann meine Tränen sah, griff er schnell nach seiner Mappe verbeugte sich vor mir, sagte wieder so etwas wie „Baby" und verließ das Zimmer. Als Mutter und Maria vom Einkaufen zurückgekommen waren, erzählte ich ihnen, was ich zwischenzeitlich erlebt hatte. Als die beiden gehört hatten, dass die Dose mit der restlichen Schokolade und die Flasche mit dem Rest des himmlischen Getränkes sich noch auf dem Hocker befänden, eilte Maria schnellen Schrittes zu dem Hocker hin. An Ort und Stelle wollte sie lesen, was auf den Etiketten der geschenkten Dose und der Flasche mit dem himmlischen Getränk stand. Nachdem sie die Etiketten gelesen hatte, lachte sie und sagte: „Die guten Sachen, die dir der Engelmann geschenkt hat, kommen aus Amerika. Folglich wird der Mann auch Amerikaner sein. Also, hört mir mal zu", sagte Maria zu Mutter und mir. „Ich kann euch nun die Antwort darauf geben, was auf den guten Sachen des Engelmannes steht. Auf dem Etikett der Flasche mit dem himmlischen Getränk steht, Coca Cola, hergestellt in den USA. Und auf der roten Dose mit der Schokolade steht: Achtung, Notfallration! Hergestellt in den USA." Abends erzählte Mutter Captain Jack die Geschichte von dem Engelmann. Anschließend meinte sie jedoch: „Mir ist noch immer rätselhaft, wie der Mann in die Wohnung gekommen ist." „Nun, zu des Rätsels Lösung kann ich beitragen, denn der Fremde mit den Schlitzaugen ist mein Chauffeur. Er hatte den Haustürschlüssel von mir bekommen, da er mir verschiedene KZ-Akten zum Durchforsten bringen wollte. Aller Wahrscheinlichkeit nach hat sich mein Chauffeur an der Türe geirrt und landete deshalb im Zimmer ihrer kranken Tochter." Dank ein paar Becher Coca Cola und einiger Schokoladestückchen wurde ich bald wieder gesund.

Penicillin für Mary

Walter teilte Mutter mit, dass er erneut versetzt würde. Sein neues Arbeitsgebiet werde das Oberland werden. „Der neue Wohnsitz ist Aulendorf und als Wohnung erhalten wir eine Suite im Aulendorfer Schloss. Wegen der Kürze der Zeit kann ich leider keine Passierscheine für mich, Mary und Inge beantragen. Aus diesem Grund verabschiede ich mich nun telefonisch. Näheres erfahrt ihr sobald wir im Schloss angekommen sind." Neueste Nachricht aus Hamburg. Walter sagte am Telefon: „Hapag Lloyd teilte mir mit, dass wir nach Australien ausreisen dürfen. Unsere Registriernummern wurden mir auch schon mitgeteilt. Sobald ich den Passierschein fürs Alte Lager habe, komme ich zu euch, um über das Finanzielle und über die Schiffsreise zu reden. Auch über den Aufenthalt in Australien und wie es mit Vater weiter gehen soll müssen wir nochmals besprechen." Als Walter sich nach ungefähr einer Woche wieder meldete, war er völlig aus dem Häuschen. Als erstes sagte er: „Unsere Reise können wir vergessen, denn Mary liegt im Krankenhaus in Ravensburg. Zuerst hat sie über starke Bauchschmerzen geklagt. Als Marys Schmerzen immer schlimmer wurden, packte ich sie in unser Auto und fuhr mit ihr nach Ravensburg ins Krankenhaus. Hier wurde Mary sofort untersucht. Danach diagnostizierte der Arzt eine Bauchfellentzündung. Nachdem ich mein Einverständnis zur Operation gegeben hatte, wurde Mary operiert. Als wir dachten, Mary sei nun bald wieder gesund, da ging die ganze Chose erst richtig los. Kurze Zeit später sagte Marys Arzt zu mir: „Ihrer Frau kann nur noch Penicillin helfen. Dieses Medikament ist ein Antibiotikum und das gibt es leider nicht im Nachkriegsdeutschland. Kaufen können Sie das Penicillin nur auf dem Schwarzmarkt oder, falls sie Kontakt zu Amerikanern haben, diese bitten, ihnen das Medikament zu besorgen." Aufgrund des Gesprächs mit Walter, bat Mutter noch am gleichen Abend Captain Jack für ihre todkranke Schwiegertochter Penicillin zu besorgen. Unglaublich, aber wahr, bereits am nächsten Morgen brachte der Captain Mutter die Wunderarznei. Als Dankeschön für das Penicillin schenkte Mutter unserem Amerikaner die silberne Taschenuhr ihres verstorbenen Vaters. Die nächste Frage war nun, wie bringen

wir das Penicillin nach Ravensburg? Rat wusste unser Freund Boris von der Russenbaracke. Er sagte, er habe gehört, dass es in Bad Boll eine russische Poststation geben soll. Von dieser Station aus würden zweimal die Woche zwei russische Soldaten in Postautos zu ihrer Posthauptstelle nach Lindau fahren. Zurückerwartet in Bad Boll werden die russischen Postler wieder gegen 17 Uhr. Boris wollte es genau wissen, deshalb rief er bei dem Poststellenleiter persönlich an. „Als ich den Chef der Poststelle selber am Telefon hatte, flunkerte ich ein wenig", sagte Boris. „Ich erzählte ihm, dass die Schwägerin meiner Bekannten im Krankenhaus in Ravensburg liegen würde und es deshalb dringend geboten sei, sie zu besuchen." Der Poststellenleiter zeigte großes Verständnis für die Lage seiner Bekannten und versicherte Boris, dass seine Bekannte gleich am nächsten Morgen mit den russischen Postlern von Bad Boll aus bis nach Ravensburg mitfahren dürfe. „Nachmittags werden die Postler ihre Bekannte zur vereinbarten Zeit und an gleicher Stelle wieder abholen. Anschließend fahren die Postler wieder mit ihrer Bekannten zurück nach Bad Boll." Die nächste Frage war nun, wie kommt Maria nach Bad Boll? Herr Harter, dem Mutter die ganze Chose von Mary, dem Penicillin des Amerikaners und der Mitfahrgelegenheit von Maria bei den russischen Postlern erzählt hatte, wusste Rat. Er sagte: „Meine Schwester erzählte mir einmal, dass jeden Tag in der Früh von Böttingen aus ein Milchauto die ganzen Dörfer auf der Alb anfährt, um die großen Milchkannen der Bauern abzuholen. Endstation für die Milchautos ist die Sammelstelle bei der Molkerei in Laichingen. Ich denke, Maria sollte gleich, wenn sie die Fahrer von dem Milchauto anspricht, zwei Schachteln Zigaretten in der Hand halten, damit die Fahrer den Lohn sehen, der sie bei Mitnahme der drei Personen erwartet."
Auf Grund der Zigaretten, durften alle drei mit dem Milchauto bis Laichingen mitfahren. Von dort aus mussten sie bis Bad Boll laufen. Walter teilte Mutter mit, dass das Penicillin bei Mary bereits Wirkung zeigte. „Wir sind nun voller Hoffnung, dass Mary wieder ganz gesund wird. Bitte, Mutter, sage dem amerikanischen Offizier nochmals unseren besten Dank für das Besorgen des Penicillins!".

Abschied

Captain Jack sagte Mutter, dass die Amerikaner in Bälde den Truppenübungsplatz Münsingen verlassen müssten. „Unser neues Ziel ist München. Aufgrund der Aufteilung der Besatzungszonen kommt der

Truppenübungsplatz Münsingen unter die französische Verwaltung."
Anfang Juni kam Boris bei uns vorbei um sich zu verabschieden. Unter anderem sagte er, sobald die Amerikaner nach München gingen, würde er zusammen mit Wanda und ihrem Mann Boris mit den Amerikanern mitziehen. „Wanda und ihr Mann werden versuchen von München aus so schnell wie möglich Ausreisepapiere für die USA zu bekommen. Sascha bleibt noch einige Zeit hier, will aber irgendwo untertauchen. Ich selbst bleibe zunächst in München, da man mir schon einen Vorvertrag mit dem amerikanischen Radiosender AFN angeboten hat." Weiter erzählte Boris noch, dass der Leiter der Theatergruppe beim Verlassen eines Lastwagens an der französisch/amerikanischen Grenze bei Bempflingen erschossen worden sei. Der anschließende Abschied von unserem Freund Boris fiel uns sehr schwer. Maria und ich vergossen viele Tränen und Mutter wünschte ihm auf all seinen künftigen Wegen Gottes Segen. Tags darauf kamen auch unsere beiden amerikanischen Offiziere, um uns Goodbye zu sagen, wobei Captain Jack Mutter drei Schachteln amerikanische Zigaretten zum Abschied schenkte. Im Gegensatz zu den Zigaretten, die Vater immer geraucht hatte, die Attikas oder Gelbe Ernte23, hießen die amerikanischen von Captain Jack Camel, Pall Mall und Lucky Strike. Ein Tag nach der Abreise von unseren Amerikanern erhielten Frau Drögel und ihre Tochter Karin vom Gutsbezirkshilfssheriff die Aufforderung Münsingen, beziehungsweise das Alte Lager, innerhalb der nächsten drei Tage zu verlassen. „Falls Sie diese Frist nicht einhalten, müssen sie und ihre Tochter mit Gefängnis rechnen. Ihr Heimatort liegt nach Aufteilung der Besatzungszonen nunmehr in der englischen Zone." Danach erzählte Frau Drögel noch: „Als ich den Sheriff gefragt hatte, wie ich am besten ins nördliche Rheinland komme, sagte der Blödmann zu mir: ‚Fragen Sie doch Ihren Hitler!'" Nach dem Weggang von Frau Drögel und ihrer Tochter Karin, kam Frau Grohe nun wieder öfters bei Mutter vorbei, um mit ihr einen kleinen Plausch zu halten. So auch an jenem Tag, als wir Franzosen wurden. An diesem Abend sagte Frau Grohe: „Nachdem wir nun für Ulm keinen Passierschein mehr brauchen, fahren morgen Frau Simihanar und ich zu Gerhard ins Lazarett, um ihn zu besuchen. Am nächsten Tag erzählte uns Frau Grohe mit zitternder Stimme von ihrem Krankenbesuch bei Gerhard. „Beim Anblick seiner Mutti weinte Gerhard wie ein kleiner Junge. Er hatte sie so vermisst und ließ deshalb die Hand seiner Mutti nicht mehr los. Als ich sah wie glücklich Gerhard und seine Mutter waren, sagte ich

zu den beiden: „Ich versuche mal den Arzt von Gerhard zu sprechen." Bei dem zuständigen Arzt gab ich mich als Gerhards Patentante aus, die wissen wollte, ob sie etwas tun konnte, damit ihr Patensohn wieder gesund werden würde. Die Antwort des Arztes war: „Bezahlen Sie ihm eine Operation, bei der man bei ihm eine silberne Platte einsetzen kann, denn eine solche kostspielige Operation kann sich nur eine Privatperson mit genügend Geld leisten." Daraufhin sagte ich zu dem Arzt: „Wenn das so ist, dann operieren Sie mein Patenkind auf meine Kosten, aber sagen sie Gerhard und seiner Mutter nicht, dass ich die Operation bezahle." Nach ungefähr drei Monaten wurde Gerhard aus dem Lazarett in Ulm nach Hause entlassen. Alle Hausbewohner brachten unserem Gerhard als Zeichen ihrer Freude über seine Heimkehr Kleinigkeiten zu Essen mit, wie Kuchen oder Würstchen, und manchmal auch ein Stück Fleisch. Diese Sachen sollten alle dazu beitragen, dass Gerhard so schnell wie möglich zu Kräften kommt. Nach einigen Wochen konnte er sogar schon wieder lachen.

Schürzen für Tante Ottilie

Post von Tante Ottilie. Sie schrieb: „Lina, wir haben den Krieg überlebt. Leider kränkelt Philipp seit einiger Zeit, es ist sein zerschossenes Bein vom Ersten Weltkrieg. Nach Lage der Dinge müssen wir in der Armeleutesiedlung bleiben. Erst müssen der ganze Schutt und die vielen Trümmer vom Krieg beseitigt werden. Danach müssen die Ausgebombten eine Unterkunft bekommen. Aus diesen Gründen müssen ebenso zwei Alte, wie Philipp und ich, mit unserer jetzigen Unterkunft zufrieden sein. Unglaublich, aber wahr, das Schicksal hat bei uns erneut zugeschlagen. Irgendwann bekam Philipp Fieber und danach starke Schmerzen an seinem kaputten Bein. Als er wegen seines Beins keine Taxifahrten mehr übernehmen konnte, floss auch keine müde Mark mehr in meinen Geldbeutel. Aus diesem Grund kann ich Philipp auch kein Stückchen Fleisch kaufen. Liebe Lina, ich habe nun eine Bitte an dich, könntest du mir vielleicht mit ein wenig Geld aushelfen? Linel, noch etwas, ich bin zwar kein Kind mehr, aber ich habe trotzdem noch einen Wunsch: Könntest du mir eine Küchenschürze nähen? Meine einzige gab nämlich den Geist auf." Mit dem Stöberl-Grab ist alles in Ordnung. Nachdem die Flieger mit ihren Bomben den Friedhof verschont haben, liegen seit einiger Zeit neben den Gräbern Menschen, die ihr Hab und Gut verloren haben.

Manchmal rede ich mit dem einen oder anderen Obdachlosen und dann meinen die meisten von ihnen, der Friedhof wäre ein guter Platz zum Sterben. Blumen für das Stöberl-Grab pflücke ich auf den Wiesen und Feldern hinter dem Frankenthaler Kanal. Seit einiger Zeit sprechen Jakob und Philipp immer öfter von dir und davon, wie es früher einmal war. Zuletzt noch die Frage: Wie geht es dir, Lina, und deinen Mädchen, Walter seiner Frau und dem Ingele? Seid ihr alle gesund? Außerdem, Lina, weißt du etwas von Anton? Lebt er noch oder ist er in Gefangenschaft? Ich umarme dich, Deine Odile."

Am nächsten Morgen sagte Mutter zu Maria und mir: „Hört mal, Mädels, heute Nacht, als ich wegen des Briefes meiner Schwägerin nicht einschlafen konnte, kam mir folgende Idee, wie ich ohne Geld zu einem Stoff für Odiles Schürze kommen könnte. Ich nehme einfach eines der weiß-blau-karierten Bettbezüge, die kürzlich Trudl aus der Waschanstalt herausgeholt hat. Als nächstes schneide ich ihn in zwei Teile. Von den beiden Hälften nähe ich anschließend zwei Küchenschürzen für eure Tante Odile." Kopfzerbrechen bereitete Mutter allerdings das Geld, das wir nicht haben, aber auf das die Tante hoffte. Als Mutter, Maria und ich am Nachmittag im Wohnzimmer saßen, überlegten wir krampfhaft, wie wir zu Geld gelangen könnten, um Mutters Bruder und Tante Odile helfen zu können. Nach geraumer Zeit sagte Maria zu Mutter: „Ich sehe eine Möglichkeit, wie wir schnell zu ein wenig Geld kommen können. Meine Idee ist folgende: Ich werde meine fast neuwertigen Jungmädchenbücher verkaufen. Dabei ist die erste Person, die du kontaktieren wirst, Mutter, die Frau Eibe, da sie doch schon öfters bei dir Puppensachen und ähnliches für ihr Töchterchen abgekauft hat. Dieses Mal ist es eben umgekehrt. Dieses Mal fragst du, ob sie Interesse an meinen Büchern hat." Und Frau Eibe hatte Interesse. Daraufhin ging Mutter mit Marias Büchern und mit meinem neuwertigen Bilderband von Rhein-Mosel und Saar, den ich von Frau Theo zu meiner Ersten Kommunion bekommen hatte, zu Frau Eibe. Als Mutter wieder zurückkam, zeigte sie uns, wie viel Geld sie für die Bücher bekommen hatte. Danach legte Mutter das Geld in vier gleiche Geldhäufchen auf den Tisch. Auf unsere Frage, was die Häuflein Geld bedeuten sollen, sagte Mutter: „Das sind jeweils fünfzehn Mark, das bedeutet, dass Odile, Philipp, Jakob und Lina in den Genuss von je fünfzehn Mark kommen." Als Mutter „Geld für Lina" gesagt hatte, fingen Maria und ich an laut zu lachen. „Ja, ja, Kinder, lacht mich nur aus, aber von dem Geld für Lina bezahle ich das Porto von Tante Odiles Paket. Das restliche Geld lege ich als Notgroschen in den Nähkasten zu den amerikanischen Zigaretten von Captain Jack." Dann nahm Mutter aus dem Wäscheschrank zwei Herren Nachthemden heraus. „Aber, aber", Kinder sagte Mutter plötzlich, „schaut doch nicht so bedeppert drein, ich nehme doch eurem Vater nichts weg. Er trägt schon seit Jahren nur noch Schlafanzüge. Aus diesem Grund kann ich auch seine Nachthemden meinen Brüdern schenken." Danach legte Mutter die insgesamt dreißig Mark für Tante Odile und Onkel Philipp in ein Kuvert und wickelte es in das Nachthemd, das Mutter vorher mit einem „Ph" gekennzeichnet hatte. Gleiches wiederholte sie mit den fünfzehn Mark für Onkel Jakob. Als das Paket fertig gepackt und geschnürt war, brachte Maria es zur Post.

Zum Arzt nach Urach

Eines Morgens wachte ich mit Schmerzen am rechten Oberarm auf. Daraufhin bat ich Mutter ihn sich anzusehen. Als Mutter mich inspiziert hatte, sagte sie: „Ich denke, mit dem Eiterhäufchen ist nicht zu spaßen, deshalb rufe ich jetzt gleich Doktor Gräter an." Am Nachmittag kam unser sehr geschätzter Arzt vorbei und schaute sich meinen rechten Arm genau an. Anschließend erklärte er Mutter: „Die Schmerzen kommen von einem Furunkel. Ich hoffe nur, dass es bei dem einzigen Furunkel bleibt. Zum Abschied sagte er noch: „Bitte, halten Sie mich auf dem Laufenden, denn mit Furunkeln ist nicht zu spaßen." Dr. Gräters Befürchtungen wurden leider wahr. Schon kurze Zeit später war mein Ober-, später auch mein Unterarm, sehr stark von Eiterbollen betroffen. Oftmals kamen plötzlich wieder aus leicht abgetrockneten Wunden erneut Furunkel heraus. Sehr schmerzhaft war es immer, sobald sich der Eiter zusammenzog. Danach, wenn der Eiter zu laufen begann, hörte der Schmerz auf. Aufgrund der immer wiederkehrenden Furunkel sagte Doktor Gräter zu Mutter: „Ich überweise Trudl an einen Internisten in Urach, denn dieser Arzt kennt sich mit solchen Krankheiten besser aus als ich." Nachdem Mutter einverstanden war, machte Doktor Gräter sogleich einen Termin für mich aus. Als Doktor Gräter gegangen war, meinte Mutter: „Ich habe auch noch eine gute Nachricht zu erzählen. Gestern verkaufte ich eure zu klein gewordenen Sonn- und Feiertagsgewänder an Frau Eibe. Sie bezahlte für die hellblauen Pullover und die dunkelblauen Faltröcke sehr gut. Sie sagte, die Sachen sähen wirklich aus wie neu. Das Geld von ihr habe ich bereits in unseren Safe getan. Nun können wir wieder frohen Herzens Brot fürs Frühstück und Streichleberwurst fürs Abendbrot kaufen. Und für Trudl ist auch noch die Busfahrt nach Urach gesichert." Während Mutter sich noch immer über den Verkauf der Gewänder freute, platzte ich in ihr Hochgefühl mit den Worten hinein: „Und was soll ich anziehen, wenn ich nach Urach zum Arzt fahren muss?". „Keine Bange, Trudl, ich nähe zwei Kleider für dich und die sind garantiert fertig, bis du nach Urach fährst. Der Stoff für die Kleider kommt praktisch aus der Waschanstalt. Aus einem weißen Bettlaken nähe ich dir ein weißes, und aus einem weiß-blau-karierten Bettbezug ein zweites Kleid. Ins Vorderteil des weißen Kleides soll Maria, sobald ich es fertig genäht habe, kleine Blümchen sticken." Pünktlich fuhr ich mit dem Bus zum vereinbarten Arzttermin nach Urach. Zuvor hatte Mutter mir die rechte Gesichtshälfte mit einer Mullbinde und Pflaster abgedeckt. Denn da hatte ich nun auch Eiterbollen. „Durch das Abdecken der Wange werden dich die Leute im Bus nicht mit Fragen löchern." Beim Arzt musste ich mich noch einige Zeit im Wartezimmer gedulden, bis ich aufgerufen wurde, um in das Behandlungszimmer zu kommen. Als der Arzt die vielen Furunkel sah, sagte er nur: „Oh Gott, oh Gott." Nach der Untersuchung der vielen eitrigen Stellen verschrieb er mir eine Salbe. Als ich wieder angezogen war, rief mich die Sprechstundenhilfe auf und bat mich ins Büro des Arztes zu kommen. Dort teilte mir dieser mit, dass sein Abschlussbericht in den nächsten Tagen an Herrn Doktor Gräter gehen würde. Danach sagte er: „Und nun zu dir, mein kleines Fräulein. Für dich habe ich eine gute Nachricht. Aufgrund deiner Jugend werden voraussichtlich im Gesicht keine Narben von den Furunkeln zurückbleiben, eventuell jedoch welche am Oberarm." Der Arzt von Urach sollte Recht behalten, denn nach einigen Wochen verschwanden die Furunkel wieder. Kurz nach meiner Rückkehr aus Urach wurde unser Doktor Gräter sehr, sehr krank. Aus diesem Grund legten er und seine Sprechstundenhilfe, so erzählte Mutter, alle Ämter, die er inne hatte, und auch seinen Chefarztposten im Krankenhaus Münsingen, nieder. Der Bescheid vom Arzt aus Urach ging bei dem Wirrwarr um Doktor Gräters Krankheit völlig unter. Aus diesem Grund weiß ich bis heute nicht, wodurch oder wovon ich die Furunkel bekommen hatte.

183

Französische Soldaten

Wir erhielten Lebenszeichen von Tante Marie aus Stuttgart. Unter anderem wollte sie wissen, ob wir den Krieg gut überstanden hatten und auch ob wir Näheres von Vater wüssten. „Mein Eduard ist bei Kiel in englische Gefangenschaft geraten. Er schreibt, es ginge ihm, den Umständen entsprechend, ganz gut. Unser Hans geriet bei München in amerikanische Gefangenschaft, ist jedoch seit kurzem wieder ein freier Mann. Er hat vor in München zu bleiben, um dort sesshaft zu werden. Nachdem seine Offizierslaufbahn futsch ist, möchte er nun Schauspieler werden. Hans meint, München wäre ein besseres Pflaster, um Schauspieler zu werden, als Stuttgart. Er ist bereits auf der Suche nach einem Zimmer in und um München herum. „Ach, Lina", schrieb Tante Marie weiter. „Ich fasse es noch immer nicht, mit einmal war der Krieg vorbei – und das Leben musste plötzlich unter neuen Vorzeichen weitergehen. Nach dem verlorenen Krieg heißt unser Motto: Nachvorneschauen." Seit ein paar Wochen gehört meine Martha zu dem Gros der Trümmerfrauen. Unter anderem erzählte sie mir, sie müssten die Hinterlassenschaften der britischen und amerikanischen Bomber wegschaffen. Sie erzählte uns auch, nachdem die Trümmerfrauen den ganzen Dreck der Bomber mit Loren zum großen Schuttplatz fahren mussten, wuchs dieser zu einem richtigen Berg heran. Ein lustiger Vogel gab deshalb auf einem Plakat am Schuttberg Folgendes bekannt: „Stuttgart hat seit heute einen Hausberg, er heißt: Monte Scherbelino." „Ja, Lina, die Stuttgarter haben ihren feinen Humor nicht verloren." Von Herrn Harter erfuhr Mutter, dass die Krankenhausverwaltung Münsingen nun eine Vertretung für Herrn Doktor Gräter gefunden habe, sein Name wäre Junger. Zum Leidwesen vieler Kranker wurde bisher noch kein Ersatz gefunden, der für Doktor Gräter in die Bresche springt und Hausbesuche in den umliegenden Dörfern von Münsingen macht. Eine Möglichkeit bestünde noch und die wäre ein Arzt, der aus der Gefangenschaft käme und sich in Münsingen – genau so, wie der Doktor Junger – niederlassen würde. Danach meinte Herr Harter: „Mal sehen, wie es weitergeht." Eines Tages läutete und klopfte es laut an unserer Haustüre, sodass wir heftig erschraken. Als Mutter die Tür öffnete, kamen zwei französische Soldaten herein. Einer von ihnen sprach Deutsch und stellte sich als Capitaine Selair vor und der andere als sein Chauffeur. Monsieur Selair erklärte Mutter folgendes: „Ich wurde vom französischen Lager-Kommandanten beauftragt,

Wohnungen für französische Familien von Offizieren zu finden und diese anschließend zu beschlagnahmen. Aus diesem Grund bin ich hier und bitte sie nun, Madam, mir ihre Wohnung zu zeigen." Zuerst waren wir völlig baff, doch Mutter fing sich sehr schnell und sagte zu dem Offizier: „Kommen Sie, ich zeige Ihnen unsere ganze Wohnung." Nachdem Monsieur Selair sich alles angesehen hatte, meinte er, unsere Wohnung könne eventuell für ein junges französisch-israelisches Ehepaar geeignet sein, das auf seiner Warteliste stünde. „Das Problem dürfte die junge Frau sein, da sie große Angst vor den Deutschen hat.", erklärte Monsieur Selair. „Aus diesem Grund wird sie auch morgens mit ihrem Mann das Haus verlassen, um mit ihm im Offizierskasino zu frühstücken. Danach wird die junge Frau wahrscheinlich den Vormittag über im Kasino mit Briefeschreiben oder mit dem Anfertigen von Handarbeiten verbringen. Selbiges wird sich wahrscheinlich nach dem Mittagessen wiederholen. Nach dem Abendessen wird sie sicherlich mit ihrem Mann das Kasino verlassen, um mit ihm hier her zu kommen. Der Grund ihrer großen Angst ist die, dass sie Zeugin wurde, wie die SS ihre Eltern abgeholt hatte, als sie von der Schule nach Hause ging." Das Problem mit der jungen französisch-israelischen Frau löste sich schon bald von ganz allein. Das Ehepaar erhielt schon nach einer Woche eine Wohnung im inneren des Alten Lagers. Der Dolmetscher sagte später zu uns: „Je mehr französische Soldaten die Frau sieht, umso glücklicher ist sie." Einige Tage später tauchte der Dolmetscher erneut bei uns auf, um uns mitzuteilen, dass wir am nächsten Tag wieder mit Einquartierung rechnen müssten. Und so geschah es. Auch dieses Mal war es ein junges französisches Ehepaar. Die Französin war, wie ihre Vorgängerin, eine sehr hübsche, junge Frau. Ansonsten war sie das absolute Gegenteil. Sie verbreitete weder Angst noch Schrecken. Sie lachte oft und war ungemein charmant. Mutter sagte zu uns: „Diese junge Französin ist ein Sonnenschein!". Als Mutter ihre Meinung über die Französin dem Dolmetscher gegenüber kundtat, meinte dieser: „Dabei hat die junge Frau während des Krieges in ihrer Heimatstadt Marseille schlimme Zeiten durchmachen müssen." Dolmetscher Selair teilte uns mit, dass wir uns nach einigen Tagen wieder auf eine neue französische Familie einstellen müssten, da der Mann von unserem Sonnenschein in die Heimat versetzt werden würde. „Der Grund, weshalb die französischen Familien so oft ausgetauscht würden, hängt damit zusammen, dass es zu keiner Freundschaft zwischen deutschen Bürgern und Soldaten der Alliierten kommt." Der

Abschied von unserem französischen Sonnenschein fiel uns sehr schwer, es fielen sogar Tränen. Monsieur Selair stellte uns auch dieses Mal wieder unseren neuen Mitbewohner vor. Dieser stellte sich uns in einem komischen Deutsch vor: „Mein Name ist Renault, ich bin verheiratet, habe eine Tochter und komme aus der Normandie." Wir reichten dem Franzosen die Hand und lächelten ihn an. Bevor er die Wohnung wieder verließ, sagte Monsieur Renault noch zu Mutter, er würde seine Frau in zwei Tagen mit dem Auto am Pariser Bahnhof abholen und anschließend zu uns nach Hause bringen. Der Capitaine stellte uns zwei Tage später seine Ehefrau vor. Dach meinte er lächelnd: „Unsere Tochter bleibt wegen der Schule bei den Großeltern und wird uns, sobald Schulferien sind, besuchen kommen." Zu den Renaults entwickelte sich bald ein freundschaftliches Verhältnis. Monsieur Renault erzählte uns unter anderem, er hätte als Kriegsgefangener im Allgäu gelebt und dort auch seine Deutschkenntnisse erworben. „Die Menschen dort sind zu uns Gefangenen meistens freundlich gewesen." Kaum war das französische Paar bei uns eingezogen, wurde Monsieur Renault zum Kommandanten befördert. Die Folge seiner Beförderung war, er musste nun täglich nach Reutlingen fahren und zwar so lange, bis man für ihn ein passendes Domizil gefunden hat. Ungefähr zwei Wochen später kam Monsieur Renault auf Mutter zu, um ihr mitzuteilen, dass man für ihn in Reutlingen eine sehr schöne Villa gefunden hatte. „Diese Villa soll einem Reutlinger Millionär gehören, welcher zur Nazizeit ein hohes Tier gewesen sein soll, sagte man mir. Dieser reiche Mann wird es sicher verkraften, dass er nun einem französischen Kommandanten eine seiner Villen zum Wohnen überlassen muss." Tags darauf sagte Monsieur zu Mutter: „Chère Madame, ich mache Ihnen einen Vorschlag, der für beide Familien von Vorteil ist. Sie ziehen mit uns aus und fahren anschließend mit uns nach Reutlingen. In der Villa des Millionärs hat es genug Platz für beide Familien. Von Vorteil für Sie wäre außerdem, dass sie keine Miete bezahlen müssten. Auch für ihre Mädchen wäre es abwechslungsreicher in einer Stadt zu leben, als auf dem Land. Chère Madame, wir respektieren ihre Entscheidung, egal wie sie auch ausfallen wird." Tags darauf teilte Mutter Monsieur Renault ihre Entscheidung mit: „Ich möchte lieber im Vorlager bleiben, da mein Mann mich mit Sicherheit hier suchen würde." Als die Renaults ausgezogen waren, sagte Maria zu Mutter: „Jetzt kannst du uns doch den richtigen Grund nennen, weshalb du das Angebot von Monsieur Renault, uns mit nach Reutlingen zu nehmen, abgelehnt hast." „Ach Kinder, meine Absage an die Renaults hat wirklich einen anderen Grund und liegt in meiner Kindheit. Damals sagte eure Großmutter zu uns Kindern: ‚Wenn ihr Gutes umsonst bekommt, dann denkt daran, dass irgendwann auch für Geschenktes Zahltag sein kann.' Bei den Renaults, die ich wirklich sehr schätze, könnte es sein, wenn er auf die Jagd oder zum Fischen geht und dabei reichlich Beute macht, ich allein für die Renaults oder ihre Freunde Essen zubereiten muss. Oder aber, ich müsste ohne Hilfe die ganze Villa putzen. Bei all diesen Arbeiten könnte ich dann auch nicht mehr nein sagen. Die andere Frage ist, wo bleiben wir, wenn die Renaults Deutschland verlassen müssen? Diese und noch andere Fragen haben mich bewogen, das Angebot, uns mit nach Reutlingen zu nehmen, abzuschlagen."

Unser Safe wird gefüllt

Kurz nachdem die Renaults ausgezogen waren, wurde unsere Mutter sehr krank. Maria rief das Fräulein Doktor an und bat sie dringend nach unserer Mutter zu sehen. Die Ärztin kam mit der Pferdekutsche und saß auf dem Kutschbock neben dem Kutscher. Als sie Mutter untersucht hatte, sagte sie zu Maria: „Eure Mutter hatte großes Glück, denn ihr Unwohlsein ging knapp an einem Herzinfarkt vorbei, das heißt, ihr müsst sie bei der Arbeit mehr entlasten, sonst kann ich für nichts mehr garantieren." In der Zeit, als die Renaults noch bei uns gewohnt hatten, nähte Madame Renault für Maria ein Tanzstundenkleid. „Die Farbe des Kleides passt so wunderbar zu deinen schönen blauen Augen", sagte Madame Renault zu Maria, als sie ihr das Kleid überreichte. Maria bedankte sich bei ihr mit den Worten: „Madame Renault, ich werde immer an sie denken, wenn ich zur Tanzstunde gehe." Später sagte Maria: „Das Tanzstundenkleid verscherbele ich, es gefällt mir mit seinen Puffärmeln sowieso nicht und außerdem ist in unserem Safe Ebbe." Mit dem Tanzkleid ging sie also, mit mir im Schlepptau, zu Frau Eibe. Dort fragte sie, ob diese Interesse an einem neuen Tanzkleid hätte. „Also Maria, zeige mir zuerst einmal das Kleid und dann sehen wir weiter." Nachdem Frau Eibe das Kleid von hinten und vorne betrachtet hatte, sagte sie: „Maria, ich nehme es. Was soll es denn kosten?". „Frau Eibe, geben Sie mir, was Sie für richtig halten, denn ich habe keine Ahnung, was so ein Kleid wert ist." Frau Eibe gab daraufhin Maria fünfzig Mark, worüber meine Schwester sehr glücklich war. Zuhause angekommen steckte sie das Geld zufrieden in unseren Safe und Dank Marias Fürsorge wurde Mutter bald wieder gesund. Frau Grohe erzählte uns, dass ihrer Schwester aus Berlin eine nette Drei- Zimmer-Wohnung zugewiesen worden war. „Leider fehlen in dem frischrenovierten Haus noch alle Fenster, sodass es in der Wohnung ziemlich kühl ist. Der Berliner Oberbürgermeister hat der Hausgemeinschaft versprochen, dass die Fenster so schnell wie möglich eingebaut werden." Danach sagte Frau Grohe zu Mutter: „Wissen Sie, Frau Pfingstler, nachdem meine Schwester den schlimmen Krieg überlebt hat, soll sie nun nicht in der Nachkriegszeit an einer handfesten Erkältung sterben. Um das zu verhindern schicke ich ihr warme Sachen. Nach reiflicher Überlegung schicke ich ihr auch meine schwarze Persianer Pelzjacke, denn diese ist so schön leicht und trotzdem warm. Meine Schwester könnte diese Jacke sogar ins Bett anziehen. Als nächstes durchforste ich meinen Schrank nach netten Sachen für meine Schwester, sodass sie die Zeit, bis die Fenster eingebaut sind, gut überstehen kann." Frau Grohe bat mich ihr beim Bäcker Hellstern zwei größere Kartons zu holen, sodass sie die Sachen für Fräulein Wulle nach Berlin verschicken an. Außerdem sollte ich anschließend die gepackten und verschnürten Kartons zur Poststelle bringen. Bei Fräulein Luise, der einzigen Angestellten dort, soll ich die beiden Pakete außerdem versichern lassen. Als ich alles hatte, brachte ich ihr den Versicherungsschein und das restliche Geld zurück. „Nun", sagte Frau Grohe, „schau mal, Trudchen, das ist für dich, für deine Herumrennerei", und reichte mir zehn Mark. Überglücklich rannte ich nach Hause, um Mutter und Maria das Geld zu zeigen. Voller Stolz steckte ich den Geldschein in unseren Safe. Mutter wurde von Frau Grohes Hilfe für ihre Schwester richtig angesteckt. Sie meinte, nun müsste auch sie eine Kleinigkeit an ihre beiden Brüder und ihre Schwägerin schicken. Genau so, wie Frau Grohe, durchforstete Mutter nun den großen Schlafzimmerschrank nach etwas Praktischem für ihre Brüder und etwas Nettem für ihre Schwägerin Ottilie. Und Mutter wurde fündig. Bei Vaters Unterwäsche fand sie neuwertige Unterhemden mit Kurzarm. Tante Ottilie bekam die weiße BdM-Bluse von Maria. Danach steckte sie in drei Herrentaschentücher je fünf Mark, damit die lädierten Brüder von Mutter wieder gesund werden. Erneut bekamen wir Einquartierung. Es handelte sich um einen französischen Hauptmann, seine Frau und eine ungefähr zehn Jahre alte Tochter. Der Dolmetscher hatte uns anvertraut, dass unsere neuen Bewohner ihr Essen zu Hause einnehmen müssten, da die Tochter sich im Offizierskasino wohl sehr daneben benommen hatte. Die Tochter hatte im Kasino ihren Essteller samt Inhalt nach dem französischen Kellner geworfen. Auf die Frage ihres Vaters, weshalb sie das getan hätte, antwortete sie nur mit einem Schulterzucken. Nach dieser Aktion kam der Chef des Offizierskasinos mit strammen Schritten daher und erteilte der ganzen Familie Hausverbot. Kaum war der französische Hauptmann mit seiner Familie bei uns eingezogen, verließen sie uns auch schon wieder. Unser Capitaine wurde ab sofort nach Münsingen abkommandiert, da der dortige sich schwer verletzt hatte. Der Dolmetscher erklärte Mutter die neue Situation. Aus diesem Grund waren wir an dem darauffolgenden Montag auch die französische Familie mit ihrer frechen Tochter los.

Das Ende meiner Kindheit

Später sollte dieser Sommer als Jahrhundertsommer in die Geschichtsbücher eingehen. Alle Erwachsenen und Kinder genossen das schöne und warme Wetter. Soviel Freude und Gelächter, wie an diesen Tagen, habe ich später nie mehr gehört. Genossen haben die Menschen vor allem, dass es in den Nächten keinen Fliegeralarm mehr gab und sie deshalb am nächsten Morgen ausgeruht aufstehen konnten. Dieses süße Leben dauerte ungefähr sechs Wochen und dann war meine Kindheit vorbei. „Achtung! Achtung!", erklang es eines Morgens, als Maria und ich Mutter beim Bettüberziehen halfen. „Ach Gott", meinte Mutter, „da ist bestimmt etwas Schreckliches passiert, ich schau mal, ob ich helfen soll." Wir rannten alle die Treppen hinunter. Hinter der hinteren Eingangstür stießen wir auf Frau Grohe, Herrn und Frau Harter, sowie auf Gerhard, Arthur und Erika. Alle wollten erfahren, was das „Achtung" zu bedeuten hatte. Nachdem alle Hausbewohner sich hinter der Haustür versammelt hatten, gingen wir vor die Eingangstür. „Oh je!", rief Mutter, als sie auf das Gässchen hinaustrat. Den anderen Hausbewohnern verschlag es die Sprache und keiner wollte glauben, was er da sah. In unserem Gässchen stand ein Jeep mit Polizisten vor dem Unteroffiziersgebäude und ein weiterer Jeep mit Polizisten vor der Waschanstalt. Kaum hatten sich die Menschen etwas von dem Schrecken erholt, tönte erneut von der Hauptstraße her das Megafon mit dem lauten „Achtung, Achtung: hier spricht die Militärpolizei. Alle Bewohner der Hauptstraße Nr. 160, 164 und 166 müssen ihre Wohnungen in den Militärgebäuden innerhalb von dreißig Minuten verlassen.

Außerdem weisen wir darauf hin, dass außer persönlichen Sachen, wie Bekleidung, Schuhen, Schmuck, Fotoalben, nichts mitgenommen werden darf." Als der Mann mit dem Megafon wieder schwieg, brach unter unseren Mitbewohnern Panik aus. Die einen schrien, die anderen weinten. Während unsere Hausbewohner noch immer völlig durch den Wind waren, hatte sich unsere Mutter bereits wieder gefangen. „Also, Kinder, nun seid ihr an der Reihe. Maria, du holst deine Schulmappe und in diese packst du, zusätzlich zu deinem Schulkram, Unterwäsche, Strümpfe und Wintersocken. Für dich, Trudl, gilt das gleiche. Du stopfst deine Wäsche in deinen Schulranzen. Sobald ihr mit der Packerei fertig seid, soll Trudl die Mappe und den Ranzen nach unten bringen und dort auf mich warten. Ich muss nun schnell zu Herrn Rauter und bei ihm einen Leiterwagen holen." Mutter und ich kamen fast gleichzeitig unten im Hof an. Sofort stellte ich deshalb Marias Mappe und meinen Schulranzen in das Leiterwägele hinein. Plötzlich kam Arthur auf Mutter zugelaufen, um sie zu fragen was er tun könnte, da es seiner Tante nicht besonders gut ginge. „Hör zu, Arthur, gehe zu Herrn Rauter und bitte ihn um einen großen und einen kleinen Leiterwagen. Danach sagt ihr ihm, dass ihr die beiden Leiterwagen am nächsten Tag wieder zurückbringen werdet. Während die Jungs auf dem Weg zu Herrn Rauter sind, soll Siegfried für seine Mutter ein Kopfkissen holen und dieses, sobald der große Leiterwagen hier ist, vorne hineinlegen. Nun zu dir Gerhard. Sobald du mit dem Leiterwägele zurück bist, gehst du mit ihm zu Frau Grohe und sagst zu ihr, dass du ihre beiden Koffer bis nach Auingen fährst. Danach bittest du sie auf das Leiterwägele aufzupassen, da du Erika noch zur Hand gehen musst. Du Erika, gehst nun in eure Wohnung und nimmst aus eurem Wäscheschrank einen Bettbezug und wirfst in diesen die Kleider deiner Mutter, deiner Geschwister und die deine. Danach nimmst du einen weiteren Bezug und machst das gleiche mit Arthurs Sachen. Anschließend nimmst du Kissenbezüge und wirfst in diese die Schuhe hinein." „Hallo, Gerhard!", rief Mutter plötzlich. „Gehe schnell in eure Wohnung zu Erika und bringe die vollgestopften Bett- und Kissenbezüge sofort nach unten, denn die dreißig Minuten Schonzeit, die uns die Franzosen zum Herausholen der wichtigsten Sachen gegeben haben, laufen bald ab." Als nächstes rannte Mutter wieder zu Maria hinauf, um zu sehen, wie weit sie mit der Packerei gekommen war. Als Maria Mutter „Alles paletti!", zurief, war Mutter beruhigt. Die vollgestopften Bett- und Kissenbezüge brachte Maria anschließend mit Gerhard nach unten. Mutter ging nun ins Elternschlafzimmer und holte einen Koffer aus dem Kleiderschrank. Auf den Boden des Koffers legte sie zwei Plaids und stellte einen Karton mit wichtigen Papieren und Urkunden zusammen. Sehr wichtig für Mutter war auch, dass Vaters Lebensretter, der bronzene Gerichtsschreiber aus dem Ersten Weltkrieg, nicht vergessen werden würde. Als Mutter mit dem Koffer unten ankam, rief sie Maria zu: „Könntest du mit Arthur nochmals nach oben gehen? Denn in der Speisekammer stehen noch zwei Eimer, die ebenfalls nach unten gebracht werden müssen. In einem der Eimer ist Zucker, im anderen sind Porzellan und Besteck. Aufgrund der Schwere der Eimer sollte Arthur sie hinuntertragen." „Während er die zwei Eimer nach unten trägt, gehst du, Maria, nochmals in unsere Wohnung und nimmst dort aus dem Dielenschrank den braunen Koffer heraus. In diesen legst du die Sachen die Trudl bei Kriegsende in der Waschanstalt geholt hat. Auf die weißen Wolldecken und die blau-weiß-gestreiften Bettbezüge legst du unser Radio und über alles legst du zum Schluss ein paar Küchen- und Handtücher, damit das Radio heil bleibt." Während alle Hausbewohner hin- und herrannten, standen Frau Grohe und ich neben unseren Leiterwagen wie Statuen. Plötzlich kam Frau Schwarz angerannt und schrie schon von weitem: „Alle Kinder mir hinterher!". Was ich anschließend sah, war unglaublich. Nicht nur die Kinder rannten Frau Schwarz hinterher, sondern auch Frau Harter und ihre Schwester Maja. Unterbrochen wurde das Gerenne durch das Erscheinen von Frau Simihanar. Gestützt von Gerhard und Arthur wurde sie zu ihrem Leiterwagen geführt und danach auf das große Sofakissen gesetzt. Als nächstes kam Gerhard auf Frau Grohe zu und bat sie mit ihnen aufs Auinger Rathaus zu gehen. Als Frau Grohe nickte, nahm Gerhard ihr das Leiterwägele aus der Hand und ging mit ihr zu Erika und Siegfried. Als die Simihanars und Frau Grohe aus meinem Blickfeld verschwanden, stand ich noch immer mit Maria im Leiterwägele da und wartete auf Mutter. Plötzlich erschien ein weiterer Jeep und gesellte sich zu den anderen Fahrzeugen. Aus dem letzten Auto stieg nun ein französischer Offizier und half einer zweiten Person beim Aussteigen. Die zweite Person entpuppte sich als eine Frau. Völlig fassungslos schaute ich immer wieder auf diese Frau. Eine so stark geschminkte Madame hatte ich noch nie gesehen. Auch ihre Haare waren so hoch gesteckt wie ein Turm. Ich konnte nicht anders, ich musste die Französin immer wieder ansehen. Auf einmal löste sich ein Soldat von der Gruppe und lief direkt auf mich zu. Als er vor mir stand sagte er auf Deutsch:

„Madame Bergerhot wünscht dich zu sprechen." Nun mischte sich meine Mutter, die inzwischen wiedergekommen war, in das Gespräch ein und sagte: „Das geht jetzt nicht, denn sobald die dreißig Minuten vorbei sind, die uns vom Lagerkommandanten zugestanden wurden, um persönliche Sachen mitnehmen zu können, müssen wir unsere Wohnung verlassen haben. Da die Zeit fast abgelaufen ist, müssen wir nun gehen. Bitte, Herr Dolmetscher, richten Sie der Madame aus, dass meine Tochter morgen um zehn Uhr hier an gleicher Stelle sein wird. Außerdem wäre es sehr schön, wenn Sie bei dem morgigen Gespräch auch dabei sein könnten, denn meine Tochter kann kein Französisch. Also, auf Wiedersehen, Monsieur, wir müssen nun gehen." Kaum waren wir mit unserem Leiterwägele auf der Hauptstraße, hörten wir den grellen Pfeifton, auf den die Militärpolizisten gewartet haben, um die verlassenen Wohnungen nach Personen abzusuchen. Als wir am Rathaus in Auingen Halt machten, sagte Mutter: „Ich frage mal den Zuständigen Ortsvorsteher, wie es mit uns weiter gehen soll. Während ich im Rathaus bin, holst du, Trudl, bei den Frauen im Backhäusle einen Stuhl für Maria. Den Frauen sagst du, dass Maria sehr krank und nun schon den ganzen Tag auf den Beinen sei, da wir aus unserer Wohnung vertrieben wurden." Als Mutter zurückkam, hatte sie einen Papierschein in der Hand, auf dem ungefähr Folgendes stand: „Herr Sägewerkbesitzer Fait, wohnhaft in Auingen, ist verpflichtet an Frau Pfingstler und ihre beiden Töchtern, Maria und Gertrud, ein Zimmer zu vermieten. Datum, Stempel, gezeichnet: Ortsvorsteher, Rathaus Auingen." Nachdem Maria versorgt war, gingen Mutter und ich in Richtung Sägewerk Fait. Am Ausgang Auingens wurden wir fündig. Da stand sie, die Villa Fait, und daneben auch das Sägewerk. Mutter und ich gingen nun hinauf zur Eingangstür. Hier bellte uns ein großer Hund an, der gleich neben den Treppen am Eingang angekettet in seiner Hundehütte war. Mutig gingen wir die restlichen Treppen hinauf. Oben angekommen klingelte Mutter. Kurz danach öffnete jemand ein Fenster und eine Männerstimme fragte barsch: „Was wollt ihr?". Danach gab Mutter Auskunft und hob dabei den Schein des Ortsvorstehers hoch. Die Person am Fenster beschimpfte uns als Pack und schrie: „Hört gut zu! Wenn ihr nicht sofort von meinem Grundstück verschwindet, hetze ich den Hund auf euch." Mit zittriger Stimme sagte nun Mutter: „Komm, Trudl, wir gehen. Gottes Zorn soll diesen Menschen treffen." Als wir wieder am Rathaus angekommen waren, ging Mutter sofort wieder zum Ortsvorsteher, um ihm von dem Geschehenen zu berichten. In der Zwischenzeit führten mich meine Schritte zu Maria, um auch ihr von dem ganzen Trara zu erzählen. Erneut kam Mutter mit einem Stück Papier vom Rathaus zurück. „Ach Maria, es tut mir so leid, dass wir dich nochmals allein lassen müssen, aber vielleicht haben wir dieses Mal Glück. Damit du nicht steif wirst, soll Trudl mit dir ums Rathaus gehen." Ich ging nicht mit Maria ums Rathaus herum, sondern machte mit ihr einen kleinen Abstecher zur Grundschule, in die Maria vor Jahren auch einmal zwei Jahre gegangen war, bevor sie ins Internat nach Markröningen wechseln konnte. Während wir hin und zurück liefen, erzählte ich Maria die ganze Chose mit dem Sägewerksbesitzer. Als wir wieder zurück am Rathaus waren, wartete bereits Mutter beim Backhäusle auf uns. Das, was uns Mutter nun erzählte, hörte sich nicht schlecht an. Sie sagte: „Die Frauen vom Backhäusle haben gesagt, die Adresse auf dem neuen Papier vom Ortsvorsteher wäre ganz in der Nähe vom Rathaus. Wir müssten nur den steilen Abhang am Rathaus hinunterlaufen und schon würden wir am Ziel sein. Macht euch bereit Kinder, suchen wir unser neues Domizil auf."

Unsere Zwei-Zimmer-Wohnung

Als wir vor dem richtigen Häusle standen, kam uns Arthur entgegen. Sprachlos schaute Mutter ihn an. Er sagte: „Willkommen in der Villa Zwerkhausen!". „Sag mal, Arthur, wohnt ihr auch hier?". „Ja, wir wohnen hier, und auch Frau Grohe. Soll ich Ihnen ihr neues Zuhause zeigen?". Unsere neue Wohnung war Parterre und hatte, wie Arthur sagte, ungefähr zwölf Quadratmeter. Mutter meinte, aus dem einen Zimmer könnten wir einfach zwei machen. „Irgendwann kaufe ich ein Stückchen Stoff und nähe daraus einen Vorhang. Den Teil zum Garten nennen wir unsere Schlafstätte. Der vordere Teil des Zimmers wird unser Wohnzimmer. Über unserer Mini-Wohnung sprechen wir irgendwann als unsere Zwei-Zimmer-Wohnung. Auf geht's, Kinder, Schluss mit palavern, holen wir unsere sieben Sachen vom Leiterwägele." In dem Zimmerchen stand nichts, außer einem kleinen Kanonenofen. Nachdem Mutter ihn sich angesehen hatte, meinte sie: „Mit dem frieren wir wenigstens nicht im Winter. Hört mal, Kinder, wir holen nun die Sachen vom Leiterwägele und stellen sie der Reihe nach im Wohnzimmer auf. Das leere Wägele stellen wir in die Scheune, aus der Arthur bei unserer Ankunft herauskam. Als nächstes inspizieren wir die Küche." „Bitte, nein", sagte ich weinerlich,

„ich habe so Hunger, kann ich ein Stück Brot haben?". „Ja, ich habe
für jeden ein Marmeladenbrot und danach sehen wir weiter." Nach
der Essenspause schauten wir uns die Küche an. Sie war sehr klein,
weshalb Maria sagte: „Drei Frauen in dieser Küche, ob das wohl gut
geht?". Mutter meinte: „Wir müssen uns einfach vorher verständi-
gen, wer zuerst kochen muss." Von der Küche aus gingen wir in den
Garten. Einige Meter von der Küchentür entfernt stand ein Bretter-
häuschen. Neugierig stieß Maria die Tür des Häuschens auf und rief:
„Ich kann es gar nicht glauben, das ist ja ein Klohäuschen!". Nun kamen Mutter und ich dazu, um zu sehen, wie so ein Klohäuschen aussieht. Mutter reagierte entsetzt. „Du lieber Gott, das haben wir nicht
verdient." Ihr liefen Tränen über die Wangen. Maria und ich versuchten Mutter zu trösten und sagten: „Du musst nicht traurig sein,
denn wir sind ja da und haben dich lieb." Als wir den Leiterwagen
ausgeräumt und alle Sachen ins Wohnzimmer gebracht hatten, wurde
Mutter plötzlich hektisch und rief: „Ich habe unseren Safe vergessen!". „Hör zu, Mutter", sagte nun Maria, „ich habe unseren Safe ins
Leiterwägele gestellt, als du mit etwas anderem beschäftigt gewesen
warst." Mutter sagte erleichtert: „Was würde ich nur ohne meine Mädels tun?". Mutter ging kurz zu den Strohmanns und bat sie ihre
Nichte Anna, unser früheres Dienstmädchen, anzurufen. Sie solle
bitte die Offizierskiste von Herrn Pfingstler und die Sachen von
Trudl, die für das Internat bestimmt waren, so schnell wie möglich in
unsere neue Wohnung in Auingen zu bringen. Nach Mutters Rückkehr von Strohmanns suchte sie nach Arthur, denn sie wollte ihn bitten in unserem Schlafzimmer ein paar Nägel anzubringen, da wir in
der Eile am Morgen die Kleiderbügel vergessen hatten. Unter Aufsicht von Mutter meisterte Arthur seine Arbeit bravourös. Als Dankeschön schenkte sie ihm eine Schachtel Zigaretten. Nach einer guten Stunde ritt Anna im Galopp mit ihrem Pferdegespann daher, um
die bei ihr gelagerten Sachen zu bringen. Mutter war Anna so dankbar, dass sie die begehrten Utensilien so schnell hergebracht hatte.
Unter anderem erzählte Anna, dass sie ihre Hochzeit in weiß feiern
wolle, ihr Bräutigam aber kein schönes weißes Hemd für die Trauung hätte. Mutter hatte sofort eine Lösung parat. „Du musst nicht auf
deine weiße Hochzeit verzichten! Mach die Offizierskiste meines
Mannes auf, darin findest du auch weiße Hemden, und wenn dir eines gefällt, dann nimm es mit nach Hause." Anna ritt mit ihren Pferden und einem weißen Hemd für ihren künftigen Ehemann überglücklich nach Hause. Kurz danach kam Arthur mit einer weiteren

guten Nachricht, er sagte: „Ich habe in der Scheune zwei alte Bettge-
stelle gefunden, die ich reparieren kann. Danach bekommt meine
Tante ein Bettgestell und das andere Sie, Frau Pfingstler." Am nächsten Morgen bat mich Mutter: „Trudl, bevor du zu der Französin
gehst, bringst du Herrn Rauter seinen Leiterwagen zurück und be-
dankst dich auch in meinem Namen. Du kannst ihm auch erzählen,
wo wir gelandet sind und wie wir wohnen."

Die Femme Fatale

Der Gang zu der fremden Französin, die mich am Vortag mit ihren
Turmhaaren so fasziniert hatte, fiel mir schwer. Ich betete immer
wieder, Gott möge mir beistehen. Der Dolmetscher wartete bereits an
seinem Jeep auf mich. Gemeinsam gingen wir in den ersten Stock
hoch und klingelten an der Haustür. Die Französin öffnete und bat
uns herein. Auch dieses Mal konnte ich nicht anders, als diese Frau
anzustarren, denn sie sah ganz anders aus als am Tag zuvor. Sie hatte
heute weder turmhochgesteckte Haare, noch einen roten Clowns-
mund und auch ihre Wimpern hatte sie nicht gefühlte hundert Male
getuscht, weshalb sie heute auch keinen so starren Blick hatte. Sie
hatte schöne Zähne und ein bezauberndes Lächeln. Aus diesem
Grund verschwand auch meine Angst vor ihr. Der Dolmetscher
musste mich nach meinem Namen fragen. Nachdem ich ihm diesen
genannt hatte, lächelte die Dame und sagte etwas zu dem Dolmetscher. Er übersetzte: „Die Dame möchte gerne wissen, ob sie dich
Trüdi nennen darf." Ich war einverstanden und nickte. Als nächstes
wollte die Französin wissen, ob ich mir vorstellen könnte bei ihr als
Bonne, also als Kindermädchen, zu arbeiten. Darauf nickte ich erneut. Zuletzt übersetzte der Dolmetscher die ersten Anweisungen
meiner neuen Arbeitgeberin: „Trüdi, für heute hast du frei, morgen
jedoch erwarte ich dich um neun Uhr, einverstanden?". Ich nickte
wieder und verabschiedete mich von beiden. Als ich wieder zu
Hause war, sah unsere neue Wohnung sehr verändert aus. Arthur
hatte das zusammengeflickte Bettgestell gebracht und Mutter und
Maria hatten die Sachen, die eigentlich für das Internat bestimmt waren, aufgestellt. Im Schlafzimmer lagen auf dem Bettgestell die dreiteilige Matratze mit Kopfteil, das Deckbett mit einem neuen Bettbezug und eine weiße Wolldecke, die ebenfalls mit einem bunten Bettbezug überzogen war. Die Wolldecke stammte aus der Waschanstalt.
Das Schlafzimmer war so, wie es nun aussah, kaum

wiederzuerkennen. Als nächstes wurde auch der Rest meiner halben Ausbeute, wie Mutter zu sagen pflegte, ausgepackt. In meiner Erinnerung kamen vier Frotteehandtücher, zwei Leintücher, zwei Kissenbezüge, Seife, Zahnbürste und Zahnpaste zum Vorschein. Am späten Nachmittag meinte Mutter, dass ich zu dem Bäcker gegenüber gehen soll, um für jeden von uns zwei Brezeln zu kaufen. „Wenn du gehst, Trudl, dann vergiss aber nicht, vier Fünfzig-Gramm-Brotmarken mitzunehmen." Nachdem wir unser verdientes Vesper auf dem Fußboden eingenommen hatten, meinte Mutter: „Heute haben wir aber fürstlich gegessen. Der liebe Gott hat uns doch nicht vergessen, denn wir haben wenigstens ein Dach über dem Kopf. Nicht alle Vertriebenen kommen in den Genuss. Danken wir Gott, dass er uns am Leben gelassen hat."

Ein Ständchen für die Madame

Anhand eines neuen Wörterbuches versuchte Madame Bergerhot sich mit mir zu unterhalten. Die Madame wollte wissen, wie unser Dienstmädchen bei uns gearbeitet hat. Daraufhin bat ich sie aus der Abstellkammer ein Utensil holen zu dürfen. Madame holte ihr Wörterbuch und ich zeigte ihr darin das Wort Abstellkammer. Sie lächelte und nickte. Nun holte ich den Blocker und das Bohnerwachs und stellte beides mitten ins Wohnzimmer. Als nächstes schmierte ich ein wenig Bohnerwachs auf das Parkett und ließ es kurz einziehen. Nun setzte ich mich auf den Blocker und streckte meine Beine in die Luft. Mit Handzeichen bat ich nun Madame Bergerhot mich kurz anzuschubsen. Als die Madame mich endlich verstanden und der Blocker losfuhr, fing ich an Annas, Marias und mein Lied zu singen: „Wiedele, wedele hinterm Städtele, hält der Bettelmann Hochzeit..." Nach meinem Liedchen stand ich auf, verbeugte mich und sagte: „Madame, die Vorstellung ist zu Ende." Die Dame klatschte und sagte: „Bravo, Trüdi!". Am darauffolgenden Tag, als ich wieder von der Französin nach Hause kam, erzählte mir Maria, sie hätte sich heute mit dem Bäcker von gegenüber unterhalten. „Als ich ihm erzählte, dass wir zum Essen auf dem Boden sitzen müssten, da wir keine Stühle und auch kein Tischchen hätten, sagte der junge Bäcker sofort: „Heute Abend bringe ich euch bei Dunkelheit ein paar Stühle und einen kleinen Tisch." Also, Trudl, mal sehen, ob der Bäcker Wort hält." Und er hielt Wort. Am Abend brachte er vier Stühle und einen kleinen Gartentisch und stellte sich als Wilhelm, von allen nur

Helm genannt, vor. Im Laufe der Zeit kam er manchmal nur so zum Quatschen vorbei. Unter anderem erfuhren wir, dass er Soldat in Italien gewesen und bei den Kämpfen um den Monte Casino dabei war. „Nachdem die Schlacht um den Monte Casino verloren war, bin ich abgehauen und in die Berge geflohen. Die italienischen Bäuerinnen in den Bergen hatten meistens Mitleid mit den jungen Soldaten und schenkten mir etwas zu Essen und zu Trinken. Auch haben mich die Frauen, wenn ein Carabiniere auch nur in Sichtweite war, versteckt. Bei Kriegsende bin ich nach Tirol gewandert und von dort nach Hause gelaufen." Von ihrem Traum einmal zu studieren, um Ärztin zu werden, musste Maria in diesen Tagen Abschied nehmen. Es war kein Geld da, um einen Abschluss an einer Oberschule zu machen und dann an einer Universität zu studieren und Ärztin zu werden. Wir hatten zur Zeit nicht nur kein Geld, sondern standen in der sozialen Skala plötzlich auch ganz unten. Wir waren ohne Freunde, dazu noch katholisch in einer vornehmlich evangelischen Gemeinde. Wir waren mit einem Mal wirklich arm.

Tee für die Madame

Es war kaum zu glauben, aber unsere Milchkanne aus Aluminium wurde für uns zu einem wichtigen Utensil. Mit ihr konnte man nicht nur einen halben Liter Milch kaufen oder Essen warm halten, sondern auch montagnachmittags beim Schlachthof in Münsingen einen Liter Metzelsuppe holen. Die Metzelsuppe verdünnte Mutter, sodass wir die halbe Woche eine kostenlose Suppe essen konnten. Manchmal machte Mutter noch ein paar Fleischklößchen, dann schmeckte sie nicht ganz so fad. Irgendwann hing uns die Metzelsuppe jedoch zum Hals hinaus. Als wir Mutter unser Anliegen vorgebracht hatten, meinte sie nur: „Ach Kinderlein, es geht mir doch genauso, nur das Problem ist nicht einfach zu lösen. Wir haben keinen Topf, um Kartoffeln zu kochen, außerdem haben wir kein Geld, um Kartoffeln zu kaufen. Und auch wenn wir jeden Tag Kartoffeln mit Salz zu essen bekämen, ginge es euch irgendwann wie jetzt mit der Metzelsuppe. Apropos, Maria, schau doch mal nach, wie unsere Finanzen stehen! Vielleicht können wir uns mal wieder ein fürstliches Vesper leisten." Bevor wir jedoch unser fürstliches Abendbrot essen konnten, stellte uns Mutter die beiden Eimer mit dem Rest des Geschirrs und des Bestecks hin, das Mary uns zurückgelassen hatte, bevor sie mit Walter und Inge nach Aulendorf übersiedelten. Nun profitierten sogar noch

197

wir von den Sachen, die ich bei Kriegsende für die ausgebombten Adamers aus dem Offizierskasino mitgenommen hatte. Aus einem der beiden Eimer kam nicht nur Geschirr zum Vorschein, sondern auch noch Gardinenstores und Vorhänge von den Fenstern des Offizierskasinos. Vorsichtshalber hatte ich damals das Geschirr in die Vorhänge eingepackt, damit nichts in die Brüche gehen konnte. Post von Walter. Er schrieb: „Da ich nicht in der NSDAP war, wurde ich von dem Obersten der französischen Zone als Chef für das ganze Telefonwesen im schwäbischen Oberland zuständig erklärt. Unsere neue Adresse ist nun das Schloss in Aulendorf." Wir bekamen neue Nachbarn. Mutter lernte Frau Kehr auf dem Weg zur Bäckerei kennen. Auch Kehrs hatten ihre Wohnung verlassen müssen, nicht wie wir im Vorlager, sondern im Gänsewag. Der Unterschied zu uns war jedoch, dass sie ihr ganzes Inventar mitnehmen durften. Auch Herr Kehr konnte ohne Wenn und Aber seinen Uraltholzvergaserlastwagen mitnehmen. Nach einiger Zeit entwickelte sich zwischen Mutter und Frau Kehr eine Art Zweckfreundschaft. Zumeist war es zwischen den beiden Frauen jedoch ein Geben und ein Nehmen von Lebensmitteln. Eines Abends erzählte Mutter, dass sie demnächst mit Herrn Kehr zum Hamstern fahren dürfe. „Der Haken an der Sache ist nur, ich müsste während der Fahrt den Kessel mit Holz füttern, damit der Holzvergaser nicht stehen bleibt." Daraufhin meinte Maria: „Du weißt schon, Mutter, dass der Laster keine Plane hat und du deshalb Wind und Regen ausgesetzt bist? Bitte, Mutter, überlege es dir nochmal." Mutter beharrte auf das Mitfahren mit Herrn Kehr. Nun fuhr sie einmal in der Woche mit unserem Nachbarn ins Lautertal, um die Sachen zu verscherbeln, die ich bei Kriegsende aus der Waschanstalt mitgenommen hatte. In diesen Tauschwochen benötigten wir kein Geld mehr, um Brot, Eier oder Speck zu kaufen. Eines Morgens, als ich an der Haustüre von Madame Bergerhot klingelte, sagte sie zu mir beim Öffnen der Haustüre: „Trüdi, du brauchst dein Mäntelchen gar nicht erst auszuziehen, denn du kannst gleich ins Büro des Lagerkommandanten gehen und dort für mich eine Tüte mit besonderem Tee abholen. Nun, Trüdi, würdest du den Tee für mich abholen?". Ich nickte, wobei mir jedoch Tränen über die Wangen liefen. „Aber Trüdi, was ist los, bist du krank?". Stotternd sagte ich: „Madame Bergerhot, es tut mir leid, aber ich habe Angst vor dem Kommandanten." „Warum hast du Angst vor dem Kommandanten, kennst du ihn?". Ich nickte. Nun erzählte ich ihr, wie ich für meine Mutter eingesprungen war, als sie krank war und alle Frauen vom Sträßchen nebenan das Schlösschen putzen mussten. Kurz bevor die Frauen vom französischen Aufpasser entlassen worden waren, war der Lagerkommandant aufgetaucht, um das Schlösschen nach der Reinigung selbst in Augenschein zu nehmen. Plötzlich war ich wohl in das Blickfeld des Lagerkommandanten geraten. Er war auf mich zugekommen und hatte gefragt: „Was tun Sie hier?". Ich hatte geantwortet: „Ich bin für meine kranke Mutter eingesprungen, die ebenfalls für das Putzen des Schlösschens eingeteilt war." „Sie sind also für ihre kranke Mutter eingesprungen? Da wäre doch eine Belohnung angebracht. Könnten Sie heute Abend ins Schloss kommen? Sie könnten dann Süßigkeiten essen und zwar so viel sie wollen." „Danke, Herr Kommandant, aber ich muss mich um meine kranke Mutter kümmern. Ich wünsche Ihnen noch einen schönen Tag, Herr Kommandant!". Gemeinsam hatten wir unsere Mäntel oder Jacken geholt und waren nach Hause gelaufen. Seit damals, als ich meine Mutter beim Putzen vertreten hatte, kannte ich den Kommandanten. Einige Male hat er mir sogar eine Pferdekutsche mit Dolmetscher geschickt, um mich erneut zu fragen, ob ich Zeit für ihn hätte, was ich erneut verneint hatte. Aufgrund des Tees sah der Kommandant nun wieder eine Möglichkeit mich zu fragen, ob ich für ihn heute noch Zeit hätte. „Sobald ich mit dem Tee zurück bin erzähle ich ihnen, wie die Sache bei dem Kommandanten ausgegangen ist." Im Büro des Kommandanten angekommen, nahm ich eine Tüte und schaufelte für die Madame Tee hinein. Als der Kommandant plötzlich in sein Büro trat, erschrak ich so sehr, dass ich beinahe die Tüte Tee fallen ließ. Doch er sagte höflich: „Bonjour! Sie holen sicher den Tee für Madame Bergerhot?". Ich nickte. „Mademoiselle, ihr Vater ist doch in Gefangenschaft, ich könnte ihn herausholen. Alles Nähere könnten wir heute Abend vielleicht bei mir im Schlössle besprechen." Ohne ihn weiter sprechen zulassen, sagte ich: „Vielen Dank für ihren guten Willen, aber helfen kann in diesem Fall nur der liebe Gott." Bei dem Wort Gott riss der Kommandant die Augen auf und verließ ohne ein weiteres Wort sein Büro. Mit zittriger Hand nahm ich wieder das kleine Schäufelchen und füllte die Tüte, bis sie voll war. Als ich eben gehen wollte, kam der Dolmetscher ins Büro und fragte, ob alles in Ordnung sei. Ich antwortete mit zittriger Stimme: „Danke, alles bestens. Allerdings habe ich noch eine Bitte. Schreiben Sie mir bitte noch einen Passierschein aus, denn ich habe meinen verloren und ohne ihn kann ich das Alte Lager nicht verlassen." Mit dem Passierschein in der Hand verließ ich das Büro des Dolmetschers und passierte anschließend auch das Kontrollhäuschen am Schlagbaum. Als ich mit meiner Geschichte zu Ende war, lachte Madame Bergerhot und sagte: „Ach Trüdi, das Gesicht des Kommandanten bei den Worten ‚lieber Gott' hätte ich auch gerne gesehen!". Als ich zuhause Mutter und Maria die gleiche Geschichte erzählte, lachten sie beide genauso, wie Madame Bergerhot, über meine Wortwahl.

Französischunterricht

Eines Tages als ich von Madame Bergerhot nach Hause kam, lief Mutter mir aufgeregt entgegen und rief: „Trudel, ich muss dir etwas sehr Wichtiges sagen! Heute früh gab der Büttel bekannt, dass der Schulunterricht im Oktober wieder beginnt. Der genaue Termin wird noch bekannt gegeben." Ach du liebe Zeit, an die Schule hatte ich überhaupt nicht mehr gedacht. In den nächsten Tagen kam der nächste harte Brocken auf mich zu. Madame Bergerhot ließ mich wissen, dass ihr Mann, der Arzt ist, im Oktober nach Tübingen an die Universitätsklinik versetzt werden würde. „Natürlich begleite ich meinen Mann und kann dir nicht mehr zur Seite stehen. Eines könnte ich jedoch noch für dich tun, das heißt, falls du Lust hast, Französisch zu lernen, würde ich für dich einen Lehrer finden." „Ich würde mich sehr freuen, Madame Bergerhot, wenn ich Französisch lernen dürfte." Bereits nach wenigen Tagen stellte mir Madame Bergerhot meinen künftigen Lehrer vor. Der Mann war ein französischer Soldat, der jedoch von Beruf Lehrer und bei Dr. Bergerhot im Lazarett tätig war. Aus diesem Grunde konnte Dr. Bergerhot seiner Frau zuliebe den Soldatenlehrer mit dessen Einverständnis an seine Frau abtreten. Der Lehrersoldat sollte mir nun soviel wie möglich Französisch beibringen. Bereits am nächsten Tag begann der Unterricht. Anstelle mit Madame Bergerhot französische, deutsche oder arabische Lieder zu singen, lehrte mir der Lehrersoldat Sätze, wie „Wie geht es Ihnen?" und Zahlen von eins bis hundert. Zuvor hatte der Lehrersoldat zu mir gesagt: „Mademoiselle, wegen der Kürze der Zeit können wir uns nicht mit der Grammatik aufhalten, deshalb werde ich ihnen einfache Sätze und Wörter beibringen. Sind Sie einverstanden?". Der Lehrersoldat gab sich viel Mühe mit mir und lobte mich für meine Fortschritte. Eines Tages sagte Madame Bergerhot zu mir: „Trüdi, ich habe gehört, dass die Winter hier sehr, sehr kalt sind. Deshalb meine Frage: Habt ihr zu Hause genügend Holz und Kohle, damit ihr den Winter gut überstehen könnt?". „Nein, Madame

Bergerhot, wir haben weder Holz noch Kohlen, wir müssen eben sehen, wie wir über den Winter kommen." „Hör mal, Trüdi, du kannst die ganzen Kohlen und auch das ganze Holz morgen aus dem Keller holen. Aber mit dieser Aktion müssen du und deine Helfer bis siebzehn Uhr fertig sein, damit der Doktor von der Aktion nichts mitbekommt, denn er mag so etwas gar nicht." Am nächsten Morgen teilte ich Madame Bergerhot mit, dass meine Mama sehr dringend einen Kochtopf und eine Bratpfanne benötigte. Außerdem würde ich, falls Madame Bergerhot es erlaubte, das kleine Kommödchen aus dem Salon mitnehmen, damit wir nicht weiter unser Essgeschirr auf den Fußboden stellen müssten. Am darauffolgenden Nachmittag geschah alles so, wie ich es mit Madame Bergerhot abgesprochen hatte. Arthur kam mit einem frisch geputzten Mistkarren daher. Die Eierkohlen, die Briketts und die Säcke mit Holz kamen als erstes in den Karren. Als nächstes hoben Arthur und Gerhard das kleine Kommödchen mit der schweren, dicken und echten italienischen Marmorplatte auf das Gefährt. Maria stellte den Kochtopf und die Bratpfanne auf die Holzsäcke. Danach rief Arthur: „Achtung, ich starte jetzt!".
Zu Hause hatte Mutter bereits die Scheunentore geöffnet, sodass das Abladen der Säcke sehr einfach war. Kaum hatte Mutter die Bratpfanne und den Kochtopf gesehen, rief sie laut: „Kinderlein, ach Kinderlein, nun können wir wieder Bratkartoffeln und Spiegeleier essen!".

Au revoir!

Der Kalender zeigte den 28. September an und das bedeutete: heute kommen verschiedene Veränderungen auf mich zu. Wie gewöhnlich ging ich zu Madame Bergerhot. Hier stand schon mein Französischlehrer, der sich gerade von Madame Bergerhot verabschiedete. Danach kam er auf mich zu und wünschte mir ebenfalls alles Gute für mein künftiges Leben. Nun reichte ich ihm eine Schachtel Lucky Strikes, welche Mutter von den amerikanischen Offizieren geschenkt bekam. Nun zog der Französischlehrer seine Mütze auf, verbeugte sich vor Madame Bergerhot und mir, schlug die Hacken zusammen, salutierte und verließ die Wohnung. Nach dem Abgang des Lehrer-Soldaten war ich an der Reihe mich zu verabschieden. Mit Tränen in den Augen sagte ich: „Madame Bergerhot, ich wünsche Ihnen und Ihrem Gatten von ganzem Herzen alles Liebe und Gute. Außerdem so viel Glück, wie der Himmel Sterne hat." Nachdem ich meine guten Wünsche hervorgebracht hatte, flossen mir die Tränen in Strömen über die Wangen. „Ach Trüdi, du musst nicht weinen", sagte nun Madame Bergerhot, „so ist eben der Lauf der Zeit. Deshalb wünsche ich dir für deine Zukunft auch alles Gute, vor allem Gesundheit. Nun, Trüdi, gehe nach Hause und denke manchmal in deinem späteren Leben daran, wie wir miteinander gesungen haben." Zu Hause erzählte ich Mutter vom Abschied von Madame Bergerhot. Danach zeigte ich ihr die Visitenkarte, welche ich von Madame Bergerhot bekommen hatte und fragte: „Meinst du, ich soll im März nächsten Jahres auf dem Gouvernement wegen einer Stelle für mich nachfragen?". Mutter nickte und meinte: „Natürlich machst du das, denn einen besseren Fürsprecher, als Madame Bergerhot, können wir uns nicht wünschen." Oktober. Ich musste wieder in die Schule gehen. Mein Lehrer war wieder Herr Breitmayer und auch die Schüler waren fast wieder die gleichen. Kaum hatte der Schulbetrieb begonnen, kamen Flüchtlingskinder in unsere Klasse. Sie kamen aus Donauschwaben und hatten, wie Herr Breitmayer uns schon zuvor gesagt hatte, auf ihrer Wanderschaft viel erleiden müssen. „Also Kinder, aus diesem Grund sage ich euch, lasst die Flüchtlingskinder in Ruhe, sonst könnt ihr meinen Rohrstock erleben." Auch ich profitierte davon, dass Flüchtlingskinder in der Klasse waren, denn von diesem Moment an wurde auch ich von den Auinger Buben nicht mehr verhauen. Die Zeit in der Schule verging wie im Flug und plötzlich hieß es für unsere Klasse: „Morgen ist euer letzter Schultag. Aus diesem Grund bekommt ihr auch euer letztes Zeugnis." Am nächsten Tag wurden zur letzten Schulstunde die letzten Zeugnishefte und alle Hefte der vergangenen Jahre ausgeteilt. Nach der Zeugnisausgabe wünschte uns Herr Breitmayer alles Gute für die Zukunft und Gottes Segen. Danach rannten alle Zeugnisempfänger auf den Schulhof, um die Zeugnisse zu vergleichen. Plötzlich hielt mich Elsa, meine Banknachbarin, an meiner Jacke fest und sagte zu mir mit Tränen in den Augen: „Trudl, ich habe in Geometrie eine schlechtere Note, als du und das nur, weil ich dieses Mal bei dir abgeschrieben habe, aber eben die richtigen Antworten auf die falschen Fragen gegeben habe. Ach Trudl, was sollen wir nur tun?". „Also, Elsa, wir gehen einfach zu Herrn Breitmayer und erzählen ihm alles. Danach soll er einfach deine Note bei mir und meine Note bei dir eintragen." Elsa war glücklich, dass ich mit ihr zurück zu Herrn Breitmayer gehen würde. Guten Mutes gingen wir zu ihm und brachten unser Anliegen vor. „Hört mal Mädels, so einfach, wie ihr euch das vorstellt, geht das nicht. Zeugnisse kann man nicht einfach nach Belieben verändern, sie sind etwas Wertvolles. Hör zu, Elsa, wegen einer schlechten Note geht die Welt nicht unter. Außerdem bekommst du trotz der etwas schlechteren Note einen guten Mann und liebe Kinder. Aus diesem Grund, Elsa, wünsche ich dir viel Glück für dein künftiges Leben. Kopf hoch für dich und auch für Trudl."

Zuhause angekommen sagte ich zu Mutter: „Nun muss ich noch zu dem Monsieur auf dem Gouvernement gehen, den mir Madame Bergerhot empfohlen hat, um bei ihm nachzufragen, ob er vielleicht eine geeignete Arbeit für mich hat. Bitte, Mutter, drück mir die Daumen, dass es dieses Mal klappt."

Économat

Und ich hatte Glück. Der Monsieur an der Rezeption des Gouvernements war sehr freundlich und schickte mich in den dritten Stock. Bei dem Schild „Économat" wäre ich richtig. Mit Herzklopfen fuhr ich mit dem Aufzug in den dritten Stock. Ich fand das Schild und klopfte an der Tür, wobei ich immer wieder vor mich hin sagte: „Lieber Schutzengel, hilf mir!". Schon öffnete sich die Tür. Ein Mann trat heraus und fragte auf Französisch, ob er mir helfen könne. Auf Deutsch antwortete ich: „Ich komme auf das Anraten von Madame Bergerhot hierher, die Ende des vergangenen Jahres wegen einer freien Stelle für mich bei diesem Herrn vorgesprochen hat." Dabei zeigte ich die Visitenkarte des damaligen Gesprächspartners von Madame Bergerhot. „Ohlala!", meinte nun der Franzose. „Das bin ja ich! Ich erinnere mich an die Dame von damals. Die freie Stelle, die ich damals meinte, ist die neue Telefonzentrale im Économat." Nun bat er mich mit ihm zu einem deutschen Herren namens Schier zu gehen. „Herr Schier ist so etwas, wie ein Abteilungsleiter im Économat." Nachdem er mich Herrn Schier vorgestellt und ihn darüber informiert hatte, weshalb ich hier war, verabschiedete er sich. Herr Schier war ein humorvoller Mensch. Zum Beispiel sagte er zu mir: „Falls Sie einmal eine französische Schnellsprecherin am Telefon haben, die Sie nicht verstehen, dann verfallen Sie nicht in Panik, sondern stöpseln die Anruferin einfach in eine andere Abteilung. Vielleicht ist dort jemand, der sie verstehen kann. Aber bitte, mein Fräulein", und legte dabei einen Zeigefinger auf seinen Mund. Herr Schier ging mit mir zum Chef von Économat, Monsieur Raveau, denn nur er besaß die Macht mich einzustellen. Der Monsieur war in meinen Augen uralt. Außerdem schaute er mich, während er mit mir sprach, überhaupt nicht an. Als nächstes sagte er zu mir, die Arbeitsbedingungen solle ich mit Herrn Schier besprechen. Von Herrn Schier erfuhr ich anschließend, dass mein Gehalt 50 Mark pro Monat sei und meine Arbeitszeiten wären von acht Uhr bis zwölf Uhr dreißig, und von dreizehn bis achtzehn Uhr, und dies von Montag bis Samstag. Wenn ich mit dem Arbeitsvertrag einverstanden sei, könnte ich ihn unterschreiben und gleich am nächsten Tag an der Telefonzentrale anfangen. „Und nun, Fräulein Gertrud, gehen Sie nach Hause und erholen Sie sich von dem anstrengenden Tag. Also bis morgen, tschüss!". Als ich Mutter zu Hause erzählte, dass ich im Économat angenommen worden war, strahlte sie richtig. „Ach Trudl, nun können wir wenigstens wieder die Miete bezahlen."

Frieden

Am nächsten Tag, als ich auf dem Weg zu meiner neuen Arbeit war, begann mein Herz vor Aufregung richtig heftig zu schlagen. Daraufhin betete und betete ich bis vor die Tür vom Économat. Als ich die Tür öffnete, war Herr Schier schon da. Er sagte: „Sobald die ganze Mannschaft da ist, stelle ich Ihnen alle Angestellten vor." Bis alle eingetroffen waren, erklärte mir Herr Schier, wie die Stöpsel an der Telefonzentrale zu bedienen seien. Als nun alle Angestellten eingetroffen waren, stellte Herr Schier mir alle vor. Die Namen der Angestellten lauteten: Fräulein Trojan, Fräulein Bässler, Fräulein Hedi, Fräulein Antoinette und Herr Zech. Zu Hause warteten bereits Mutter und Maria auf mich und wollten wissen, wie mein erster Arbeitstag verlaufen war. Als ich sagte, dass alles gut gewesen war, wünschten sie mir weiterhin gutes Gelingen. Die Wochen vergingen wie im Fluge und plötzlich war es Herbst. Nachdem unsere Finanzlage jedoch weiterhin miserabel war, sagte Mutter zu mir: „Trudl, frag doch mal deinen Chef, ob ich vielleicht im Économat putzen darf." Und Mutter wurde tatsächlich als Putzfrau eingestellt. Es war sehr viel, was Mutter zu bewältigen hatte. Zum Beispiel mussten alle Büroräume sauber gemacht werden. Danach kamen die verschiedenen Abteilungen, wie die für Lebensmittel, für Wein, Gemüse, Kosmetik und die Abteilung für Freizeit dran. Nachdem ich sah, wie meine Mutter völlig abgerackert war, sagte ich zu ihr: „Hör mal, Mutter, die Büroräume putze ich für dich, denn sonst fällst du noch um." Mutter nahm meine Hilfe dankbar an. Seit einem halben Jahr lebten wir in

Frieden. Es gab keine Fliegeralarme mehr und auch die Verdunke-
lung der Fenster gehörte der Vergangenheit an. Maria sagte: „Es ist
so schön, wenn man das Gejaule der Sirenen nicht mehr hört." Geblieben sind jedoch die Lebensmittelkarten. Aufgrund dessen bekamen wir, wie zu Kriegszeiten, ein kleines Stück Brot mit Apfelmus
zum Abendbrot. Eines Tages traf Mutter Herrn Straub vom Vorlager.
Er erzählte, wie es ihnen nach dem Rauswurf aus ihrer Wohnung er-
gangen war. „Zuerst musste ich wegen einer Unterkunft für meine
Familie zum Bürgermeister von Auingen gehen, um ihm unseren
derzeitigen Stand der Dinge zu schildern. Danach erhielt ich mehrere
Zettel mit Adressen von Auinger Bürgern, die eventuell bereit seien,
Zimmer an uns zu vermieten. Von den Personen auf dem Zettel war
jedoch niemand bereit uns aufzunehmen. Nach reiflicher Überlegung
stellte ich meine Familie im Rathaus ab und ging alleine los. An wie
vielen Haustüren ich geläutet habe, weiß ich nicht mehr. Doch zu guter Letzt erhielt ich für meine Familie zwei Zimmerchen im Dachge-
schoß, sowie eine Dachschräge zum Kochen. Der Herd ist eine
Kochplatte, somit können wir morgens für unsere Kinder die Milch
warm machen und meine Frau und ich können warmen Kathreiner
Kaffee trinken. Zur Mittagszeit können wir sogar ein paar Kartoffeln
kochen und diese mit ein wenig Salz essen. Das große Minus der
Wohnung ist, dass wir nur bis zwanzig Uhr das Klo benützen dürfen
und unsere Geschäfte danach in einem Eimer verrichten müssen. Ja,
Frau Pfingstler, so sieht es zur Zeit bei uns aus." Frau Grohe erhielt
Post aus Russland. Es war eine Karte, auf der bis zu acht Wörter geschrieben werden durften. In meiner Erinnerung hatte der ehemalige
General Grohe, oberster Chef der Flammenwerferdivision, seiner
Frau folgendes geschrieben: Bin gesund und werde gut behandelt,
dein Hebermann. Es wurde Herbst. Es gab nicht nur Veränderungen
in der Natur, sondern auch bei uns im Économat. Colonell Raveaus
musste altershalber in Rente gehen. Sein Nachfolger war Commandante Franout. Der neue Chef war ein sehr netter Mensch und Vorgesetzter. Das ganze deutsche Personal war begeistert von ihm. Noch
vor Weihnachten wurde das Économat samt Telefonzentrale in das
Erdgeschoß verlegt.

Ein kleines süßes Ding

Der Winter hielt Einzug. Einer der kältesten überhaupt. Aufgrund der
eisigen Kälte hieß die für ältere Menschen besondere

Lebensmittelkarte im Volksmund „Sterbekarte". Auf dieser Karte gab es weniger Fleisch-, Fett- und Brotmarken, sodass viele ältere Menschen an Unterernährung oder Unterkühlung starben. Die Kälte verlangte außerdem von vielen Menschen im ganzen Land, auf Züge mit beladener Kohle aufzuspringen, um danach so schnell wie möglich die mitgebrachten Säcke mit Briketts zu füllen. Danach wurden die gefüllten Säcke sofort wieder vom Zug abgeworfen, damit der oder die Helfer sie schnell wegbringen können, sodass kein Polizist die ergatterten Kohlensäcke wieder abnehmen konnte. Während dieser Aktionen wurden die älteren Menschen gebraucht, um auf die Kleinen aufpassen, wenn die jungen Leute zum Kohle klauen gingen. Einmal hatte Kardinal Frings im Rheinland bei einer Predigt verkündet, dass ein bisschen geklaute Kohle keine Sünde sei, wenn sie zur Erhaltung des Lebens benötigt würde. Nach diesen Worten sagten die Kölner Bewohner, sobald sie zum Kohle klauen gingen: „Also, wir gehen jetzt fringsen!". Zu meinem Geburtstag bekam ich von Mutter wieder, wie schon im letzten Jahr, einige selbstgemachte Zuckerkügelchen, und von Maria ein selbstgehäkeltes Einkaufsnetz. Zu Weihnachten backte Mutter einen Hefezopf. Dank dem lieben Gott und der lieben Madame Bergerhote hat unsere Familie den eisigen Winter gut überstanden. Eines Tages sagte Mutter zu mir: „Ach Trudelein, du hast ja gar nichts mehr zum Anziehen! Soll ich dir aus einem Bettlaken aus der Waschanstalt ein Kleid nähen?". Ich nickte und Mutter meinte: „Ich gehe nun gleich zu Frau Kehr und frage sie, wann ich zum Nähen kommen kann." Als ich eines Abends von der Arbeit nach Hause kam, sprang plötzlich ein braun-rotes Etwas um mich herum. Bei genauerem Hinsehen entpuppte sich das Etwas als ein kleiner Dackel. Erstaunt fragte ich Mutter: „Wem gehört denn das Hündchen?". „Das kleine süße Ding gehört seit heute uns. Vor der Bäckerei stand eine Frau und bat mich das kleine Kerlchen mit nach Hause zu nehmen, da sonst ihr Mann es töten lassen würde. Nach einigem Hin und Her nahm ich den kleinen Dackel auf meinen Arm. Daraufhin sagte die Unbekannte zu mir: ‚Das kleine Kerlchen gehört nun Ihnen', und verschwand. Den Namen für das Dackelchen könnt ihr Mädels euch aussuchen." Das Mitgefühl für den kleinen Dackel war richtig typisch für meine Mutter. Zeitlebens war sie hilfsbereit gegenüber Kranken, half armen Menschen, außerdem kümmerte sie sich um verlassene und streunende Tiere. Wir bekamen lieben Besuch. Es war Mary. Walter hatte dienstlich in der Nähe von Tübingen zu tun und konnte Mary vorher zu uns bringen und später wieder bei uns abholen. Wir waren alle sehr glücklich uns nach so langer Zeit wiederzusehen. Als Mary das Hündchen sah, fragte sie Mutter, ob sie es ihr schenken würde. „Natürlich, Mary!". Zum Abschied sagte Mary zu ihr: „Du bist einfach die beste aller Mütter!".

Papier in den Schuhen

Frohe Botschaft von Maria. Sie erzählte, dass unser Doktor Gräter wieder gesund sei. Zu Maria sagte der Doktor: „Du bekommst ab jetzt für deine Arbeit im Krankenhaus soviel Geld, wie ein Lehrling im ersten Lehrjahr." Später erfuhr ich noch, dass unser Doktor den Diakonissen gekündigt hatte. Anstelle der Diakonissen stellte unser Doktor nun ehemalige Rotes-Kreuz-Schwestern ein, die im Krieg gewesen waren und nun keine Arbeit mehr fanden. Eines Tages fragte mich Mutter, ob ich mit ihr nach Glems, in der Nähe von Urach, gehen würde, um dort Kirschen zu holen. „Um dieses Dörflein zu erreichen müssen wir in Richtung Urach laufen", sagte Mutter. „In der Nähe von Urach liegt das Dörflein Glems. Meinst du, Trudl, du kannst mit mir dort hin und wieder zurück laufen?". Meine Antwort lautete „Ja, gerne!". Mutter fing nun an verschiedene Utensilien zusammenzustellen, die wir auf dem Kirschen-Schwarzmarkt benötigen würden. Nun gingen wir am darauffolgenden Sonntag, bewaffnet mit zwei Tragekörbchen und zwei Stück weiß-hellblau-karierter Bettbezüge in das Dörflein Glems. Als wir ankamen, herrschte bereits ein riesiges Gerangel und das nur wegen Kirschen. Am liebsten wäre ich sofort wieder umgekehrt. In meiner Erinnerung waren die meisten Bauern dort richtig unverschämt gegenüber den Käufern der Kirschen. Noch bevor jemand überhaupt einen Wunsch äußern konnte, schrie bereits irgendein Bauer vor sich hin. Die meisten Käufer zogen noch, bevor sie überhaupt angesprochen wurden, irgendetwas aus einer Tasche, Korb oder ähnlichem, wie zum Beispiel silbernes Besteck, goldene Halsketten, Ringe oder ähnlichen Schmuck. Mutter bekam für die beiden blau-weiß-karierten Bettbezüge Kirschen für die zwei mitgebrachten Körbchen. Auf dem Heimweg sagte Mutter zu mir: „Wenn das mit der doppelten Bezahlerei so weitergeht, tapezieren die Bauern ihre Kuhställe bald mit Persianerteppichen!". Eines Tages, als ich allein auf der Arbeit war, betrat mein Chef plötzlich die Räume und verschwand in seinem Büro. Kurze Zeit später kam er wieder heraus und reichte mir ein Blatt Papier mit der Bitte ihm den Inhalt ins Französische zu übersetzen. Als ich ihm die Übersetzung überreichte, sagte er zu mir: „Darf ich Sie etwas Persönliches fragen?". „Oui, Monsieur Franoux." „Fräulein Schertrüd, sagen Sie mir bitte, besitzen Sie nur das eine Paar Schuhe, welches mit Papier ausgestopft ist?". „Ja, Monsieur Franoux", erwiderte ich mit knallrotem Kopf, „so ist es." „Kommen Sie doch bitte in mein Büro." Dort erhielt ich einen Bezugsschein für ein Paar Halbschuhe. „Danke, Monsieur Franoux, leider kann ich den Bezugsschein nicht annehmen, denn auch meine Mutter und meine Schwester laufen mit Papier in den Schuhen herum. Nochmals vielen Dank für ihre Großzügigkeit." Es war kaum zu glauben, mein Chef sah mich mit großen Augen an und sagte danach: „In Gottes Namen, Sie bekommen ebenfalls Bezugsscheine für Ihre Mutter und Ihre Schwester. Um eins bitte ich Sie jedoch, Fräulein Gertrud, dass sie Stillschweigen über die Sache bewahren." Das Économat musste erneut umziehen. Dieses Mal wurden die Räumlichkeiten für den Bau einer großen Telefonzentrale benötigt, damit der Gouverneur in alle Zonen des Landes herumtelefonieren konnte. Das Économat wurde in das ehemalige Modehaus Schwenker in Münsingen verlegt. Mein Platz in diesem Haus war nun der an der Hauptkasse. Kassieren musste ich für die Abteilungen Lebensmittel, Backwaren, Wein, Käse und Kosmetik. Die Abteilungen für Obst und Gemüse, Fleisch und Wurstwaren befanden sich in anderen beschlagnahmten Geschäften. Kurze Zeit später kannte ich die meisten Namen der Verkäuferinnen. So war zum Beispiel Fräulein Ruth für die Lebensmittel und Backwaren, Fräulein Paula für die Käse- und die Spirituosenabteilung zuständig. Eine von den ausgebombten Schwestern bekam den Bereich Kosmetik, die andere Schwester war für die Abteilung der Fischereiartikel zuständig. Hier gab es allerlei Angelruten in allen Größen und Stärken. Hinter der Abteilung für Fischereiartikel lag das kleine Büro von Fräulein Antoinette, sie war zuständig für den Ein- und Ausgang der Post. Die wichtigste Person für uns alle war jedoch unser Herr Götze. Er war ein ehemaliger Seemann. Bis zum Zweiten Weltkrieg war er bei der holländischen Handelsmarine als Schiffskoch, auch „Smutje" genannt, tätig. Während des Zweiten Weltkrieges wurde Herr Götze zur Deutschen Kriegsmarine eingezogen. Auch bei den Deutschen war er der Smutje. Als der Krieg verloren war, durfte Herr Götze nicht wieder nach Holland zurückkehren und wurde nach Deutschland abgeschoben. Er hatte in Deutschland nur eine uralte Tante, die in Trailfingen bei Münsingen lebte. Aus diesem Grund gab er als seine jetzige Adresse die seiner Tante an.

Von der ihm fast unbekannten Tante erhielt Herr Götze zum Wohnen eine Dachkammer für wenig Geld. Nachdem er eine Bleibe hatte, fing er an eine kleine Wohnung für seine Frau und seinen Sohn zu suchen. Als er eine gefunden hatte, setzte er sich mit dem Deutschen Roten Kreuz in Verbindung. Herr Götze hatte Glück. Das Rote Kreuz konnte seine Frau ausfindig machen. „Eigentlich sollte es ein großes Wiedersehen werden, stattdessen gab es nur Streit." Paula erzählte Ruth und mir, dass Frau Götze in Deutschland todunglücklich sei und nach Holland zurückkehren wolle. „Außerdem soll Frau Götze ihrem Mann laufend Vorwürfe wegen des knappen Geldes machen." „Das Schlimmste für mich ist jedoch", soll Herr Götze zu Paula gesagt haben, „dass ich meinem Sohn nicht helfen kann, da es mir einfach am Geld fehlt und das belastet mich sehr." Als Paula mir und Ruth die Geschichte von Herrn Götze erzählt hatte, überlegten wir, wie wir helfen könnten. Das Ergebnis war: Ruth, Paula und ich legten nun einmal in der Woche eine Mark in eine kleine Tüte, und sobald drei Mark in der Tüte waren, gab Paula sie Herrn Götze, damit dieser seinem Sohn das Geld geben konnte. Außerdem wollte Paula, sobald im Geschäft ihres Vaters Brötchen oder Kuchen vom Vortag übrig waren, diese mitbringen, damit der Sohn diese Sachen gleich essen oder mit nach Hause nehmen konnte. Herr Götze erzählte Paula, dass er nun von seiner Frau geschieden sei. „Aufgrund der Scheidung kann meine Frau nun wieder nach Holland zurückkehren." Sein Sohn bleibe bei ihm, da er eine Lehrstelle als Koch in Aussicht habe.

Tonnenweise Bier

Seit einiger Zeit ging es Mutter wieder besonders schlecht. Plötzlich bekam sie heftige Schweißausbrüche oder war sehr müde. Maria und ich machten uns große Sorgen um sie. Wir bekamen wieder einen neuen Chef. Sein Name war Perriote. Ich fragte Herrn Zech, weshalb die Chefs so oft ausgewechselt würden. Er meinte wegen der fraternité, der Brüderlichkeit. Daraufhin dachte ich, die ist bei mir schon lange ausgebrochen. Sehr stark. Aufgrund von Madame Bergerhot und von Kommandant Franoux mit den Schuhen. Maria und ich hatten beschlossen, dass Mutter nicht mehr putzen gehen sollte. Maria sagte ihr: „Hör mal, Mutter, jetzt ist der günstigste Moment, um zu kündigen, denn Trudl bekommt ab nächstem Monat anstelle von 50, 70 Mark Gehalt. Und ich bekomme auf Fürsprache von Herrn

Doktor Gräter eine Art Lehrlingsgehalt für meine Arbeit im Krankenhaus." Noch bevor wir in das Haus Schwenker einzogen, verließen uns Herr Zech und seine Lebensgefährtin Fräulein Trojan. Sie hatten sich schon vorher um Stellen in Lindau am Bodensee beworben und beide hatten einen positiven Bescheid erhalten. Auch Herr Schier verabschiedete sich, er würde demnächst eine Stelle in Stuttgart bei einer sehr großen Firma antreten. Als ich zu ihm „Auf ein Wiedersehen" sagte, meinte er lächelnd: „Lieber nicht, sagen wir lieber: Bye, bye!". Die nächsten Neuigkeiten waren, dass Fräulein Basstler in Bälde heiraten wird, und Fräulein Antoinette sagte mir im Vertrauen, sie hätte die Religion gewechselt. Sie wäre nun nicht mehr katholisch, sondern neuapostolisch. Seit kurzer Zeit wurde der Truppenübungsplatz Münsingen nicht mehr von den Amerikanern für Schießübungen benutzt. Sie sollten nun, so hörte man, die Übungsplätze im Rheinland benutzen. Aus diesem Grund kamen nun die verschiedensten französischen Einheiten nach Münsingen, um hier auf dem Platz Schießübungen vorzunehmen. Monsieur Perriote bat Fräulein Antionette sich auf dem Bürgermeisteramt zu erkundigen, welches Amt in Reutlingen zuständig sei, um Arbeitskräfte für das französische Économat zu bekommen. Das Fräulein vom Amt nahm sich der Sache zwar an, doch nur ein einziger Mann meldete sich. Der Mann kam aus Ostdeutschland und war sehr mager. Seinen Namen habe ich vergessen. Herr Götze war der Einzige, der sich um unseren neuen Kollegen kümmerte und der ihn auch verstand. Eines Morgens stand der erste von zwanzig Lastern Elsässer Bier vor dem Économat. Die Frage war nun, wer sollte die Kisten Bier abladen? Wohin sollten die Bierkisten gebracht werden? Monsieur Perriote stand mit rotem Gesicht da und wusste auch keine Antwort. Da meldete sich Paula zu Wort. „Monsieur Perriote, ich habe eine Idee. Ich denke, Herr Götze und sein neuer Freund steigen zuerst auf den Laster. Danach soll Herr Götze eine von den obersten Bierkisten seinem Kumpel reichen. Dieser soll danach die Bierkiste bis an den Rand des Lasters schieben. Als nächstes bringen Gertrud und ich die Bierkisten in die Garagen von Mode-Schwenker. Monsieur Perriote, was sagen Sie zu meinem Vorschlag?". Er antwortete: „Sie sind großartig, Paula, so machen wir es!".

Honneurs

Die beiden Mädels, die in Pforzheim ausgebombt worden waren, wollten wieder zurück. Sie wollten mit den sogenannten Trümmerfrauen mitarbeiten, damit ihre Stadt so schnell wie möglich wieder aufgebaut werden würde. Nun traten sie vor Monsieur Perriote und schauten ihn hilfesuchend an. Als den Mädels Tränen über das Gesicht liefen, wurde unser Chef butterweich und sagte zu ihnen: „Alors, mes enfants, gehen Sie mit Gott und bleiben Sie gesund." Nun benötigte unser Chef so schnell wie möglich Ersatz für die beiden Pforzheimer Mädels. Doch mit dem Ersatz war das so eine Sache, es verlief genau so, wie mit dem neuen Freund von Herrn Götze. Auf dem Arbeitsamt sollten einige Arbeitslose gesagt haben: „Wir wollen arbeiten, aber nicht beim ehemaligen Feind!". Wir alle wollten unserem Chef helfen, aber leider ohne Erfolg. Irgendwann sagte ich zu Paula und Ruth: „Könntet ihr euch vorstellen, dass Madame Perriote sozusagen im Laden eingesetzt wird, indem sie dort Honneurs (die Kunden begrüßen) macht, sodass die Wartenden die Zeit nicht als so lang empfinden?". Also ging ich zu Madame Perriote. Ich klingelte und durfte eintreten. „Kann ich etwas für Sie zu?", fragte sie. Ich erzählte ihr die ganze Chose. Es war unglaublich, aber die Madame freute sich sehr über meinen Gedankengang und sagte: „Mademoiselle, welche Freude, dass das Personal vom Économat mich auserkoren hat im Laden Honneurs für meine Landsleute zu machen." Madame Perriote machte ihre Sache sehr gut und die Kundschaft war mit den Honneurs sehr zufrieden.

Unsere Kaffeeecke

Eines Tages fragte mich Luzie aus dem Obst- und Gemüseladen, ob ich schon einmal Datteln, Feigen oder Bananen gegessen hätte. Als ich verneinte, sagte sie: „Dann komm doch einmal bei mir vorbei, im Laden kannst du diese Obstsorten alle probieren." Kurz vor Feierabend ging ich zu Luzie in den kleinen Obst- und Gemüseladen. Während ich die mir noch unbekannten Früchte kostete und die Geschmacksexplosionen in meinem Mund genoss, erzählte mir Luzie, wie sie von Ostpreußen bis nach Berlin kam: Eines Tages sagte meine Mutter zu mir: ‚Luzie, die Russen stehen vor der Tür, deshalb ist es an der Zeit, dass du Königsberg verlässt und in Richtung Berlin gehst. Auch wenn der Gauleiter das per Dekret verboten hat und

Personen mit Gefängnisstrafen droht, wenn sie Ostpreußen verlassen wollen, um ins Reich zu gehen, denn Ostpreußen muss bis zum letzten Mann verteidigt werden.' Ich antwortete ihr: ‚Mutti, ich will dich aber nicht zu Hause lassen!'. Doch meine Mutter sagte: ‚Luzie, du musst gehen, denn dein Leben liegt noch vor dir und wenn Gott es will sehen wir uns wieder.' „Um auf der Straße nicht aufzufallen, verstaute ich meine Habseligkeiten in zwei selbst gehäkelte Netze. In das eine Netz verpackte ich Unterwäsche und Seife, in das andere kam Brausepulver, sodass ich mir bei Durst eine Limonade machen könnte. Zuletzt legte ich Brotschnitten ins Netz." Der neue Freund von Herrn Götze hatte für die deutschen Angestellten am Ende des Schwenkerladens eine kleine Kaffeeecke mit Vorhang eingerichtet, weshalb wir ihn nun in unseren Kreis aufnahmen. Gegenüber unserer neuen Ecke lag das kleine Büro von Fräulein Antionette, das jedoch keine Tür hatte und sie deshalb auch mithören konnte, worüber wir sprachen. Aus diesem Grund wurde bei bestimmten Gesprächen auch nur geflüstert. Als ich dabei war zu erzählen, was Luzie alles mitgemacht hatte, bis sie endlich in Berlin angekommen war, kam Fräulein Antionette hereinspaziert und meinte: „Fräulein Luzie ist keine Heilige, denn zufällig habe ich mitbekommen, wie sie sich mit unserem Monsieur Franoux verabredet hat." Daraufhin sagte ich: „Das geht uns überhaupt nichts an, deshalb ist Luzie trotzdem ein wunderbarer Mensch." Daraufhin sagte Herr Götze „Amen!", stand auf und nahm seinen Freund mit. Nun stand auch Paula auf und sagte zu Ruth und mir: „Wir müssen auch gehen!", und zu Fräulein Antoinette sagte sie „Bis bald!", hakte sich bei mir und Ruth unter und zog uns aus der Kaffeeecke raus. Im Laden meinte Paula: „Die Antoinette ist bloß neidisch, denn im Gegensatz zu Luzie schaut die Antoinette mit ihren roten Haaren, den schiefen und kaputten Zähnen doch kein Mann an."

Fritz und Rudi

Seit neuestem war ich eine Rasenhandball-spielerin. Meine Position beim Spiel war Rechtsaußen. Paula hatte mich angeworben, da es an Spielerinnen gefehlt hatte. Zuerst durfte ich nur mittrainieren, doch nun durfte ich sogar mitspielen. Mein erster Auftritt war in Owen. Zu den Auswärtsspielen wurden alle Spieler auf einem offenen Lastwagen befördert. Etwas zu Essen und zu Trinken brachte jeder von zu Hause mit. Beim Training schaute mir manchmal Maria zu, wobei sie meinte: „Für die kurze Zeit, in der du spielst, bist du wirklich gut!". Eines Tages, als Maria mir wieder zuschaute, lernte sie einen jungen Handballer kennen, sein Name war Fritz. Mit der Zeit waren beide sehr glücklich. Nach ein paar Wochen sagte Fritz zu Maria: „Liebes, es ist so traurig, aber ich muss es dir sagen. Mein Vater verbot mir, mich weiterhin mit dir zu treffen. Außerdem sagte mein Vater noch, eine Kathole käme ihm nicht ins Haus, deshalb müsste ich sofort den Kontakt zu dir abbrechen. Ansonsten könnte ich mein Studium vergessen und auch gleich von zu Hause ausziehen." Maria weinte und ich drückte sie fest an mich. Mutter war außer sich. „So ein bigotter Kerl, der Teufel soll ihn holen! Du wirst noch einen anderen Menschen treffen, Maria, der keinen solchen Vater hat, und der dich genau so lieb hat, wie Fritz." Nachdem Maria weiterhin untröstlich wegen Fritz war, setzte sich Mutter mit Adamers in Aulendorf in Verbindung und fragte an, ob Maria vielleicht wegen ihres Liebeskummers zu ihnen nach Aulendorf kommen könnte. Mary sagte: „Ich gebe Walter Bescheid und verspreche dir, dass er in den nächsten Tagen vorbei kommt und Maria abholt. Und ich, ich bringe Maria wieder auf Trap, zumal Inge zur Zeit im Internat in Ravensburg ist." Der Aufenthalt im Aulendorfer Schlösschen tat Maria sehr gut und sie kehrte fast geheilt von ihrer Liebeskrankheit zu Mutter und mir zurück. Eines Tages fragte mich im Handballtraining Rudi, ebenfalls ein Handballer, ob ich mit ihm ins Kino gehen würde. Ich nickte und sagte: „Ja, gerne." Als ich ihn zur verabredeten Zeit mit dem Fahrrad vor unserem Häuschen stehen sah, ging ich mit schnellen Schritten zur Haustür hinaus und rief ihm zu: „Ich bin gleich fertig!". Da rief Rudi mir zu: „Mit dem Kinobesuch wird's nichts!". Enttäuscht fragte ich, ob etwas dazwischen gekommen sei. „Nein", erwiderte er, „aber meine Mutter hat zu mir gesagt: ‚Eine, die bei Franzosen schafft, die taugt nichts!'". Da drehte er sich um und wollte gehen. „Halt!", schrie ich und rannte wie von einer Tarantel gestochen zu ihm. Dabei schrie ich so laut, wie eine Marktfrau. „Ja, was glaubst du eigentlich, wer du bist? Ein Arschloch bist du, und sonst nichts!". Am nächsten Tag erzählte ich Paula die ganze Geschichte mit Rudi. „Weißt du was, Paula? Ich werde beim Handballverein austreten, denn ich kann bei Auswärtsspielen weder dem Fritz, noch dem Rudi gegenüber sitzen, es wäre mir wirklich sehr peinlich."

Orangen zu Weihnachten

Es wurde Herbst und Marias achtzehnter Geburtstag stand vor der Tür. Mutter ging ins Modehaus Schwenker um Stoff für ein Kleid für Maria zu kaufen. Das Kleid nähte sie auf der Nähmaschine von Frau Kehr. Es wurde sehr hübsch und stand ihr mit ihrer neuen Frisur, einem Dutt, sehr gut. Von mir erhielt Maria eine Pralinenschachtel, über die sie sich riesig freute, hatte sie doch seit Jahren keine Pralinen mehr gegessen. Eines Abends sagte Mutter: „Ich habe gehört, dass dieses Jahr ein Apfeljahr ist. Aus diesem Grund gehe ich morgen ins Gänsewag, um nachzusehen, ob es auch stimmt." Am nächsten Abend standen tatsächlich vier Einkaufsnetze voll mit Äpfeln gefüllt auf dem Küchentisch und daneben eine glückliche Mama. „Kinder", sagte sie, „die Äpfel habe ich alle auf der Straße zum Gänsewag aufgelesen, und was sagt ihr nun?". Maria und ich lachten und sagten: „Ach Mutter, du bist einfach die Beste und die Größte!". Ab jetzt gab es jeden Abend zum Nachtessen ein Stück Brot mit viel Apfelkompott darauf. Das war vielleicht eine Schlemmerei. Kurz vor Weihnachten sagte Monsieur Perriote zu uns deutschen Angestellten: „Ich mache Sie schon jetzt darauf aufmerksam, dass Sie am 24. Dezember länger arbeiten müssen, da es in Frankreich so üblich ist sich an diesem Tag mit Freunden und Bekannten in Einkaufszentren zu treffen. Eventuell trinken die Menschen dann auch noch ein Glas Sekt miteinander und reden dabei auch über Gott und die Welt." In meiner Erinnerung verlief der Heilige Abend genau so, wie ihn Monsieur Perriote uns geschildert hatte. Paula meinte: „Wenn man am 24. Dezember nicht arbeiten muss, ist so ein Treff mit Bekannten bestimmt sehr schön, aber andersherum ist es genau das Gegenteil." „Also ich finde", sagte Herr Götze, „der deutsche Heilige Abend gefällt mir von allen Ländern, in denen ich schon gewesen bin, am besten." Wir, also Ruth, Paula und ich und der neue Freund von Herrn Götze, stimmten ihm zu. Fräulein Antoinette konnte dazu nichts sagen, denn sie war an diesem Tag nicht anwesend. Sie war mit ihrer Schwester nach Urach gefahren, um ihren reichen Verwandten frohe Weihnachten zu wünschen. Ungefähr um halb zehn Uhr abends schenkten die Perriotes allen anwesenden Personen französischen Sekt aus. Eine Stunde später wünschten Monsieur und Madame Perriote den Herrschaften gesegnete Weihnachten, baten aber gleichzeitig um Verständnis, dass das Économat nun für den Abend geschlossen würde. Als die französischen Herrschaften das Gebäude verlassen hatten, baten uns die Perriotes für sie doch noch ein paar deutsche Weihnachtslieder zu singen. Da wir sie nicht kränken wollten, gingen wir mit ihnen in ihre Wohnung und sangen für sie im Wohnzimmer „Stille Nacht" und „Zu Bethlehem geboren". Nachdem wir mit dem Singen fertig waren, bedankten sich die Perriotes vielmals. Als kleines Dankeschön schenkten sie uns eine riesengroße Orange und wünschten uns einen guten Heimweg und wunderschöne Weihnachten. Als ich an der Reihe war, um mich von den Perriotes zu verabschieden, sagte ich: „Entschuldigen Sie, Monsieur Perriote, könnten Sie mir zwei von diesen riesengroßen Orangen verkaufen, denn ich habe noch keine schönen Weihnachtsgeschenke für meine Mutter und meine Schwester. Sie würden sich sicher sehr über diese Orangen zum Weihnachtsfest freuen." Mit großen Augen schaute mich daraufhin Monsieur Perriote an und sagte, als alle Angestellten sich bereits verabschiedet hatten: „Wir gehen jetzt in den Laden hinunter." Im Laden nahm er zwei riesige Orangen aus dem Orangenkorb heraus und reichte sie mir. Ich zog meinen Geldbeutel aus der Tasche, um sie zu bezahlen. Da lächelte mein Chef nur und sagte: „Mademoiselle Schertrüd, grüßen Sie Ihre Mutter und Ihre Schwester von mir, und auch ich wünsche Ihnen frohe Weihnachten." Danach öffnete er mir die Haustür und wünschte mir einen guten Heimweg. Zuhause warteten bereits Mutter und Maria auf mich. Sie hatten sich Sorgen gemacht, da die Sperrstunde bereits überschritten war. Zu Weihnachten hatte Mutter wieder für Maria und mich geröstete Zuckerbällchen gemacht. Maria schenkte Mutter ein Stückchen Schinkenspeck, welches sie im Krankenhaus von einem Patienten geschenkt bekommen hatte. Der Clou des Abends waren jedoch die riesigen Orangen. In unserem Minizimmer sah es richtig weihnachtlich aus, da Mutter beim Auflesen der Äpfel im Gänsewag auch ein paar kleine Tannenzweiglein gesammelt hatte. Diese hatte Mutter auf unser kleines Kommödchen gelegt, das uns Madame Bergerhot liebenswerterweise geschenkt hatte.

Eine Überraschung

Maria brauchte nun kein Haarnetz mehr, da sie beim Friseur gewesen war und ihre Zöpfe hatte schneiden lassen. Maria sah nun so erwachsen aus. Maria leidete noch immer darunter, dass sie ihren Lebenstraum einmal Ärztin zu werden, aufgeben musste, da wir immer noch kein Geld für eine weiterführende Schule hatten. Mutters

Ausspruch war in dieser Zeit immer wieder: „Ach, wäre doch euer Vater da, der wüste Rat." Eines Abends, als ich nach Hause kam, rief Mutter: „Vorsicht, Trudl!". Verdutzt fragte ich, was ich versäumt hätte. „Nein, nein, eine Überraschung wartet auf dich!", sagte Mutter und ging in die Küche. Als sie zurückkam, hatte sie ein kleines Holzkistchen in der Hand, das sie nun auf den Boden stellte. „Also Trudl, nun kannst du den Deckel zurückziehen, dann wirst du sehen, was in dem Kistchen drin ist." Ich zog den Deckel weg. Überrascht und völlig entzückt von dem, was ich da sah, sagte ich: „Ja, was haben wir denn da? Ein winziges Hündchen mit riesigen, schwarzen Ohren! Es zittert ja vor Angst!". Ich nahm das kleine Tierchen aus dem Kästchen heraus, nahm es auf meinen Arm und versuchte es zu beruhigen. Danach streichelte ich das zitternde Hündchen und legte es anschließend wieder in das Kästchen. Als das kleine Kerlchen wieder in seinem Bettchen lag, sagte ich zu Mutter: „Nun erzähl doch mal, wie du zu dem Hündchen gekommen bist." „Also, ich stand mit Helm vor der Bäckerei und unterhielt mich mit ihm, als plötzlich eine Frau auf mich zu kam und mich bat den kleinen Hund zu halten. Sie wolle nur schnell ein Brot beim Bäcker kaufen, denn Hunde seien in der Bäckerei nicht erlaubt. Danach, ohne meine Antwort abzuwarten, drückte sie mir die Hundeleine in die Hand und sagte, bin gleich zurück und ging in Richtung der Bäckerei. Helm und ich redeten weiter, als er plötzlich sagte: ‚Die Frau müsste eigentlich schon längst zurück sein, meinen Sie nicht, Frau Pfingstler?'. Ich nickte Helm zu, worauf er in den Bäckerladen ging, um dort nachzuschauen, ob die Frau sich noch in dem Laden aufhielt. Als er wieder zurückkam, schüttelte er den Kopf und meinte, die Frau habe mich hereingelegt. Sie war einfach verschwunden. Ich entschied mich dann das Kleine mit nach Hause zu nehmen." Zu Hause traf Mutter Arthur. Als er das kleine Hündchen sah, sagte er: „Da haben Sie aber einen teuren Hund geschenkt bekommen, denn der Kleine ist sicher ein echter Spaniel." Mutter päppelte das kleine Hündchen auf und bald rannte es Mutter überall hinterher. Eines Tages brachte Walter Mary wieder vorbei und als sie den Spaniel sah, erzählte sie: „Ach Mutter, könntest du mir den kleinen schenken? Unser Dackelchen, hat sich losgerissen, als wir in Meersburg an der Uferpromenade Kaffee tranken, und ist direkt in ein Auto gelaufen. Natürlich war unser Dackelchen sofort tot und wir fuhren mit ihm dann nach Hause, um ihn anschließend im Schlossgarten zu beerdigen." Als Walter am späten Nachmittag Mary abholen kam, nahm er nicht nur eine glückliche Mary, sondern auch einen niedlichen Spaniel mit.

Urlaub in Dole

Der 9. Mai 1946. Heute war Vaters Geburtstag, doch leider war er noch immer in Gefangenschaft. Mutter sagte: „Vielleicht klappt es nächstes Jahr." Auch der 8. Mai, der Tag des Kriegsendes, jährte sich. Gott sei Dank mussten wir nachher nicht mehr den so durchdringenden Jaulton der Sirenen hören. Im Neuen Jahr hatte Ruth geheiratet. Zur Hochzeitsfeier hatte sie Paula, mich, Herrn Götze, seinen neuen Freund und Herrn und Frau Perriote eingeladen. Der Clou jedoch war, dass Monsieur Perriote die Neuvermählten mit seinem Auto in die Kirche gefahren hatte. Frau Perriote nahmen Paula und ich in unsere Mitte. Herr Götze und sein Freund gingen hinter uns her. Kurz nach unserer Ankunft vor der Kirche fuhr Monsieur Perriote mit dem Brautpaar vor. Ruth sah in ihrem geliehenen weißen, kurzen Brautkleid und dem kurzen, weißen Schleier richtig schick aus. Als der evangelische Pfarrer gesprochen hatte, gingen wir wie verabredet in das Gasthaus zum Adler. Als wir zu Tisch saßen, wollte Monsieur Perriote von Ruth wissen, was der Pfarrer gemeint habe, als er aus dem Gebetsbuch von einem Truthahn gesprochen hatte. Ruth erklärte, dass der Pfarrer damit gemeint habe: „Sei deinem Manne untertan." Ruth musste Monsieur Perriote danach nochmals verdeutschen, was ein Untertan sei. Daraufhin meinte dieser, diesen Spruch würde er nicht gut finden. „Aus diesem Grund stoßen wir nun auf die Gleichheit in der Ehe an." Eines Tages sagte Monsieur Perriote zu Paula und mir: „Ich werde in Bälde aus der französischen Armee ausscheiden und anschließend wieder ein ganz normaler französischer Bürger sein. Als Dank dafür, dass Sie beide mir mit den Elsässer Bierkisten aus der Patsche geholfen haben, indem Sie ohne Wenn und Aber alles mit Herrn Götze abgeladen haben, möchte ich Sie, Fräulein Paula, und Sie, Gertrud, zum Dank für acht Tage zu mir nach Hause nach Dole einladen. Denken Sie bitte über meinen Vorschlag nach und geben Sie mir sobald wie möglich Bescheid, ob Ihnen dieser gefällt oder nicht." Paula entschied sich für ein paar Flaschen Kognak und ich entschied mich für eine Woche in Dole. Die Frage war nun: wie komme ich nach Dole? Mein Chef sagte zu mir: „Ich meine, der französische Tierarzt ist in der Nähe von Dole zu Hause. Fragen Sie ihn einfach, ob er in der gleichen Zeit wie Sie dorthin fährt. Wenn dies der Fall ist, dann fragen Sie ihn, ob er Sie bis Dole mitnehmen kann." Als der Tierarzt zur Fleischbeschauung ins Économat kam, fragte ich ihn, ob dies möglich wäre. Er sagte: „Selbstverständlich können Sie mit mir bis Dole mitfahren." Außerdem könne ich nach einer Woche mit ihm wieder zurückfahren. Danach gab ich Perriotes Bescheid, dass der französische Tierarzt mich bis Dole mitnehmen würde und dass er mich auch nach einer Woche wieder bei Madame und Monsieur Perriote abholen könne. Die Tage bei Perriotes vergingen wie im Fluge. Unter anderem zeigten sie mir auf der französischen Seite des Rheins Schlösser, Burgen und ein katholisches Nonnenkloster. Die Schwester Oberin zeigte uns allerlei Sehenswertes. Unter anderem erzählte sie, dass während des Krieges die SS-Leute im Kloster wie die Vandalen hausten. „Gott sei Dank ist der Krieg vorbei und das Leben hat sich nun wieder normalisiert." Danach verabschiedeten wir uns von der Mutter Oberin und wünschten ihr und ihren Schwestern Gottes Segen. Nach einer Woche holte mich der Tierarzt wieder bei Perriotes ab und wir fuhren mit größtem Dank meinerseits an die Perriotes wieder zurück nach Münsingen. Am Montag, als ich wieder zum Arbeiten ins Économat kam, wollten meine Arbeitskollegen wissen, wie der Urlaub bei den Perriotes gewesen war.

Trudel und die Vanillesoße

Ich erzählte ihnen von den Perriotes, nun mehr als Besitzer eines kleinen Häuschens, sowie von Georg ihres Sohnes und dessen Freundin, den freundlichen Großeltern, väterlicher- und mütterlicherseits, die ganz in der Nähe wohnten. Dann erzählte ich von der Fahrt entlang des Rheins, von einem Besuch in einem Nonnenkloster und schlussendlich noch vom Muschelessen in einem Restaurant. Alles in Allem war es für mich ein sehr schöner Urlaub. Wie verabredet holte mich der Tierarzt nach einer Woche wieder bei den Perriotes ab, nachdem ich mich noch x-mal bei ihnen bedankt hatte. Während meiner Abwesenheit war bereits der neue Chef vom Économat eingetroffen. Er hieß Sutzean und war ein lustiger, junger Chef. Er war verheiratet und Vater eines Jungen. Eines Tages sagte Monsieur Sutzean zu uns, bitte grüßen sie meine Frau nicht, denn sie hat riesige Angst vor den Deutschen, da ihre Eltern durch deutsche Soldaten Schreckliches erlebt haben. Mutter hatte im Gänsewag Äpfel für Marias Geburtstag aufgelesen, um Maria ihren Lieblingskuchen, einen Apfelstrudel, zu backen. Selbstverständlich machte Mutter eine Vanillesoße dazu. Zu diesem wunderbaren Apfelstrudel mit der himmlischen Soße, bekam Maria noch ein Paar plattierte Strümpfe als Geburtstagsgeschenk. Über diese Geburtstagsgeschenke war Maria ganz aus dem Häuschen. Von mir bekam Maria wieder, wie im Vorjahr, eine Schachtel französischer Pralinen, außerdem noch einen französischen Lippenstift. Seit diesem Geburtstag von Maria ist auch der Apfelstrudel mit Vanillesoße mein Lieblingskuchen. Eines Abends erzählte mir Maria, dass sie sich das erste Mal richtig verliebt hätte: „Mein neuer Freund heißt Fritz. Er ist ein sehr liebenswerter Mensch. Ach Trudl ich bin so glücklich, dass ich diesen Menschen gefunden habe." Am nächsten Tag erzählte Maria es auch Mutter. Mutter sagte nur, sie wünsche ihr zu diesem jungen Mann viel Glück. Die Zeit mit Fritz war eine schöne Zeit für Maria. Doch leider dauerte sie nur ungefähr ein halbes Jahr. Irgendwann kam Maria verweint nach Hause und Mutter und ich wollten natürlich den Grund dafür wissen. Schluchzend erzählte sie, dass der Vater von Fritz seinem Sohn verboten habe weiterhin die „Katholische" zu treffen. Falls Fritz ihm nicht gehorche, würde er Fritz kein Geld mehr für die Oberschule und noch viel weniger für ein Studium ausgeben. Aufgrund dessen hatte Maria ihm geantwortet, dass sie sich trennen müssten, denn sie werden sehen wie das Schicksal es vorsehe. Fritz wollte von Maria wissen wie sie dazu stehen würde und was er tun solle. Maria soll daraufhin gesagt haben, er solle erst einmal seine Schule und das anstehende Studium fertig machen, dann würden sie weiter sehen. Danach gingen beide weinend auseinander. Anschließend trösteten Mutter und ich Maria und sagten zu ihr, wenn das Schicksal es will, dann kommen sie wieder zusammen. Eines Abends als ich vom Économat nach Hause kam, weinte meine Mutter herzzerreißend. Ich fragte sie was passiert ist? Unter schluchzend sagte sie: ‚Gerhard sei in der Ulmer Klinik gestorben, als man ihn wegen der Krankheit am Kopf behandelt habe.' Als Frau Simihanar ihr diese schlimme Nachricht mitteilen wollte, stürzte sie im Treppenhaus die Treppen hinunter und blieb unten liegen. Mutter hörte einen Schrei, riss unsere Tür auf und da lag sie und wollte sich hochziehen, was aber nicht klappte. Mutter rannte in Arthurs Werkstatt und nahm einen Riemen mit, mit welchem sie danach Frau Simihanar an das Geländer angebunden habe, damit sie nicht mehr umfiel. Danach rannte Mutter hinüber zum Bäcker, um bei Roten Kreuz einen Krankenwagen anzufordern. Dem Mann vom Roten Kreuz musste sie kurz erzählen was geschehen war, worauf sie nicht nur einen Krankenwagen schickten, sondern auch einen Arzt. Der Arzt sagte, die Frau muss sofort ins Krankenhaus. Die Angehörigen sollten mit Nachtzeug im Krankenhaus vorbeikommen. Nachdem Frau Simihanar untergebracht war, fuhr der Arzt und der Sanka ab. Als Erika zu Hause war, informierte Mutter sie über das Geschehene und über das was der Arzt gesagt hatte. Eines Morgens rief Ruth mir zu, ob ich mal dem jungen Soldaten helfen könnte, da er für seine Truppe einkaufen soll, er aber keine Ahnung hat was er kaufen soll. Da der Verpflegungsoffizier kurzfristig krank geworden zeigte mein Kommandeur auf mich und sagte, ab sofort müsse ich den Verpflegungsoffizier vertreten. Als ich sagte, dass ich vom Einkaufen dieser Art keine Ahnung hätte, meinte der Kommandeur, dass ich es eben lernen sollte. Als der Soldat ausgeredet hatte, holte ich einen Ordner, in den ich alle Bestellungen von verschiedenen Truppeneinheiten eingeheftet hatte, heraus. Nun suchte ich nach einer Truppe, die ungefähr die gleiche Anzahl an Soldaten hatte. Anschließend las ich vor, was der damalige Verpflegungsoffizier für seine Truppe eingekauft hatte. Der Soldat meinte, ich solle alles kaufen was dieser Offizier für seine Leute bestellt habe. Nun ließ ich den Soldaten die bestellten Lebensmittel abschreiben, um mir die Liste anschließend zu geben. Wenn er das nächste Mal kommt, könne er die Bestellung abholen. Baguettes könne es täglich oder im Voraus für eine Woche bestellen und abholen. Als die Bestellung fertig geschrieben war, überreichte er sie mir. Danach stand er vom Tischlein und Stuhl auf, schlug die Hacken zusammen und sagte: „Mademoiselle ich bedanke mich für ihre Hilfe, mein Name ist Guy Kästner und meine Truppe in Tübingen stationiert. Wegen der Bestellungen der Baguettes komme ich lieber jeden Tag bei ihnen vorbei."

Die neue Währung - Deutsche Mark

Am 2. Juni 1948 wurde die Reichsmark in die Deutsche Mark (DM) umgetauft. Das heißt jeder Bürger bekam 40 DM als Erstausstattung. Das vorhandene Geld wurde dementsprechend umgetauscht. Viele Menschen in Deutschland trauerten der stabilen Währung noch lange nach. Als der Soldat Kästner das Économat verlassen hatte, kam Ruth auf mich zu und sagte:" Na Trudl dem Soldaten hast du aber gefallen, der wäre am liebsten hiergeblieben und nicht wieder gegangen." Aber ich sagte ihr mit knallrotem Kopf, sie sehe wohl

220

Gespenster. „Ach Trudl lachte Ruth, wie wird es bei euch weiter gehen?" war ihre Antwort. Der Soldat Kästner kam nun jeden Tag ins Économat um die Baguettes für die Truppe abzuholen. Wenn ich noch anderweitig beschäftigt war, wartete er auf einem Stuhl beim kleinen Tischlein bis ich frei war. Eines Tages fragte er ob er mich nach Feierabend nach Hause begleiten dürfe. Worauf ich ihm mit ja antwortete und er mich pünktlich um 18 Uhr vor dem Économat abholte. Danach begleitete er mich bis vor unsere Haustür. Unterwegs erzählte ich ihm, dass wir in einer Notunterkunft wohnen, da unsere und andere schöne Wohnungen für die Familien der Gewinner des Krieges beschlagnahmt wurden. Als wir vor unserem Mini-Häuschen angekommen waren, verabschiedete sich Guy Kästner höflich mit einem Handkuss und ging zurück in seine Kaserne. Meiner Mutter erzählte ich die ganze Chose, daraufhin sagte sie, ich dürfe Herrn Kästner sagen, sie würde sich freuen, wenn er am nächsten Sonntag zu einem Kaffee vorbei kommen würde. Als ich am nächsten Tag Herrn Kästner wieder im Économat sah, überbrachte ich ihm die Einladung meiner Mutter. Er nahm die Einladung gerne an. Am darauffolgenden Sonntag warteten wir gespannt auf den Besuch. Pünktlich um 15 Uhr klingelte er an unserer Haustür. Ich rannte die paar Treppen hinunter und öffnete die Haustür. Zu unserer Überraschung kam Guy Kästner in Zivil. Danach stellte ich unseren Gast meiner Mutter vor. Er verbeugte sich vor meiner Mutter und sagt:" Vielen Dank für die Einladung Madame Fuster." Mutter erwiderte: „Willkommen in unserem Mini-Häuschen." Wir tranken Kaffee und aßen Strudel mit Vanillesoße. Nach dem Kaffee erzählte unser Gast, dass sein Kommandant kurzfristig für die vergangene Nacht eine Nachtübung mit voller Ausrüstung angeordnet habe. Die ganze Übung dauerte bis gegen Morgen. In ihre Matratzenlager seien sie anschließend nur noch hineingefallen. Mutter fing nun an ein wenig von ihrem Mann, meinem Vater, der noch in englischer Gefangenschaft ist, zu erzählen. Irgendwann bemerkte ich, dass unser Gast eingeschlafen war. Nun legte Mutter ihren Zeigefinger auf ihren Mund. Es dauerte nicht lange dann war unser Gast wieder wach. Als er bemerkte, dass er kurz eingeschlafen war. Mutter antwortete darauf: „Monsieur Kästner ich entschuldige sie, ich weiß was sie hinter sich gebracht haben. Zuerst war es der Nachtmarsch rund um Tübingen und dann der Weg ebenfalls zu Fuß von Tübingen nach Münsingen, das war doch ein bisschen viel für ihren Körper. Aus diesem Grund denke ich, dass es für sie besser ist, wenn sie demnächst gehen, damit sie sich in der

Kaserne noch ein wenig erholen können." Und Herr Kästner befolgte Mutters Rat und war am darauffolgenden Sonntag erneut bei uns und nicht mehr so müde. Die Zeit mit Guy verging wie im Fluge. Eines Tages sagte er zu mir, Cheri, meine Millitärzeit ist bald zu Ende, deshalb habe ich bei der französischen Telefonzentrale zwei Busfahrkarten für das Schloss Lichtenstein bestellt. Aus diesem Grund können wir nächsten Sonntag offiziell voneinander Abschied nehmen. Am darauffolgenden Sonntag gingen Guy und ich mit anderen französischen Familien bis zum Schloss Lichtenstein, danach machten wir noch einen Spaziergang durch den Schlossgarten. Als wir alles besichtigt hatten, setzten wir uns auf eine Bank. Hier erzählte mir Guy wie er sich unsere Zukunft vorstellte. Zuerst würden wir heiraten und danach wohnen wir bei seinen Eltern. Nachdem er die Polizeischule abgeschlossen hätte, würde er die selbe Laufbahn wie sein Vater einschlagen. Sobald er eine gute Position habe, würden sie auch Kinder haben, am liebsten wäre ihm ein Junge und ein Mädchen. Er meinte: „Ach Cheri, ich bin so froh, dass ich dich gefunden habe und meinen Eltern wirst du auch gefallen." Mein Vater war zu diesem Zeitpunkt noch immer in Gefangenschaft und Maria trauert ihrem Traum einmal Ärztin zu werden weiter nach. Mutter ging es wieder besser. Sie hatte, wie der Arzt gesagt hatte, einen Streifschlag. Ich selbst wurde jedoch sehr krank. Der Arzt meinte zu mir, die nächsten paar Wochen dürfe ich nichts essen, sonst müsse ich sterben. In Deutschland haben wir keine Arznei, die mir helfen könne. Trinken könne ich, allerdings nur gekochtes Wasser und dies immer nur ein paar Teelöffel. Nach ungefähr zwei Wochen brachte Mutter vom Einkauf Äpfel mit nach Hause und legte sie auf den Küchentisch. Als ich auf die Toilette musste und die Äpfel auf dem Tisch liegen sah, packte mich der Heißhunger auf das Obst und ich griff nach einem Apfel. Und plötzlich schlug mir jemand den Apfel aus der Hand. Vor Schreck fiel ich fast um. Es war der Arzt, der durch die offene Tür eingetreten war und er sah, dass ich den Apfel essen wollte. Dann sagte er: „Wenn du sterben willst, dann sag es mir. Mit belegter Stimme merkte ich: „Ich möchte natürlich nicht sterben und esse auch kein Obst mehr, solange nicht, bis sie es mir wieder erlauben." Was ich für eine Krankheit hatte weiß ich bis heute nicht. Unser Chef vom Économat, Monsieur Puzeau teilte uns mit, dass wir im neuen Jahr umziehen müssten. Die Herren vom Gouvernement hätten beschlossen dem deutschen Modehausbesitzer, Herrn Schwenker, sein Eigentum zurück zu geben. Das Économat sollte nun in das Hardt Hotel nach Münsingen verlegt werden. Mit Tränen in den Augen antwortete ich erst jetzt auf einen Brief von Guy. Ich schrieb, dass ich sehr krank war und deshalb erst jetzt antworten konnte. In diesem Brief erklärte ich Guy, dass aus ihm und mir nichts werden würde, da ich die Einzige war, die ein kleines Gehalt nach Hause bringt. Nachdem mein Vater immer noch in Kriegsgefangenschaft war und meine Schwester als Hilfskrankenschwester schlecht bezahlt wurde, lag es an meinem Verdienst im Économat, damit wir überleben konnten. Cheri, verzeih mir, aber auf Kosten meiner Mutter und Schwester könnte ich nicht glücklich werden mit dir. Cheri, in meinem Herzen wirst du jedoch immer ein Plätzchen haben. Buy, buy Cheri, Gertrude.

Für Maria einen Dutt

Zu ihrem 21. Geburtstag machte ich Maria zum ersten Mal einen Dutt. Der Haarknoten stand ihr sehr gut und Maria sah nun richtig erwachsen aus. Mutter und ich bewunderten sie immer wieder. Am Kaffeetisch sagte uns Maria plötzlich, dass sie den PKW-Führerschein machen wolle, da sie nun volljährig sei. Deswegen werde ich schauen, wo ich vielleicht neben zu etwas Geld verdienen kann. Zuerst werde sie Frau Schwarz fragen ob sie vielleicht bei ihr im Kino samstags und sonntags Kinokarten abreißen könnte. Maria bekam zwar nicht den Platz einer Kartenabreißerin dafür durfte sie täglich den Hund von Frau Schwarz ausführen und wurde dafür sogar fürstlich entlohnt. Sommer, Sonne, Sonnenschein das ist das Thema um das sich zur Zeit alles dreht. Für Maria und mich hatte Mutter deshalb aus Stoffresten vom Modehaus Schwenker schicke Kleider genäht. Nachdem wir keinen Spiegel hatten wurden die Fenster als Spiegel benutzt. Genau so war es auch an diesem Sonntag. Ich hatte mein neues Kleid angezogen und drehte mich nach allen Seiten vor dem Fensterspiegel der in Richtung Hauptstraße zeigte. Plötzlich hörte ich einen fürchterlichen Knall. Nun schaute ich zum Fenster hinaus und sah, dass auf der Straße Menschen lagen, es waren französische Soldaten und schrien. Nun rief ich Mutter. Diese schaute zum Fenster hinaus und meinte sofort, wir müssten den armen Kerls helfen. Als wir auf der Straße ankamen, kümmerte sich bereits Helm (Bäckergeselle von gegenüber) um die Verletzten. Wir halfen die Verletzten Soldaten auf den Boden der Backstube zu legen, damit sie nicht länger auf dem kalten Straßenbelag liegen müssten. Den

einzigen stark Verletzten trugen wir in unser sogenanntes „Wohnzimmer". Nach einiger Zeit hörte man von der Straße her Geschrei,
Hupen und Befehle und dann klopfte es an unserer Haustüre. Als
Mutter die Haustüre geöffnet hatte, kam ein Arzt, ein Sanitäter und
ein Offizier zur Türe herein. Der Offizier drehte sich Mutter zu und
fragte barsch, wo der Verletzte sei? Mutter drehte sich um und zeigte
es ihm. Als nächstes sagte uns der Offizier, der junge Soldat sei sein
Sohn, wobei ihm Tränen über die Wangen liefen. Danach sagte er zu
dem Dolmetscher so etwas wie ‚mon Dieu', das andere verstand ich
nicht, denn der Offizier sprach zu schnell. Dann kam der Dolmetscher zu meiner Mutter und sagte: „Madame, der Herr Commandante
möchte sich für ihre Hilfe bedanken, denn der Verletzte ist sein Sohn
und deshalb trifft ihn die Verletzung seines Soldaten um so mehr."
Nach ungefähr zwei Wochen klingelte es an unserer Haustüre, es war
ein französischer Soldat, der im Namen seines Kommandanten ein
Päckchen für die Madame des Hauses abgeben sollte. Sein Chef
möchte sich nochmals dafür bedanken, dass sein Sohn bei ihnen in
ihrem Wohnzimmer auf einem Plumeau liegen durfte bis der französische Arzt da war und den Verletzten auch noch sofort untersuchen
und verarzten konnte. Mutter lies ihren Dank über das Päckchen ausrichten, aber, dass es eine Selbstverständlichkeit für sie sei zu helfen.
Eines Tages überraschte sie Mutter: „Stell dir vor Mutter, ich bekomme die Stelle von Fräulein Antoinette, da diese sich um eine
Stelle in Stuttgart beworben hat und ihr bereits mitgeteilt worden ist,
dass man sie einstellen wird, sobald sie die nötigen Papiere vorlegen
kann. Fräulein Antoinette wird die gewünschten Papiere sofort vorlegen und kann danach bei der Stuttgarter Autofabrik anfangen. Und
ich bekomme deshalb ihre Stelle im Économat, das heißt, ich bekomme mehr Geld. Ach Mutter, ich finde es einfach großartig etwas
mehr Geld zu haben." Mutter freute sich sehr. Mutters „Marykind"
besuchte uns mal wieder. Als kleines Geschenk brachte sie uns einen
Käse aus dem Allgäu mit. Über ihren Besuch freuten wir uns „riesig". Den Käse verschenkte Mutter dem Nachbar Kehr mit seinen
vielen hungrigen Kindern.

Die Reise nach Italien

Maria hatte ihre Führerscheinprüfung bestanden und ist nun eine lei-
denschaftliche Autofahrerin. Da wir selbst kein Auto besaßen, durfte
sie das Auto der einzigen Apothekerin von Münsingen benutzen, um

Patienten, die in umliegenden Dörfern wohnten, Arzneien zu bringen, die in der Apotheke nicht vorrätig waren. Marias Verdienst war nicht sehr hoch, doch das Autofahren entschädigte sie dafür. Als ich sah wie Maria beim Autofahren so richtig glücklich war, legte ich nun jeden Monat ein paar Mark auf die Seite damit ich, sobald ich 21 Jahre alt war, auch meinen Führerschein machen und auch bezahlen konnte. Eines Tages bekam Maria einen Brief aus Florenz. In diesem Brief erkundigte sich Doktor Marcocci, ob Maria den Krieg gut überlebt habe und auch, ob sie seinen Brief mit wichtigen Papieren noch besitzen würde? Wenn ja, dann würde er sie bitten ihm diesen Brief mit den wichtigen Dokumenten nach Florenz zu bringen. Für alle Unkosten würde er aufkommen und zwar für eine Woche. Unter anderem bat Doktor Marcocci, dass Maria ihm eine Nachricht senden möge. Als nächstes besprachen wir die Frage ob Maria allein oder mit Begleitung reisen sollte. Der nächste Faktor war das Finanzielle. Nun meldete ich mich zu Wort und sagte Mutter, dass ich etwas auf die Seite gelegt hatte, damit ich einmal die Fahrschule bezahlen könne. Doch Florenz wäre für den Moment wichtiger, denn einundzwanzig Jahre werde ich ja erst in zwei Jahren. Marie erkundigte sich am Bahnhof nach den Fahrzeiten und teilte ihre Ankunftszeit Doktor Marcocci mit. Der Tag unserer Abreise kam und Mutter, Maria und ich waren richtig aufgeregt und weinten auch ein bisschen. Die paar Kilometer zu Fuß bis zum Münsinger Bahnhof bewältigten wir mit Koffer bravourös. Am Bahnhof warteten wir nicht lange auf den Zug nach Stuttgart. Der Zug kam und ab ging es nach in Richtung Stuttgart. Mutter sagte noch zu uns: „Ihr dürft aber von keinem Menschen etwas zum Essen annehmen, da man nie weiß, was in dem angebotenen Essen drin ist." Als wir in Stuttgart ankamen, suchten wir nach dem richtigen Bahnsteig um in den Zug nach Florenz zusteigen. Wir fanden den Zug und ein Abteil und schon fuhr der Zug ab. An der Grenze nach Italien wurden wir kontrolliert, wobei uns die italienischen Kontrolleure äußerst freundlich behandelten. Anschließend wünschten sie uns noch einen schönen Aufenthalt in Italien. Um die Mittagszeit stieg in unser Abteil eine italienische Mama mit vier Kindern. Nun war es in unserem Abteil so richtig laut, sodass man sein eigenes Wort nicht mehr verstehen konnte. Danach kamen die Kinder zu Maria und mir und tasteten uns ab ob wir vielleicht etwas Gutes für sie in unseren Taschen hätten. Gott sei Dank hatte Mutter uns noch eine Rolle Drops in die Jackentaschen gesteckt, sodass die Kinderchen mit uns zufrieden waren und sich wieder ihrer Mutter zuwandten. Da es immer noch Mittagszeit war, kamen plötzlich die Kinder auf uns zu und stupsten uns, hielten uns etwas entgegen und lachten, wobei sie etwas wie ‚manschare' sagten. Maria und ich lächelten die Kinder an, bedankten uns, aber meinten wir hätten keinen Hunger. Nun mischte sich die italienische Mama ein und sagte so etwas wie ‚bene, bene' und drückte uns je einen Papierteller in die Hand, wobei sie nochmals ‚bene' sagte und sich über ihren Leib strich und uns freundlich anlächelte. Nun sangen und hüpften die kleinen Italiener im Abteil umher, so als wäre das Abteil zum Tanzen da. Nach ungefähr einer Stunde stiegen die neuen italienischen Freunde mit großem Hallo und tausend Küsschen aus. Doktor Marcocci wartete bereits vor dem Bahnhofsgelände mit einem kleinen Fiat auf uns. Als nächstes brachte er uns in unser Zimmer. Zum Abendessen holte uns Doktor Marcocci wieder ab. An dem bestellten Esstisch saß bereits eine Dame mit Hut, die er uns als Madame Drutta vorstellte. Unter anderem sagte er, Madame Drutta werde uns in der Zeit, in der er seine Praxis geöffnet habe, ein wenig von Florenz zeigen, denn Madame Drutta sei eine gute Fremdenführerin. Sie war eine liebenswerte Person die zu Kriegszeiten vor der SS aus Südfrankreich geflüchtet war und in Italien eine neue Heimat fand. Näheres über ihre Flucht ist nicht bekannt. Eines Tages sagte Doktor Marcocci, seine Eltern würden uns gerne morgen zum Mittagessen einladen, ob uns 13 Uhr recht sei. Maria nickte und bedankte sich für die Einladung. Das Essen am nächsten Tag war ein Traum. So viele und schöne Gerichte hatte ich bislang in meinem Leben noch nie gesehen und noch weniger gegessen. Da ich nicht wusste wie man manche Gerichte aß, schaute ich (auch meine Schwester machte es so) zu der Dame des Hauses hin wie diese die mir unbekannten Sachen aß und war danach richtig zufrieden mit mir, dass alles gut funktioniert hatte. Sobald das nächste Gericht gebracht werden sollte, knipste Madame Marcocci an der Lampe einen Knopf an, damit eine Bedienstete das nächste Gericht bringen konnte. Mama Marcocci sagte danach zu der hereinkommenden Bediensteten, Gabreala bitte bedienen sie das neue Gericht. Auf dem Beistelltisch türmten sich unglaublich viele Speisen und zwar alles im Überfluss. Um nicht aufzufallen, legte ich immer nur ein kleines Stück auf meinen Teller und kaute und kaute bis es nichts mehr zu kauen gab. Eines Tages sagte Doktor Marcocci: „Morgen zeige ich euch die weltbekannte Bibliothek von Florenz." Am nächsten Tag sagte ich zu Doktor Marcocci mir ist sei so schlecht, ich könne nicht mitkommen. Darauf unterstellte er mir, du lügst und willst nur nicht in die Bibliothek mitgehen. Dabei ging es mir wirklich schlecht. Aus Frust sagte ich zum, dass er ein Banause sei. Danach sagte er zu Maria, dass sie dann eben zu zweit die Bibliothek anschauen würden. Maria meinte aber, dass sie ihre Schwester doch nicht allein lassen könne. Daraufhin sagte ich, dass sie gehen dürfe, dann könne ich mich ein wenig ausruhen. An einem Abend zeigte uns Doktor Marcocci etwas ganz Besonderes. Wir zogen abends mit Campingstühlen los und sollten warten. Irgendwann kam ein Vogel und setzte sich auf das Geländer bei dem Bächlein. Nun kamen immer mehr von den erstaunlichen Vögeln und setzten sich ebenfalls auf das Geländer. Flüsternd sagte Doktor Marcocci, die bewunderten Vögel heißen Nachtigall und singen so schön, dass man weinen könnte. Plötzlich kamen aus allen Richtungen Nachtigallen angeflogen und ließen sich am Geländer oder an den kleinen herumstehenden Bäumchen nieder. Als sich alle Vögel gesetzt hatten fingen sie gemeinsam an zu singen. Oh mein Gott, so etwas Schönes hatte ich noch nie gehört und auch nicht gesehen. Es war einfach unglaublich. Doktor Marcocci hatte recht, es war so schön, dass man weinen könnte. Danach fuhren wir schweigend nach Hause, das heißt natürlich in unser Zimmer. Zwei Tage nach dem Besuch der Nachtigallen hieß es für Maria und mich ab in die Heimat. Zuhause wartete bereits Mutter und war überglücklich uns gesund wieder zu sehen. Danach mussten wir ihr die ganze Reise und den Aufenthalt in Florenz erzählen, dann hatte uns der Alltag wieder.

Monsieur Puzeaus Abschied

Nach ungefähr einem halben Jahr sagte uns Monsieur Puzeau dass sein Antrag auf Ausreise nach Kanada genehmigt wurde und wir in Bälde mit einem neuen Chef rechnen müssten. Zunächst jedoch musste Monsieur Puzeau mit uns umziehen und zwar in das Hardt Hotel im Alten Lager Münsingen. Nachdem das Gouvernement in Münsingen das Modehaus Schwenker in Münsingen frei gab, dafür aber das Hardt Hotel beschlagnahmt hatte kam das Économat in das Hardt Hotel. Monsieur Puzeau ließ seine Ausreisegenehmigung verlängern und zog mit uns ins Hardth Hotel. Da in dieser Zeit oft Manöver auf dem Truppenübungsplatz stattfanden, ‚durften‘ wir oft Überstunden machen. Gegen 18 Uhr rief unser Chef uns zum Abendbrot, indem er rief: „alors mes Entfonts, das Essen ist fertig". Oft mussten wir über das Wort „meine Kinder" lachen, da unser junger Chef ungefähr zwischen 25 und 30 Jahre alt war und unser Herr Götze so um die 60 Jahre alt war. Als unser liebenswerter Chef dann doch von uns Abschied nehmen musste, weinten wir alle. Sein Nachfolger war ein ruhiger Mann, um die Fünfzig. Er erzählte uns, dass er Offizier bei der französischen Armee war und ungefähr ein Jahr bevor der Krieg zu Ende war, von deutschen Infanteristen gefangen genommen wurde. Man schickte ihn mit einem Transport anderer Gefangener in das, wie der deutsche Bewohner zu uns sagte, ins Oberland. Im sogenannten Allgäu wurden sie auf Bauernhöfe verteilt, in denen der Bauer im Krieg war und die Bäuerin Hilfe im Stall, auf den Äckern und sonstigen schweren Arbeiten benötigte. Die Bäuerin und ihre Kinder seien sehr freundlich zu ihnen gewesen. Sie ließen ihn sogar mit an ihrem Tisch essen. Auch die Kinder kamen mit ihren kleinen Sorgen zu ihm. So musste er den Buben die Fahrräder reparieren, damit sie wieder liefen. Bei den Mädchen war es der Puppenwagen oder eine Puppe, die so ihre Macken hatten. Außerdem lernte ich mit Kühen umzugehen. Alles in Allem war sein Kriegsgefangenen Dasein ganz schön. Das Économat war nun schon ein Jahr im Hardt Hotel untergebracht, als unser Chef in das Gouvernement in Münsingen einbestellt wurde. Später erzählte er uns man hätte ihn gefragt, ob er etwas dagegen hätte, wenn man die deutschen Reiter für ungefähr eine Woche im Hardt Hotel unterbringen würde. Unser Chef gab sein Einverständnis, er hoffte jedoch, dass die Reiter nicht meinten sie seien weiterhin die Herren der Welt, so wie es der Hitler gesagt hatte. Doch genau so war es. Die deutschen Reiter verhielten sich gegenüber dem deutschen Personal wie die Axt im Walde. Zum Beispiel kamen Paula und ich zur Eingangstür herein, dabei grüßten wir die Personen, die gerade auf den Weg nach unten waren mit einem lauten guten Morgen. Eine Antwort von den Reitersleuten bekam man jedoch nicht. Mit der Zeit grüßten wir alle die edlen Reiter auch nicht mehr und erzählten die ganze Chose. Einmal kam einer von den edlen Reitern zu Paula und verlangte eine Flasche französischen Cognac. Paula sagte daraufhin, an Deutsche dürfe sie nicht verkaufen. Der Edelmann wollte umgehend ihren Chef sprechen. Was er auch tat. Um jedoch Streit zu entgehen verkaufte unser geduldiger Chef an den Edelmann. Die Zeit ging sehr schnell vorbei und schon bald hieß es wieder raus aus dem Hardt Hotel und einziehen in eine Baracke im Alten Lager neben der Baracke der Subsistans. Auf dem Gelände auf dem auch die Baracke vom Économat stand, gab es auch noch ein paar französische Soldaten, die für verschiedene Sorten von Kohle zuständig waren. Außer den Soldaten gab es noch zwei Hunde. Das männliche Tier hieß Ripp und das weibliche Tier hieß Schischi. Beide Tiere freuten sich sehr, wenn wir sie beim Namen riefen. In unserer Baracke gab es einen großen Raum der für den Verkauf von Lebensmitteln, Wein, Gemüse, Obst und einmal in der Woche auch frischen Fisch geeignet war. Der nächste große Raum war der Kühlraum. In diesem Raum wurden die Rinderhälften für die Truppen, an bestimmten Tagen, wie Ostern, auch getötete Schafe für Ostern gekühlt. Für den Kühlraum war Herr Götze zuständig. Für die Lebensmittelbestellungen und die Einweisung der neuen Kolleginnen Emma und Sieglinde war ebenfalls Paula die Ansprechpartnerin. Mein Chef und ich arbeiteten im gleichen Raum und zwar Schreibtisch an Schreibtisch. Sobald im Frühjahr die Zeit für die Manöver auf dem Truppenübungsplatz begann, war bei mir im Büro Hochbetrieb. Aus all den französisch besetzten Zonen meldeten sich die Verpflegungsoffiziere, um Lebensmittelbestellungen für die Truppen zu ordern. Bezahlt wurde mit französischen Schecks. Die Verpflegungsoffiziere der jeweiligen Truppen waren meistens sehr höflich und freundlich. Morgens gegen 9 Uhr ging ich zum französischen Postamt und brachte die Schecks der Truppe vom Vortag. Der Chef vom Postamt unterzeichnete mir jedes Mal die einzelnen Beträge und die Gesamtsumme. Danach bedankte sich der Postbeamte und wünschte mir einen schönen Tag. Die beiden Hunde begleiteten mich täglich und sprangen immer um mich herum. Nun zur Halbzeit ihres Dienstes bekamen sie die erste Ration, ein halbes Brötchen mit einer Roten Wurst. Die gleiche Portion bekamen sie sobald wir wieder im Économat waren. Eines Morgens, als ich schon im Büro war, standen ein paar Soldaten von der Subsistans vor meinem Fenster und riefen: „Mademoiselle Gertrud, bitte kommen sie schnell, denn Ripp ist etwas passiert." Als mein Chef die flehenden Stimmen hörte, lies er mich gehen. Die Soldaten begleiteten mich bis zu der Baracke in der sich die Soldaten tagsüber aufhalten, in der nun Ripp auf dem Boden lag. Als er mich erkannte, stand er auf und kam mit piepsenden Lauten auf mich zu. Was ich dann sah erschütterte mich sehr. Da hing ein Auge an einem Faden und wackelte sobald er seinen Kopf drehte. Ich handelte schnell und bat Soldaten mir warmes Wasser und eine Schere und einen Kissenbezug zu bringen. Das warme Wasser brauchte ich um Ripps Auge auszuwaschen, die Schere um Ripps Haare zu schneiden und den Kissenbezug füllten die Soldaten mit

Stroh, damit Ripp die nächste Nacht nicht auf dem kalten Boden liegen musste, falls er Fieber bekam. Auch lies ich mir schwere Tabletten geben. Nachdem ich die Schmerztabletten in Wasser aufgelöst hatte, wollte Ripp das Getränk trotz guten Zuredens nicht trinken. Mir blieb nichts anderes übrig, sodass ich ihm das Maul aufreißen musste und ihm die Arznei in sein Maul schüttete. Nach einer Weile schluckte er sie. Nun ließ ich mir von einem Soldaten einen Zettel und einen Kuli geben. Darauf schrieb ich Herrn Götze: Bitte geben sie dem Soldaten ein kleines Stückchen Fleisch für Ripp mit, es geht ihm nicht gut, Fräulein Gertrud, Danke. Der Soldat brachte das Fleisch für Ripp und nun wollte ich von dem Soldaten wissen, was am Abend zuvor mit Ripp geschehen war. Sie erzählten mir, der Fremdenlegionär, welcher sie öfters besuchen kommt, brachte Wein mit und trank danach die ganze Flasche Wein allein aus. Nach einiger Zeit hätte der Legionär herumgeschrien und dann mit der leeren Flasche auf Ripp losgegangen und hätte ihn damit geschlagen. Daraufhin hätten sie den Legionär hinausgeworfen. Erst viel später hätten sie gesehen was mit Ripp geschehen war. Und in der Frühe hätte er dann auf mich gewartet, damit Ripp geholfen würde. Nachdem ich Ripp einigermaßen versorgt hatte, ging ich zu meinem Chef zurück und erzählte ihm die ganze Geschichte. Die Frühjahrsmanöver waren wieder im vollen Gange. Als der Chef vom Offizierskasino unser Büro betrat sagte zu meinem Chef, dass er dringend Hilfe von Mademoiselle Gertrude benötige, denn seine Sekretärin brächte man soeben ins Krankenhaus und er habe keinen Ersatz für sie. Außer Mademoiselle Gertrude kenne er niemanden, der oder die das Verkaufen der Essensmarken, Wein oder sonstiges so schnell im Griff hätte. Aus diesem Grund sollte ich dies für die nächsten Tage von 10.30 Uhr bis 12.30 Uhr übernehmen, damit die Offiziere von den verschiedenen Truppen, Essens- und Getränkemarken kaufen konnten. Danach fragten sie mich, wie es mit der Bezahlung wollte, meinte der Chef vom Offizierskasino: „Mademoiselle Gertrude, das werde ich ihnen nie vergessen." Und wieder war ein Jahr vorbei, darum ginge ich am Sonntag in die Kirche und betete für ein gutes Jahr.

Trudel, die Bohnenkönigin

In diesem Jahr begann in Deutschland der Fasching schon bald, dafür wurde bei den Franzosen am 6. Januar die Bohnenkönigin gewählt. Dieses Jahr nahm nur vor auch einmal ins Offizierskasino zu gehen und mir das ganze Klimbim anzuschauen was da so geboten wird. Rechtzeitig ging ich von zu Hause weg, um ja nichts zu verpassen. Als ich am Offizierskasino ankam, spielte sich bereits eine Kapelle ein. Das Offizierskasino war wunderschön geschmückt und als Kellner liefen Soldaten herum und schmückten Tische und den Eingangsbereich. Von all dem Schönen war ich richtig fasziniert. Wie aus dem Nichts stand plötzlich der Chef vom Offizierskasino vor mir und sagte: „Mademoiselle Gertrude, der Chef von den Gendarmen lässt anfragen, ob sie vielleicht an ihrem Tisch Platz nehmen möchten? Wenn ja, bringe ich sie an den Tisch der Gendarmen." Ich willigte ein und freute mich sehr darüber. Als ich am Arm des Chefs des Offizierskasinos bei den Gendarmen und ihren Familien ankam, gab es ein großes Hallo. Nun bedankte ich mich beim Chef, dass er mich zum Tisch der Gendarmen gebracht hatte. Die Frauen der Gendarmen hießen mich willkommen und meinten nur, sie wären sehr neugierig wer wohl dieses Jahr die Bohnenkönigin werden würde und fragten mich was ich dazu meine. Ich antwortete, dass ich es nicht wisse, da ich das Stück nicht kenne. Als plötzlich die Saaltür aufging, kam der Lagerkommandant mit seiner Gattin und seinen Kindern zur Tür herein und nahm in der ersten Reihe Platz. Nachdem nun der Lagerkommandant anwesend war, spielte die französische Kapelle die Nationalhymne. Dabei standen alle Personen im Saal auf und sangen voller Inbrunst die Nationalhymne. Danach trat dieser ans Mikrofon und wünschte allen Anwesenden einen schönen Abend. Nachdem die Familie De Lambert sehr beliebt im Alten Lager war, wurde nach seiner Ansprache euphorisch geklatscht. Als die Familie De Lambert Platz genommen hatte, setzte sich ebenfalls das übrige „Volk". Dann ließ der Chef vom Offizierskasino die Soldaten-Kellner ausschwärmen, um Kuchen zu verteilen. Der Chef vom Offizierskasino brachte mir und noch zwei weiteren Offizieren persönlich einen Kuchen und wünschte uns einen guten Appetit. Plötzlich biss ich während des Essens auf etwas Hartes, sagte Pardon und drehte mich um. Nun holte ich aus meinem Mund eine kleine Bohne heraus, wobei ich heftig lachen musste. Mein Chef meinte, ob ich auf Gold gebissen hätte. Ich verneinte und sagte ihm, es sei nur eine Bohne gewesen und fragte ihn, ob er sie haben wolle. Er nahm die Bohne und ging weg, dann kam er zurück und ging auf die Bühne. Es gab einen Trommelwirbel und danach hieß es, die Bohnenkönigin sei gefunden. Es sei Mademoiselle Gertrud Pfingstler. Ich war so gerührt, dass mir Tränen über meine Wangen flossen. ‚Nein, nein, sagte ich, das kann doch nicht ich sein' und dann liefen mir die Tränen über meine Wangen. Nun holte mich mein Chef vom Économat und brachte mich auf die Bühne zum Chef vom Offizierskasino. Dort bedankte ich mich recht herzlich für die Wahl zur Bohnenkönigin. Außerdem dankte ich dem Lagerkommandanten dafür, dass ich als Deutsche im Alten Lager zur Bohnenkönigin gewählt wurde. Als frisch gekürte Bohnenkönigin durfte ich dann den Tanz eröffnen. Bis morgens 6 Uhr ging der Tanz und der schöne Tag. Zum Abschluss gab es für alle einen Teller Zwiebelsuppe. Die Gendarmen haben mich dann nach Hause gefahren.

Ein neuer Chef

Eines Tages riefen mich die Soldaten von der Substanz: „Mademoiselle Gertrud die Schi-Schi ist weg, seit gestern haben wir sie nicht mehr gesehen. Als ich fragte, wie ich helfen könne, meinten sie ich solle sie rufen. Bevor ich ins Freie trat holte ich mir das Einverständnis meines Chefs hier für ein und ließ mir von Herr Götze ein bisschen Fleisch geben und Paula gab mir ihre Thermoskanne mit kaltem Wasser, denn der Hund hatte sicher Durst. Ich ging nun auf den Vorplatz der Substanz, auf dem Holz und Kohle gelagert wurde. Von hier aus rief ich in alle Richtungen: Schi-Schi! Irgendwann meinte ich etwas gehört zu haben, allerdings kein bellen, es war mehr wie ein miauen. Ich rief ich von neuem und das Geräusch kam von ganz in der Nähe. Nun rief ich wieder und ich hörte dann Schi-Schis Stimmchen und da lag die Hündin. Um sie herum lagen viele Babys. Nun rief ich die Soldaten und erklärte ihnen die Situation. Ich sagte ihnen, dass die Hündin nicht alle Welpen behalten könne. Aber eines schon. Die anderen müssten getötet werden, sonst sterbe auch Schi-Schi, einverstanden? Ich streichelte die Hündin, wobei ich einem Soldaten ein Neugeborenes nach hinten reichte. Nachdem diese Tat vollbracht war, gab ich Schi-Schi das Stückchen Fleisch von Herr Götze und in eine Schale kaltes Wasser. Danach sagte ich: „Schi-Schi, das geht nicht, dass du laufend Kinderchen bekommst. Ich spreche mit dem deutschen Tierarzt und den kleinen Eingriff bezahle ich aus meiner Tasche." Mitte des Jahres bekamen wir wieder einen neuen Chef. Mit ihm kam ich überhaupt nicht zurecht. Ich sollte meinen Schreibtisch umstellen und ihm nicht mehr gegenüber zu sitzen. Ich sagte ihm jedoch, dass er sich irre, denn solange die Hunde mit mir zur Post gehen, greife mich keiner der Gefangenen an. Da mein

Chef jeden Tag etwas anderes an mir auszusetzen hatte, rief ich von der Subsistenz aus meinem obersten Chef in Tübingen an und erzählte ihm die ganze Geschichte. Unter anderem sagte ich ihm, dass ich unter diesen Umständen nicht mehr im Économat im Alten Lager bleiben könne. Mein oberster Chef in Tübingen versprach mir, dass er sich für mich einsetzen würde. Nach ungefähr einem Monat meldete sich der Chef und sagte, er habe eine Stelle in Reutlingen für mich, wo im Économat eine Stelle im Büro frei würde. Ich sah mir die Stelle an und sie sagte mir zu. Nicht nur der neue Chef war sehr freundlich zu mir, sondern auch die neuen Kolleginnen und Kollegen bemühten sich um mich. Mit der Zeit lief alles wie am Schnürchen.

Ein neuer Lebensabschnitt beginnt

In Münsingen begann für mich ein neuer Lebensabschnitt. Irgendwann zogen die französischen Truppen aus dem Vorlager Münsingen ab und deutsche Truppen nahmen den Truppenübungsplatz wieder ein. In Münsingen verabredete ich mich mit einem deutschen Soldaten, mit dem ich einmal einen Kinobesuch vorgeschlagen hatte. Doch der junge Soldat kam leider nicht, dafür kam sein Freund von der Kaserne und mit dem bin ich dann ins Kino gegangen. Ich fand ihn sehr sympathisch und wir hofften auf ein baldiges Wiedersehen. Wie so oft entschied ein plötzliches Wiedersehen mein Leben. Ich traf diesen jungen Soldaten in einem Café wieder in dem ich für meinen Bruder Zigaretten holen sollte. Die Wiedersehensfreude war riesig und wir verabredeten uns gleich für den nächste Sonntag zu einem Ausflug nach Urach. Beim Abendessen machte ich ihm gleich ein Geständnis, dass ich um einiges älter sei als er. Trotz alledem sprangen die Funken über. Trotz des Altersunterschieds von sieben Jahren sind wir nun fast sechzig Jahre verheiratet und immer zusammen geblieben. Das Familienglück wurde perfekt mit zwei wunderbaren Kindern.

Gertrud Schipke geb. Pfingstler
wurde 1931 in Waiblingen geboren. Sie wurde als drittes Kind in eine Familie geboren, die ihre Kindheit in der Kriegs- und Nachkriegszeit durchlebt hat. Ihre Erlebnisse und Erfahrungen hat sie in liebevoller Detailarbeit in diesem Tagebuchroman niedergeschrieben. Spannend, mitfühlend und bildlich schildert sie ihre Erlebnisse.

Gertrud Schipke ist kurz vor der Veröffentlichung am 05. Oktober 2020 verstorben. Sie hinterlässt in diesem Buch Spuren Ihrer facettenreichen Vergangenheit. Für ihre Nachkommen bleibt sie so in ewiger Erinnerung.